第2版

胡坤/编著

中国纺织出版社

内 容 提 要

青春期是女孩生理和心理发生较大变化，由童年向青少年转变的关键时期。青春期的女孩有着对生理发育的困扰，对心灵、情感、学习、理想、人际交往等问题也同样存在很多的困惑。此时期也是女孩最容易迷失方向、荒废学业、禁受不住诱惑的危险期。

本书是送给青春期女孩及其父母解惑答疑的实用读本。书中以母女对话的形式，从生理、心理、社会三个部分指导青春期女孩正确认识自己的生理变化、心理成长、情感困惑、学习问题等，帮助她们解决与人交往、建立自信、培养心态、呵护健康、拒绝诱惑等难题。本书是妈妈送给青春期女儿最好的礼物，让你的女儿更加独立、自主并健康地成长。

图书在版编目(CIP)数据

妈妈送给青春期女儿的枕边书/胡坤编著. —2版. —北京:中国纺织出版社,2015.3 (2022.6重印)

ISBN 978-7-5180-0381-5

Ⅰ.①妈… Ⅱ.①胡… Ⅲ.①女性—青春期—家庭教育 Ⅳ.①G78

中国版本图书馆CIP数据核字(2014)第277475号

责任编辑:闫 星　　　　责任印制:储志伟

中国纺织出版社出版发行

地址:北京市朝阳区百子湾东里A407号楼　邮政编码:100124

销售电话:010—67004422　传真:010—87155801

http://www.c-textilep.com

E-mail:faxing@c-textilep.com

中国纺织出版社天猫旗舰店

官方微博 http://weibo.com/2119887771

三河市宏盛印务有限公司印刷　各地新华书店经销

2010年8月第1版　2018年3月第2版　2022年6月第16次印刷

开本:710×1000　1/16　印张:16.5

字数:218千字　定价:26.80元

我的女儿莉莉总是有这样那样奇怪的问题，前几天我被她搞得心烦不已。正当我想好好教育她一番的时候，才猛然发现，原来是我的女儿长大了，身体和心理上的巨大变化，让她惶恐不已。女儿本就是千金之身，娇贵得很，现在更是需要父母给予加倍呵护，希望千千万万个父母能和我一起，帮助女儿安然快乐地度过她的青春期，在女儿的成长过程中见证她无数个第一次的尝试，引导她对自己、对周围的人、对社会、对未来做出客观的认识和评价，以帮助她充满信心地开始自己真正的人生之旅。

女儿莉莉：最近晚上我总是睡不着，并不是因为学习上的问题，而是我发现自己的乳房开始有点胀痛，还开始长一些硬硬的包块，我的脸上、额头上也出现了难看的痘痘，而且内裤上面还总是有脏脏的东西，我的情绪也变得莫名的烦躁。我这是怎么了？我是不是和电视、杂志上说的那样生病了？但爸妈一直只关心我的学习，这些问题怎么好开口问呢？

我发现女儿莉莉最近的学习成绩一直在下降，老师也反映说她上课时总集中不了精神，还询问是不是家里发生了什么事情。在和女儿促膝交谈了一次之后才知道，原来莉莉一直被一些青春期的问题困扰着，这让她寝食难安。我也意识到自己忽略了女儿的成长变化，她已经开始进入青春期了，而我，也应该担负起作为母亲的责任，给予女儿正确的引导和帮助。

在本书中我将把我周围的朋友、同事和女儿莉莉的同学、朋友的亲身经历作为案例，以女儿莉莉曾亲身遇到过的一些真实问题为切入点，从女孩的生理、心理、心态、认知等多个方面进行分析，给予青春期女孩正确的引导；对于女孩将来走上社会可能遇到的一些社会问题我也会一一给出建议，希望我的女儿和所有的青春期女孩一样都能够拥有一个健康、快乐的青春，都能够以乐观的心态、真实的本领去迎接自己未来的人生！

这是妈妈对女儿最真诚的祝愿，也希望这本书能成为我送给青春期女孩们的最好的礼物！

编著者

2010年5月

又是一个天气晴朗的周末。我做完了家务，女儿也做完了作业，我们偎依在一起看电视，女儿躺在我身上，不到一会儿，女儿就睡着了。心想，女儿平日里学习真是不轻松。看着睡在身边的女儿，我突然发现，原来女儿都这么大了。躺在我身边的不再是那个可爱的小女孩，而是一个亭亭玉立的大姑娘了，全身上下无不透露着青春、阳光的气息，原来，成长是挡不住的，说来就来了，看着女儿一点点的长大，我又喜又忧，喜的是小丫头一朝成人，忧的是路还很长。

细想一下，女儿十几年的成长史一下子涌现在眼前，而女儿真的在悄声无息地成长着。而且，就在这一两年，女儿发生了很大的变化，有时，她和快乐的小鸟一样，叽叽喳喳地和我说学校的趣事；有时却又像诗中描写的娇羞的花儿，刻意避开和自己经常玩耍嬉戏的男孩；有时却又自己躲在房中，静静地写着自己的心事。女儿的世界，我不再了如指掌。我想，大概是女儿进入青春期了。一时之间，我感觉自己有太多的话要告诉女儿。

青春期被称为“花季”，青春期的一切都是朝气蓬勃的，但青春期同样也是被称为“雨季”，一不留神，青春期就会出现一些无法挽回的错误，而作为母亲，我更担心的是，女儿现在正处于升学的重要时期，伴随而来的是高强度的压力，这些，都需要为人母的我进行疏导。

青春期是女孩人生的第二个重要阶段，是一次新生，女儿将会以一个成熟女人的姿态面临生活，但这需要一个过程，也带着无尽的烦恼：同桌男生送来的情书会让她烦恼；青春期的一些面子问题让她烦恼；身体发育过程中的一些困惑也让她烦恼……而这些，作为母亲的我，都经历过，我要告诉女儿，青春期是一扇门，是一扇走向成熟的门，但跨过这个门槛，有付出，有汗水，有痛苦，有挣扎，但无论怎样，成长就是一个“羽化成蝶”的过程中，是艰辛的，成人的世界和少年的世界是不同的，勇敢地推开这一扇门，“破茧成蝶”，不要害怕，成长的路上，父母是你最坚强的依靠和后盾。

本书提供了一些成长必知的常识，里面包含了整个青春期的闺中密事，女儿阅读它，可以帮助她更清晰地了解青春期的神秘；这更是一本妈妈的育女心经，妈妈阅读它，可以知道怎样在青春期帮助女儿面临一些生理问题以及心理问题，从而帮助女儿梳理一些心事，树立自尊自爱、自立自强的人生观；当然，这也是送给爸爸的书，对于青春期女儿，爸爸的爱至关重要。

实际上，这不仅是一本书，更是一个父母教育女儿的助手。不但协理了孩子的生理卫生，还帮助妈妈对女儿进行心理上的辅导。青春期是女儿的困惑期，也是父母的困顿期。可怜天下父母心，我们不妨把对女儿的爱化作对她的教导，让她度过一个健康、快乐的青春期。

最后，我要告诉我的女儿和所有的青春期女孩，去感受和经历青春吧，去展现自己生命的美丽吧！

编著者

2015 年 1 月

目 录

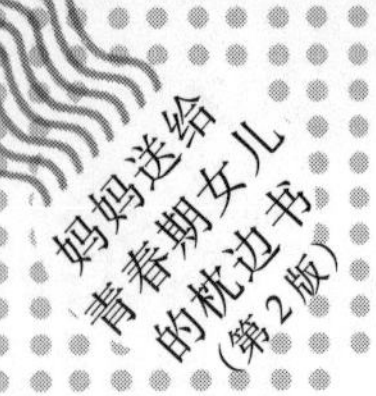
妈妈送给
青春期女儿
的枕边书
（第2版）

目录
CONTENTS

目录
CONTENTS

目录
CONTENTS

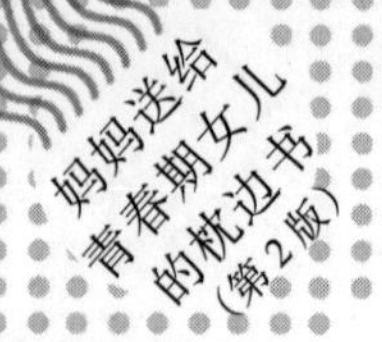
妈妈送给
青春期女儿
的枕边书
(第2版)

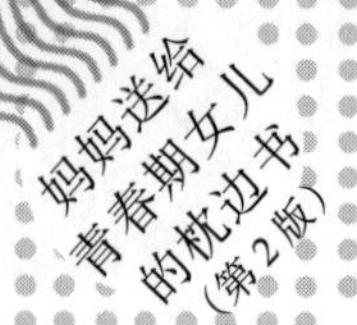

目录
CONTENTS

生理篇
——女孩的烦恼要解决

女儿莉莉：妈妈，同学和老师总在说我们已经进入了青春期，到底什么是青春期呢？

妈妈：女孩的青春期是指从月经来潮到生殖器官逐渐发育成熟的时期。一般从13岁到18岁左右。这个时期的生理特点是身体及生殖器官发育很快，第二性征形成，开始出现月经，主要变化体现在四个方面：

(1) 全身发育：随着青春期的到来，身体成长迅速，逐步走向成熟。

(2) 生殖器官的发育：随着卵巢发育与性激素分泌的逐步增加，生殖器各部也有明显的变化，称为第一性征。

(3) 第二性征形成：第二性征是指除生殖器官以外，女性所特有的征象。此时女孩的音调变高，乳房渐渐丰满而隆起，出现腋毛及阴毛，骨盆横径的发育大于前后径的发育，胸、肩部的皮下脂肪更多，显现出女性特有的体态。

(4) 月经来潮：月经初潮是女孩青春期开始的一个重要标志。

处于青春期的女孩生理变化很大，这让很多女孩变得无所适从，烦恼不已，因而在思想情绪上也受到影响，时常出现一些心理问题。当然这些问题作为母亲我会帮助你一一解决，不过首先还是让我们一起了解青春期女孩的生理变化吧！

第一章 女孩别惶恐——身体变化不可怕

乳房和月经是每个女孩成熟的信号，伴随着身体的发育，青春期女孩在生理上也会出现一些变化，于是很多青春期女孩对自己身体出现的一些异常情况感到害怕、惶恐。其实，这些都是正常的生理现象。当然，在了解了女儿对于身体变化产生的恐惧心理后，我决定在解答她的疑问的基础上给她补充一些青春期女孩必备的知识。

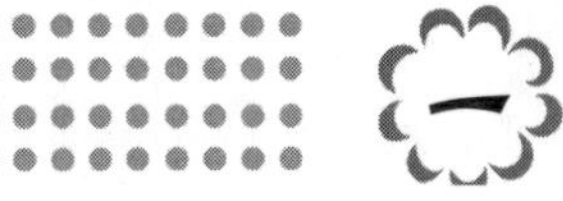

一 胸部鼓起来了

女儿莉莉:妈妈,我发现自己的乳房有点胀痛,还开始长一些硬硬的包块,而且它好像越来越大,越来越鼓,为什么会这样?

乳房发育是女孩青春期发育开始的重要信号,随着乳房的发育,每个女孩都会遇到莉莉这样的问题,但不要惊慌,这是正常的生理现象。随着年龄的增长,有一天你的胸部会像妈妈的一样饱满而高耸;也不要觉得害羞,因为这是女人的骄傲,是一个女人健康美丽的象征。

不过,乳房的发育还伴随着很多问题,这就需要你了解一些乳房发育的常识。

1. 乳房为什么会胀痛,还有硬硬的包块

女孩子在10岁左右,随着性发育的启动,第二性征逐渐显露出来,乳头如花蕾一样绽出,乳房逐渐如小丘一样膨隆,而这给很多青春期的女孩造成一种困惑。其实,女孩不必为此担忧,这是正常的生理现象,乳房的发育是少女青春期来临的第一个信息。

处于青春期阶段的少女,由于月经来潮前体内雌激素水平增高,致使乳管扩张,上皮细胞增多、肥大,会引起乳管周围基质水肿,乳房胀大变硬,于是有时会摸到乳房内结节样块状物,并感到胀痛、压痛,这是乳房发育中正常的生理现象,对此不必过分担忧,当然为了你的乳房能够健康长大,青春期的女孩一定要注意补充营养,注意不要束胸,避免碰撞乳房或乳头,少吃高糖高脂食物,不吃使用催熟剂的食物,少吃海鲜、咸肉等,并且要随时关注乳房的变化,平日里给它最温柔的呵护。

2. 乳房为什么这么小,而且两个也不一样大

乳房发育是青春期的象征,其实,人在胚胎期的第六周,就开始了乳房的萌芽,到出生时已初具乳房的雏形。女孩乳房的发育受很多因素的影响,比如种族、遗传、

营养、地域和生活习惯等。由于种种原因，少女乳房的发育会出现不同的状况，很多青春期的女孩会担心：乳房为什么这么小？两个也不一样大？这是不是一种病呢？

其实，乳房小也是一种发育不良的表现，但不是一种病，这主要和营养状况以及身体素质有关。其次，乳房大小不一，青春发育期少女的两侧乳房出现明显的一大一小现象，也是有原因的，主要有以下几点：

(1)肢体的不对称性活动易影响局部的血液循环。如长期进行篮球、羽毛球、铅球和长跑等体育锻炼，运动一侧上肢或胸肌，就会使得单侧肌肉锻炼较多，从而造成单侧乳房发育较快、较健壮。

(2)习惯性姿势的影响。如长期偏于一侧、俯卧的睡眠姿势，走路时脊柱侧弯或肩膀一边高一边低的姿势都能造成女孩乳房发育的不对称。

(3)两侧乳房的血管、神经、激素受体都可能分布不均匀，通常是因为乳房中一种叫“乳芽”的物质对体内雌激素、孕激素的敏感度强弱不同造成的。

(4)有些女孩在乳房发育期，因害羞而穿过紧的文胸，导致乳房发育受限而不对称。

因此，女孩不必自卑，先找到问题的原因，然后对症下药即可。女孩在发育的时候，要尽量保证营养状况和身体素质良好，不要有过多的心理压力，还要采用正确的肢体运动姿势，当然，适当的锻炼是必须的！

3. 乳房怎么会流出乳汁

处于青春期的女孩，伴随着身体的发育，作为第二性征的乳房也快速增大起来，乳房发育也常常是少女性发育最明显的起点。但有些青春期的少女会遇到这样一种困惑：乳房怎么会流出乳汁？

其实，从医学上讲，乳房内部有腺泡和腺管，腺泡细胞有泌乳的功能，腺管是乳汁的通路。乳房发育过程中是不分泌乳汁的，其原因应从泌乳素的来源说起。泌乳素是从人脑里的一个内分泌腺，名为脑下垂体的细胞产生的，但是它还要受到下丘脑分泌的泌乳素的抑制因子的控制，这种抑制因子会限制脑下垂体分泌泌乳素。泌乳是育儿期产妇才有的一种特殊功能，一般妇女还有青春期女孩是没有泌乳功能的。

未婚少女分泌乳汁的症状也称“高泌乳素血症”。高泌乳素血症患者除了溢乳外,还常常伴有不同程度的月经紊乱,严重者甚至出现闭经、毛发脱落、体重增加、头痛、视觉障碍、外生殖器萎缩等症状,形成一组以溢乳、闭经、不孕为主要表现的疾患,也称为“溢乳—闭经综合征”。但是,不管症状表现的轻重程度如何,其主要原因都是产生过量的泌乳素。可引起高泌乳素血症的原因很多,大致可分成以下几类:下丘脑性障碍、垂体障碍、原发性甲状腺功能减退、药物因素、神经刺激等。

所以,青春期少女一旦出现溢乳现象时,千万不要掉以轻心或置之不理,而应当及时去医院检查。但也不必过分惊慌,及时治疗的话,这些状况是会慢慢消失的。

4. 乳房发育过程中应注意些什么

青春期亦称青春发动期,是性变化的开始到成熟的阶段。中国女孩乳房开始发育的时间为12~15岁,对此过程中出现的一些问题,女孩不必太惊慌,此期的乳房发育是一种健康的生理现象,也是女性美的标志之一,应加倍护卫自身的乳房,使之丰满茁壮。在乳房发育的过程中要注意以下几点:

(1)注意姿势。正确的姿势是在日常生活中慢慢养成的。平时走路要昂头挺胸,收腹紧臀;坐姿也要挺胸端坐,不要含胸驮背;睡眠时要采取仰卧式或侧卧式,不要俯卧。

(2)切忌外伤。女孩在体育运动中,要注意安全,要注意护卫乳房,切忌外伤或挤压伤。

(3)做好胸部美化。一些强度适中的运动是有利于女孩乳房发育的。如多做些扩胸准备或俯卧撑、扩胸优美操等。

(4)早晚按摩。维持早晚时间按摩乳房,展开神经反射作用,促进脑垂体的分泌。

(5)营养要适度。青春期女孩忌讳片面地追求曲线美而轻易地节食、偏食,适量蛋白质食物的摄入,能保证胸部有足够的脂肪量,保持乳房丰满。

青春期女孩在乳房发育过程中应当做好保健和营养工作,这样就能保证乳房正常、健康地发育!

5. 该如何保护乳房

青春期的少女像一朵还未开放的蓓蕾，但沉重的学习负担让很多少女身心俱疲，也无暇顾及身体发育过程中的一些问题。其实，女孩在身体发育尤其是乳房的发育过程中，一定要注意自我保护。那么，少女怎样在日常生活中注意乳房的保健呢？只需在以下方面多加留意即可，并不需要多花费时间和精力：

(1)营养充足。充足的营养是乳房发育的根本保证，这样才能保持乳房部位的肌肉强健，脂肪饱满。

(2)行端坐正，保持优美的体态，特别是不能含胸，应挺胸、抬头、收腹、直膝，使优美的乳房能骄傲地挺出，充分展示女孩的风采。

(3)根据自己乳房的情况佩戴质地柔软、大小合体的乳罩，使乳房在呈现优美外形的同时，还能得到很好的固定、支撑。

(4)注意保护乳房，免受意外伤害，在拥挤的公共汽车上及逗弄小孩时尤其应该注意。

(5)注意乳房的清洁，经常清洗乳房，特别是乳头乳晕部位，这一点对于那些先天性乳头凹陷者来讲尤为重要。

(6)定期对乳房实施自我检查，定期到专科医生处做乳房部位的体格检查，在自我感觉不适或检查发现问题时，应及时就诊，以尽早诊断、尽早治疗各种乳房疾病。

二 该戴文胸了

女儿莉莉:“这该死的文胸,怎么穿都不舒服,妈妈你在哪儿买的啊?为什么非得穿文胸,真是麻烦!”面对初次佩戴文胸的不适,莉莉抱怨连连。

青春期女孩随着身体的发育,乳房也逐渐成熟,它不仅能够体现出女性玲珑有致的身材美,更是担负着哺育下一代的重大责任,所以我们要给它以最温柔细致的呵护。文胸的佩戴能在很多方面保护乳房,使它能健康地发育,所以说女孩佩戴文胸是十分有必要的。佩戴文胸有很多技巧和需要注意的地方,清洗文胸也和洗涤一般的衣物不同,下面我就来告诉你一些关于文胸的知识。

1. 何时需要开始佩戴文胸

佩戴文胸是青春期女孩身体即将成熟的标志,文胸的佩戴能在很多方面保护乳房,比如:

(1)文胸能起到支持和扶托乳房的作用,有利于乳房的血液循环,对青春期女孩来讲,不仅能为正在发育的乳房塑造一个漂亮的胸型,还可避免因碰撞等外力给乳房带来伤害。

(2)保护乳头免受擦伤和碰痛。

(3)支撑乳房,避免下垂。

(4)保护乳房在运动和奔跑时不受剧烈震动的伤害。

(5)冬天可防止受凉。

青春期的女孩何时应该开始佩戴文胸呢?一般说来,女孩在乳房发育已基本完成时开始佩戴文胸比较适宜。倘若刚刚步入青春期的小女生就戴上了文胸,会影响乳房的正常发育。

女生一般17岁左右可以在父母的帮助下选择适合自己的文胸。但是因为有些女生发育早,有些发育迟,就可按实际情况而定。当女生胸部发育成熟后,就要戴文胸。

在适当的年龄佩戴上合适的文胸,不仅能使女孩的身体具有曲线美,还能保证乳房的健康发育!

2. 佩戴文胸的技巧

女孩到了适当的年龄,衣柜中就多了一件必备的内衣——文胸,但处于青春期的女孩,对文胸有着一丝神秘感,至于怎么佩戴文胸,也有很多疑问,那么,究竟怎么佩戴文胸呢?

(1)首先放松立于镜前,将肩带穿过双臂,套在两肩上。

(2)上身稍稍前倾,两手按住文胸的钢圈底边,轻轻地从胃腹部上移到乳房隆起的根部,使乳房完全套进罩杯内。

(3)两手沿着文胸的底边向两侧滑向背后,扣好挂钩. 继续保持前倾的姿势,一只手托在钢圈的下方, 另一只手伸进罩杯内从背部开始向腋下将罩杯上面以及四周的脂肪和胸肌一起完全拨弄进去,接着调好肩带。

(4)检查文胸的钢圈是否紧贴在乳房隆起的根部。因为钢圈能起到支撑固定和塑形的作用,一旦发现有压迫的情况需进行第二次拨拢归位,以免脂肪流失,胸部变小,胃腹部脂肪增多。再看罩杯的大小是否合适,如有压迫和切割的形状,说明文胸的罩杯小,杯级不够深,这时一定要更换稍大型号的罩杯。最后检查文胸的肩带是否调好,底边是否松紧适度,抬手时有无上移和滑动,它的后比位置是否在蝴蝶骨的下方,前方心位是否正中。

正确地佩戴文胸,能让女孩的乳房发育得更加健康、优美!

3. 如何选择文胸

青春期的少女,可能在选择文胸上,有一些羞怯感,其实大可不必这样,文胸是每个女孩在发育过程中都应该佩戴之物,自然,正确地选择文胸,也是每个女孩要学会的一门课程。

女孩从青春发育期乳房基本定型时开始,除了在床上睡觉的时间外,应该养成每天戴文胸的习惯。那么,如何选择文胸的质地和尺寸呢?

(1)根据季节的变换选择文胸。随着季节的变换,文胸的面料也应当及时地"更新

换代"。夏日出汗较多,应穿戴纯棉、漂白布或绸布面料的文胸。春秋季节可佩戴涤纶面料的文胸。冬天宜戴较厚实的或有海绵的文胸。睡觉时,要松开文胸或者摘掉文胸再入睡,这样可以避免胸部持续受到紧压而发生不适,而且也有利于夜间呼吸和血液循环。

(2)选择尺寸相宜的文胸。选择文胸的尺寸大小,要与胸围相符。这样,戴上后才会感到舒适。文胸太大,起不到支托乳房的作用;太小会压迫乳房,既感到不舒服,又会妨碍乳房发育。文胸的生命力在于它的底线,它能让乳房在文胸的撑托下,有向上提起的效果,使女生不至于因为年纪的增长或者其他因素而导致乳房下垂或松弛。如果底线尺寸过大,就无法产生应有的撑托功能;如果过小会使胸部扎堆难看并无法正常运动。

(3)选择一些质地相对较好的文胸。质地好的文胸,在透气、通风上相对较好。

学好选择文胸这门课,会对女孩的乳房发育大有帮助!

4. 怎样清洗文胸

文胸是女孩在发育到一定年龄后最贴身的衣物,文胸的清洁对于青春期女孩的健康来说是非常重要的,如果清洗方法不正确可能会导致文胸变形或清洗不干净。那么,到底如何清洗是对的呢?

(1)在水温上,最好是用冷水或比体温略低的温水洗涤,切勿使用热水。使用中性洗剂洗涤,等洗剂完全溶解后,才可放入文胸,洗剂不可直接沾于文胸上,这会导致洗后文胸颜色不均匀。

(2)应以"轻按"的方式手洗,文胸不能过分挤压,以免弄皱。特别是有钢圈的文胸,不要用力扭。

(3)特别脏的地方不要用小刷子刷,而要利用内衣自身的质料互相摩擦,即可完全去除污渍。用洗衣机洗时请使用洗衣网,避免与外衣共洗,以免造成不洁;也不要与深色衣物混在一起洗涤,以免造成串色。

(4)怎样清理文胸上的污渍:

汗渍——用米汤水浸泡,稍微搓洗后冲净。

果汁——将面粉撒于污渍上,以清水搓洗。

血渍——用牙刷蘸上稀洗剂刷洗。

(5)清洗完文胸后,应该采取以下方式晾干:

①不要用手拧干。只可用干毛巾包裹,用手挤压,让毛巾吸干水分后,将内衣拉平至原状,将罩杯形状整理好。

②悬挂点要正确。以罩杯与罩杯的中间点为中心,将清洗过的文胸悬挂起来,切忌将肩带挂上,因为水分的重量会把肩带拉长。

③不要暴晒:日晒易使衣物变质及褪色,所以内衣只能放在阴凉通风的地方晾干。

正确地清洗文胸,会让一件文胸的寿命更长久,也会让女孩在佩戴时更加舒适。

5. 青春期女孩切忌束腰和束胸

女孩青春期束胸、束腰害处很多。处于青春期的女孩,乳房和腰部也都开始成长发育,慢慢地显现出一些成熟女性的特征,鼓起来的乳房和逐渐增长的腰围,让很多女孩感到羞怯甚至接受不了,于是采取束胸束腰的方法来掩盖这些女性特征的发育。其实,这是一种非常要不得的举动,这种行为对女孩的发育和身体健康有很大危害。

青春期女孩由于体内激素的作用,乳房开始发育,脂肪也开始沉积。乳房发育表现为乳腺组织增厚、外凸,乳头变大,乳晕颜色加深等,有些女孩感到害羞,常常有意含胸,甚至于用布带来束胸,这都是非常有害健康的。

乳房是哺乳器官,青春期束胸,必然会使乳腺腺泡发育受阻,影响乳房增大,从而使将来的哺乳功能受到影响。青春期的呼吸功能增强,肺活量迅速增大,肺的重量增为出生时的9倍,与此相适应,随着骨骼的发育,胸廓亦不断增大。此时束胸,必然会影响胸廓的增大与扩张,阻碍肺的发育,减少肺活量,影响呼吸功能。除此之外,还会影响到整个女性的形体美观。乳房是女孩发育成熟的一个符号,是一种美的标志,乳房的发育也是正常的生理变化。

束腰,对女孩身体的发育也是百害而无一利。女人腹部有许多重要脏器,如肠、胃、子宫、卵巢等,这些器官在青春期逐步发育完善。束腰会影响身体的自由活动,使腹部的血液供应受到限制导致腹腔脏器供氧不足,从而影响青春期女孩生长发育及生理功能。另外,束腰还影响下肢血液循环,会出现下肢水肿等情况。

现代女性在体形美上的要求应该是挺胸、收腹,不但不能束胸,反而要加强胸部肌肉的锻炼,使之高耸,而腹部锻炼,如仰卧起坐、收缩腹肌等可使腹部变小,更加美丽!

三 来月经了

女儿莉莉：我的同班同学洋洋是个学习成绩非常优秀的女生，可是最近她一直无心学习。一天，本来做作业的她突然跑到卫生间半天不出来，后来在我的追问下她才告诉我，她一直在流血，肚子还一直疼，她不知道怎么了？她不敢跟妈妈和老师说，也不知道该怎样说出来！妈妈，您说洋洋这是怎么了呢？她是不是应该去看医生？

洋洋不是生病，她是来月经了，这是每个女孩都会经历的事，以后你也会碰到这样的情况。其实，像你们这个年龄的青春期女孩，经常会被月经困扰着，有很多疑问，比如什么是月经，怎么会有月经以及月经来了该怎么办等，了解一些关于月经的常识，对女孩的身体发育以及心理健康都很重要。

1. 什么是月经

月经是女性的一种正常生理现象，青春期女孩伴随着身体的不断成熟，必然会面临月经到来如何处理的问题。很多女孩对月经这种生理现象存在很多困惑，比如：什么是月经？

月经是指有规律的、周期性的子宫出血。月经初潮是女孩子生理发育达到一定程度，子宫内膜在卵巢分泌的性激素的直接作用下出现的剥离出血现象。正常的月经不是通常意义上的出血，你不妨把经血看成是机体代谢后排出的“废品”。月经又称为月事、月水、月信、例假、见红等，因多数人是每月出现一次而称为月经。近年来，对月经的俗称有所增加，如“坏事儿了”“大姨妈”“倒霉了”等。

一般月经期无特殊症状。有些女孩可能有下腹及腰骶部沉重下坠感觉，个别可有膀胱刺激症状如尿频，轻度神经系统不稳定症状如头痛、失眠、精神抑制、易于激动，肠胃功能紊乱如恶心、呕吐、便秘或腹泻以及鼻粘膜出血等现象。在一般情况下，月经来潮并不影响工作和学习，但不宜从事重体力劳动或剧烈运动，还要注意

经期卫生。

2. 什么时候开始来月经

处于青春期的女孩，因个人体质、遗传因素和环境等很多原因的差异，来月经的年龄也会有所差异。但一般来说，初潮年龄大多数在13~15岁之间。不过随着人们生活条件的提高，女孩在幼儿时期营养补充都比较全面，甚至不少女孩营养过剩，因此月经的到来就会比大多数女生提前不少，目前女孩的月经初潮年龄平均在12.5岁。

所以，当很多青春期的女孩发现身体见红的时候，不必惊慌，这是身体在发育的信号，只要注意月经期的一些小问题即可，并不影响学习和生活。

3. 来月经意味着什么

蝴蝶的长成需要一个破茧成蝶的过程，女孩也一样。女孩也是在慢慢长大成熟，月经就是女孩成熟的一个标志，这意味着女孩不再是小女孩，而开始变成女人。因此，女孩不必担忧，也不必害怕来月经，这是你生理成熟的一个信号。

来月经除了能表明女孩开始成熟以外，还意味着女孩的身体状况良好，这从以下几个方面可以体现：

(1)可使女孩及早发现疾病。如果女孩已过18岁仍无月经来潮，或者既往曾有过正常月经，现停经三个月以上，就要检查是否生病，比如生殖道下段闭锁、先天性无子宫或子宫发育不良、卵巢肿瘤、脑垂体肿瘤或功能低下、内分泌或消耗性疾病。

(2)可避免过量铁的伤害。来月经证明女孩没有被过量的铁伤害。有一种称为血色素沉着症的遗传性疾病，容易引起患者铁元素代谢失调，身体内会积聚过多的铁；铁过量会缓慢地导致皮肤、心脏、肝、关节、胰岛等处的病变。治疗铁过量的方法之一是定期排放一定量的血液。血色素沉着症引起的器质性损害在女性身上出现的机会大大小于男性，甚至几乎不发生，就是因为有月经的作用——周期性的失血正好消耗掉了过量的铁。

(3)可促进造血功能。女孩来月经还证明了女性造血功能的正常。月经引起机体经常性地失血与造血，使女性的循环系统和造血系统得到了一种男性所没有的

“锻炼”,它使女性更能经得起意外失血的打击,能够较快地制造出新的血液以补足所失血液。

因此,女孩不要总是抱怨来月经时带来的麻烦,其实,你应该感谢来月经,这意味着你的发育状况良好!

4. 月经是在每月的同一天来临吗

女孩月经第一次来潮称为初潮,出血的第一天称为月经周期的开始,两次月经第一天的间隔时间称为一个月经周期,一般为28~30天。提前或延后7天左右仍属正常范围,周期长短因人而异。而且,每个女性的身体状况不一样,来月经的周期也不一样。

有少数女性,身体无特殊不适,而定期两个月或三个月,甚至一年月经才来潮一次,对此,古人分别将定期两个月月经来潮一次者称为“并月”;三个月月经来潮一次者称为“居经”;一年一行者称为“避年”。也有极个别的女性,终生没有月经来潮,但又不影响正常生育者,古人称之为“暗经”。还有的妇女在怀孕早期,仍按期有少量月经来潮,但对胎儿无不良影响,古人称之为“激经”,当然,这都属于个别现象。

女性在月经初潮后的头一两年之内,月经不能按时来潮,或提前或延后,甚或停闭数月,是由于肾气未能充盛所致。不过,只要无明显全身异常,待身体逐渐发育成熟后,便能恢复正常,这也是常有的生理现象,一般不需要做任何治疗,因此,女孩不必为此惊慌。

5. 月经量多少是正常的

很多女孩问:“到底月经量多少才是正常呢?我的月经量是不是正常?”有这样的疑问很正常的,月经量多少关系着女性的健康和身体综合素质,所以不能忽视。每个女孩都应该对月经量多少为正常有一个大体的认识,以便及时发现自身的某些疾病或不适。

月经量是指经期排出的血量。正常人月经血量约为10~58毫升,个别女性月经量可超过100毫升。有人认为每月失血量多于80毫升即为病理状态,但也不尽然。

一般月经第2~3天的出血量最多。由于个人的体质、年龄、居住地的气候、环境

和生活条件的不同，经量有时略有增减，均属正常生理范畴。

月经量多少属正常很难统计，生活中，我们常用每日换多少次卫生巾来粗略估计量的多少。正常的用量是平均一天换四五次，每个周期不超过两包(以每包 10 片计)。假如每月用 3 包卫生巾还不够，而且差不多每片卫生巾都是湿透的，就属于月经量过多了。

女孩应该对自己的月经量有个大概的了解，如果月经量过多或者过少，都应该到医院查明原因，但都不必过于惊慌。

6. 经血为什么有气味

很多女孩担心，为什么自己的经血有一股气味呢？是不是有什么妇科炎症？其实，不必担心，这是一种正常的情况，一般情况下，这是一种腥味。这种气味，是子宫内膜毛细血管中的血液和子宫内膜脱离的组织，与子宫颈的黏液、阴道里的白带等分泌物混合在一起形成的。

这种气味的产生一般在经血比较多或者没有及时更换卫生巾的情况下更加明显，其实，女孩只要保持经期卫生情况良好，做好阴部的清洁，勤换卫生巾，是不会影响健康状况的。

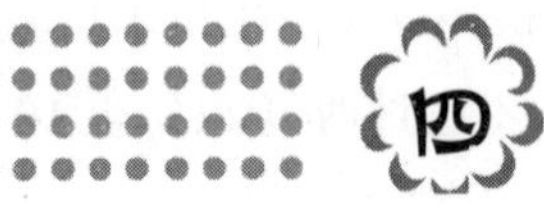

四 巧妙应对经期烦恼

莉莉自从来了月经以后，总是很烦躁，月经给她带来诸多烦恼：肚子疼、不敢洗澡、上体育课也小心翼翼。她在想，要是没有月经该多好呢？

女孩对月经的懵懂认识和月经初临时期的不适应，使得女孩的生活、学习充满了烦恼、忧愁、惊悸和恐慌，如果不从生理科学的角度去正确认识和理解，不仅会严重影响女孩的身心健康，还会严重影响其学习和生活。经期的一些小烦恼每个女孩都会遇到，但若能巧妙应对，就可轻松解决。

1. 如何应对月经的突然造访

青春期的少女对月经都有一些困惑，当月经光临时也不知道怎么办，尤其是在学校时，月经突然造访，往往会弄得女孩措手不及且十分尴尬。其实，应对这种突发状况的办法很简单，就是随时在书包或者抽屉里备一个卫生巾，当然，如果恰好身边没有卫生巾的话，女生还可以这样应对：

(1)如果是初次月经，通常出血量都不多，你有足够的时间去向同学借或去商店买卫生巾。

(2)如果月经在上课时间突然到来，可以向老师示意自己肚子疼，要上厕所，一般作为成年人的老师都会明白你的意思，也会很通情达理地同意你的请求。

(3)如果经血量不是很多，身边又有足够的卫生纸或纸巾，可以把卫生纸反复折叠到足够厚度使用，先解燃眉之急。

(4)如果经血已经渗透裤子的话，可以把外套系在腰上或用书包挡住；也可以找同学帮忙，去学校的超市买卫生巾或者请假回家。卫生巾通常可以向同学、老师、学校保健医生或心理辅导室的老师借用。

总之，女孩不必惊慌或害羞，你绝对不是第一个发生这种情形的女生！

2. 经期你将面临这些问题

(1)情绪上。一部分女孩在月经期开始情绪低落,学习效率下降。这种情绪的变化从月经前就开始,月经期最明显,经期后又逐渐好转并恢复正常。

(2)身体上。经期一般没有明显的不适,少数女性可能有腰酸、下腹部坠胀等感觉,并伴有轻度腹泻或便秘,这是由于经期盆腔充血所致。由于经期大脑皮层不平衡和受激素水平波动的影响,部分女性还会出现不同程度的全身性反应。如头晕、头痛、易倦、嗜睡、烦躁不安、情绪激动以及乳房胀痛等。但一般都比较轻微,不会影响学习和生活。如果在经前或行经期伴有剧烈腹痛,甚至恶心、呕吐、昏倒症状,应考虑痛经,需及时就医。

当然,每个人的身体状况不一样,这些反应的强弱也不一样,还有一些女孩,基本上没有以上这些反应。有的人是乳房胀痛、腰疼、小腹胀痛、两小腿发酸,感觉很疲倦,看上去很困的样子,面色苍白暗黄。也有的人单纯是小腿发酸,绞痛,不想吃饭。

其实,这些身体上的不适只是月经初潮时的一些正常现象,并不是身体不健康的表现,女孩不必不安。此外,我们人体有很强的代偿能力,体力的"亏损"不久就会得到补充。初潮时出现的身体不适也会随着月经的正常慢慢消失!

3. 这些信号告诉你月经即将来临

青春期的少女一般对月经没有什么经验,不知道什么时候快来月经了,常常被这"不速之客"弄得措手不及。其实,在来月经前,是有一些生理上的反常的,当然,并不是所有女性都有这些生理上的反应。这些反常的信号有:

(1)嗜睡,非常困倦。

(2)腹痛,阵痛,不太明显,就像岔气一样,但是时间较长。

(3)乳房肿胀,明显感觉比以前大很多,严重者会有疼痛感。

(4)一些女孩会变得比平时饭量大,总是觉得吃不饱;另外一些女孩可能会没有食欲;也有一些女孩喜欢吃一些糖分较多的食物。

(5)有莫名的情绪波动。

4. 经期卫生要注意

月经的降临往往让女孩紧张不已，所以女孩要知道一些月经的常识和经期的注意事项，让自己从容面对这个“好朋友”。

(1)卫生巾要勤换，因为积聚的血垢可刺激阴部的皮肤引起炎症，可使细菌大量繁殖造成感染。在行经期外出时要随身携带卫生巾(纸)备用。

(2)每天都用清洁的温开水冲外阴。要从前面用水洗，不要从后面向前洗，以免将肛门附近的污物或细菌带到阴道口。

(3)千万不要在浴盆里坐浴，也不要游泳。

虽然来月经会给你增添不少麻烦，可它毕竟是一个成熟女性所必须拥有的正常生理现象，只要逐渐习惯注意经期卫生，调节情绪，适当休息，月经就不会影响到你的日常生活！

5. 经期洗澡用淋浴

经期能否洗澡是很多青春期的女孩比较关注的问题，经期当然可以洗澡。洗澡也是经期卫生工作的一部分。但经期洗澡一定要注意以下问题，才能避免细菌的侵入和感染：

(1)可以洗澡，但是不能洗阴道里面。

(2)绝对不能盆浴，可以采用淋浴或擦浴。这是因为，月经期子宫内膜脱落，宫腔留有创面；宫颈黏液被经血冲出，宫颈口微微开放；阴道内有经血停留，是细菌的良好培养基。以上导致生殖道局部的保护性屏障作用暂时遭到破坏，再加上月经期全身抵抗力下降，盆浴时，污水及阴道中细菌便可能经宫颈管上行至宫腔而引起感染，故应该禁止。

(3)在清洗阴部时，应该注意选择专业的阴部清洗液。经期阴部容易产生异味，尤其在夏季，但在洗澡时顺便用沐浴液清洁阴部，或用热水反复清洗阴部是不够健康的，反而容易引发阴部感染，导致瘙痒病症。因为平日女性阴道内是略酸性环境，能抑制细菌生长，但行经期间阴道会偏碱性，对细菌的抵抗力降低，易受感染，如果不使用专业的阴道清洁液或用热水反复清洗更会导致碱性增加。因此，清洗阴部需

要选择专业的阴部清洗液，尤其在经期。

6. 来月经时，要减少体育课上的剧烈运动

作为在校的女孩来说，最害怕的事情就是经期上体育课，但这是不能避免的问题。其实，只要运动适当，女孩在经期是可以进行体育锻炼并且上体育课的。那么，女孩子该如何注意经期体育锻炼？

月经是一种正常的生理现象，一般没有什么痛苦和特别不舒服的感觉。虽然生活中，有些女孩有腰酸、腹胀及腹部下坠等轻度不适，或出现困乏无力、容易激动等现象，但这些都是正常的生理反应，并不是病。

因此，在正常月经期，完全可以参加适当的体育活动。适度的运动和锻炼，不仅对月经没有影响，还会促进女孩的身体血液循环，增强抵抗力。对于初来月经的少女来说，在初潮后的一两年内，由于发育尚未完全成熟，容易受到不良因素的干扰和刺激，引起月经不调或闭经。所以，在这个时期适宜进行体力强度较小的锻炼，如徒手操、托排球、打乒乓球、羽毛球等。随着发育的成熟和月经周期的规律化，可逐步加大运动量。

当然，女孩在经期应该注意避免进行剧烈的、高强度的或震动大的跑跳动作，如长跑、急跑、跳高、跳远、跳箱、高低杠等，也不能进行增加腹压的力量性练习，以免造成经血过多或子宫位置改变。经期还应禁止参加游泳活动，因为经期子宫口开放，易受感染。

此外，月经期还不宜参加体育比赛。因为体育比赛时精神紧张，活动量大，容易引起月经紊乱、腹痛、经量过多或过少等。患有痛经、经量过多或其他疾病的女孩子在月经期要适当休息，减少或停止锻炼，并加以积极的治疗。

7. 如何清洗衣物上的血渍

可能很多青春期的女孩会遇到这样一种情况：由于不小心，卫生巾没有正确使用或者经血量过大，内裤、裤子甚至床单上都沾染上了血渍，而又不知道如何清洗。不要惊慌，这里有几招：

总的来说，清洗衣物上的血渍，最关键的要记住：一定不可用热水洗。因为热水

会使血液中的蛋白成分很快凝固,就很难洗干净了。

(1)刚染上的血渍,只要先用冷水浸泡几分钟,然后用肥皂、加酶的洗衣粉或酒精洗涤,就可以洗干净。

(2)把有血渍的衣物在冷水中浸泡几分钟,然后捞出衣服,在血渍处滴几滴医用过氧化氢反复揉搓,可以迅速去除血渍。

(3)先用淡盐水浸泡一会,再用肥皂、甘油皂洗涤,清洗起来会轻松得多。

(4)把有血渍的部分抹上润肤霜(不要把衣服弄湿,直接涂抹润肤霜),过一段时间后清洗,再用洗涤灵或者肥皂将润肤露清洗掉,效果也非常好。

当然,月经期间清洗衣物,尤其是在寒冷的冬季,一定要注意水温。虽然清洗血渍不可用热水,但可以先用少量冷水浸泡有血渍的地方,然后用温水洗涤。当然,尤其是内裤,在清洗的时候一定要注意卫生,以免穿着的时候感染。

8. 如何面对经期的不适感

来月经时肚子会痛,就是人们常说的"痛经"。有不少女孩有痛经的症状,在行经前或经期会感到腰酸、下腹坠胀,个别人还会全身无力、容易激动发脾气等,这一般不影响日常生活。所以,女孩不应该自作主张服用止痛片。

其实,痛经也是有一些原因的。引起痛经的原因很多,一般都与精神因素有关,如情绪激动、抑郁、精神紧张等,有时过度疲劳、剧烈活动、淋雨、受凉、大量食冷饮等也会引起痛经。还有一些生理上的原因,比如经血不畅、体质虚弱、气血不足、子宫位置异常、子宫颈口狭窄、子宫发育不良、子宫收缩增强或不协调等都是造成痛经的原因。痛经固然在月经过后会自然消失,但若不采取积极的预防措施,将会造成身体和精神上的痛苦。

如何减缓痛经呢?

(1)要注意预防痛经的发生,平时要加强体育锻炼,消除对月经的恐惧、忧虑和紧张情绪。

(2)注意经期卫生,行经时避免过度劳累,少吃生冷和刺激性的食物,避免淋雨或洗冷水澡、在冷水中劳动等。

(3)可以喝一杯热红糖姜水,或采取俯卧位休息,也可在下腹部放一个热水袋或

用热毛巾轻轻揉腹部。轻微活动一下也有助于排出子宫内的充盈物,从而缓解疼痛。

(4)如果疼痛非常厉害还可以服去痛片、安定片等药,短时间就可以止痛,当然,这也要在医生或者家长的允许下服用。重者应去医院就诊,不要让痛经影响到自己的学习和生活。

痛经会随着女孩年龄的增长有所好转,并不是什么病,因此不必担忧。

9. 经期的饮食和休息

(1)减少盐类摄取。过咸的食物,会使体内的盐分和水分贮留增多,在月经来前,很容易导致头痛、情绪激动和容易生气等症状,也容易引起水分郁积,让人觉得浮肿。

(2)制订理性的饮食计划,不要有强迫性的节食。因为饮食足够才会有温暖安全与愉快的感觉,恶性的节食只会加重经前紧张症候群的程度。也不宜吃生冷的蔬菜水果和冰冷的饮料。生冷的食物会降低血液循环的速度,进而影响子宫的收缩及经血的排出,导致经血排出不利,引起月经痛。应注意饮食的平衡,如多吃蔬菜、水果、谷类食物、米饭、面食、面包、豆子、鱼肉、鸡蛋等。

(3)要有足够的睡眠,多卧床休息,进行热敷、深呼吸,学习放松技巧。

(4)不宜穿紧身衣裤。臀围小的紧身裤会使局部微血管受到压力,从而影响血液循环,造成阴部充血水肿。

(5)适当运动,比如散步、打排球或进行一些益智娱乐活动,如围棋、桥牌等等。所谓规律的运动是指每周三次,每次30~45分钟。

(6)不可过度捶打腰背。虽然经期容易发生腰背酸痛等现象,但不可随意自行敲打,这样会使骨盆腔进一步充血,引起月经过多或经期过长。

女孩做到以上这些注意事项,就能与你的"好朋友"相安无事,让你在经期也能轻松愉快!

五 卫生巾的正确使用

莉莉来月经了，我给她买了卫生巾，让她在学校换，可是她生怕别的同学看到她已经有了“好朋友”，不敢去换，结果阴部很痒，让她坐立不安，不知道怎么办才好。其实，女孩对于卫生巾的使用并不需要过于害羞，为了身体的健康清洁，及时更换卫生巾是十分必要的。在卫生巾的选择和使用上，女孩也应该注意，尽量选用优质透气的卫生巾，这样才能轻松愉快地度过经期生活！

1. 挑选卫生巾的技巧

月经期间，抗病能力降低，容易感染疾病，因此要特别注意经期用品的使用。经期用品主要包括卫生巾、卫生纸。行经时应当选用适合自己的经期用品。现代女性一般首选卫生巾。

卫生巾是女孩来月经时的必备物品。卫生巾有许多种优点，目前市面上的卫生巾依其长度可分为“标准型”、“加长型”和“特长型”。按其质量可分为棉质、纸质和干爽网面，女孩可以根据自己的具体情况选择使用。

选购时应注意质量，好的卫生巾应该柔软、雪白、无霉点、无异味，吸水功能好，巾身不易摺皱，用后舒适。因此，女孩必须学会选用适合自己的卫生巾。那么，到底要选用什么样的卫生巾呢？

(1)柔软干净，吸水性好，用起来舒适方便，经血不易溢出弄脏衣物。一般卫生巾为非织造布制作，为纤维材料，受潮后材料变质，细菌易侵入繁殖，使用前最好经阳光曝晒。好的卫生巾大都触感柔软，水分下渗迅速，有的采用伸缩护翼，可以有效防止侧漏或后漏。

(2)要透气。调查表明，73%的女性会在经期感到局部皮肤瘙痒、灼痛。这多是由于使用不透气的卫生巾造成的，因此，要安度经期，选择透气性好的卫生巾至关重要。

(3)不要选用大吸收量的卫生巾。很多女孩为了自己方便,还害怕在学校换卫生巾被人笑话,经常使用大吸收量的卫生巾,这种做法也是不提倡的。因为长时间不更换卫生巾会使局部通风差,导致细菌繁衍,从而诱发各种妇科疾病。

选用了正确的卫生巾,才能保证女孩在经期的健康!

2. 女孩慎用药用卫生巾

这也是很多女孩比较困惑的问题,当然,这要依个人身体情况而定,一般敏感体质的女性建议慎重选择使用药用型卫生巾。

我们经常可以发现,市面上有一种药物保健卫生巾,一般都宣称有抗菌、抑菌、止痒,减轻痛经、舒缓不适以及平衡阴道酸碱度的功效。这种卫生巾虽然能在一定程度上对经期女性的私处起到保洁作用,但并不能够杀菌,患有妇科疾病的女性可以使用,但作为青春期的女孩则没有必要。如经常使用药物卫生巾,会打破私处的酸碱平衡,形成依赖,降低私处自我免疫和清洁作用,反而更易受到细菌侵害。

药用卫生巾不是不可用,但是体质敏感的女孩最好不要使用,此类产品所含的药物成分可能会引起皮肤过敏,私处瘙痒等症状。皮肤敏感的女孩最好选用柔软舒适,对皮肤刺激小的棉质卫生巾。

除了少用药物卫生巾外,女孩还要注意使用卫生巾前一定要洗手,否则极易导致私处感染。另外,很多女孩将卫生巾放在洗手间,殊不知,卫生巾受潮后细菌更易侵入。拆包后的卫生巾应放在干燥、洁净的地方,受潮后就不要再使用。

3. 卫生巾要及时更换

可能很多在学校的女孩羞于去厕所换卫生巾, 也比较关心卫生巾需要多久换一次这个问题,对于这些少女而言,应注意以下两点:

(1)卫生巾最好换得勤一些,一般 2~3 小时更换一次,夏季则不应超过 2 小时。因为血液是细菌最好的温床,如果你很久不换的话,容易滋生细菌;而在来月经的时期,正是身体抵抗力降低的时候,所以,更容易受细菌的侵害。

(2)换卫生巾的频率以你的月经量来定。量多的日子,每天更换 3~5 次,也就是约 4~5 小时更换一次是适当的。原则上不必等到卫生巾全都润湿才予更换。月经量

较多的几天,可能更换的频率需要增加。夜间就寝时段,可以使用“夜间加强型”卫生巾,以防渗漏。不过,每个人都有不同的需求,所以依据个人的习惯来定才是最好的方式。

如果觉得在学校不方便,可以将卫生巾放在一个小袋子里,或者在快下课的时候将卫生巾放入裤兜。即使大大方方地拿出来,也没什么不好意思的。当然,很多女孩都年纪不大,避讳一下也是无可厚非的,一般女生可以两节课换一次,后几天3节课换一次。

4. 用了卫生巾,阴部为什么会出现瘙痒

出现瘙痒现象多由以下几点原因所致:

(1)没有及时更换卫生巾。

(2)身体的清洗没有做好,或者是天气热时阴部不通风。

(3)还有一种可能,就是卫生巾的保存不当导致的。

(4)卫生巾的材质不适合自己的皮肤,从而产生过敏等情况。

青春期的女孩要注意经期卫生,保持外阴清洁干燥。切忌搔抓、热水洗烫和使用肥皂。有感染时使用高锰酸钾溶液坐浴,内裤要透气、宽松舒适,忌酒及辛辣或过敏食物,并且要把卫生巾放在通风干燥的地方,在使用卫生巾前,要注意卫生巾的清洁,还要选用适合自己的卫生巾。

5. 尽量不选用卫生栓

很多青春期女孩认为使用卫生栓比较方便,利于活动。其实,卫生栓堵塞在阴道口,血液淤积在卫生栓中就等于给细菌提供了一个大量繁殖的体内温床。有些卫生栓产品中含有的化学成分也会给体质敏感的女性制造麻烦。最直接的后患就是容易患上由金黄色葡萄球菌引起的急性感染,导致发烧、头痛等症状,重者还会引起死亡。如果使用某些吸收力过强的卫生栓,会出现进退两难的局面,严重的还会使阴道过分干燥而导致受伤。所以,青春期女孩最好不要使用卫生栓。如果必须使用的话,也应注意:

(1)尽量不使用内置式卫生栓。如果必须使用,则需要3~4小时更换1次。

(2)一旦卫生栓受到污染,立即丢弃。

(3)不要在月经量少的日子使用。

(4)注意使用前仔细清洗双手,以免细菌入侵。

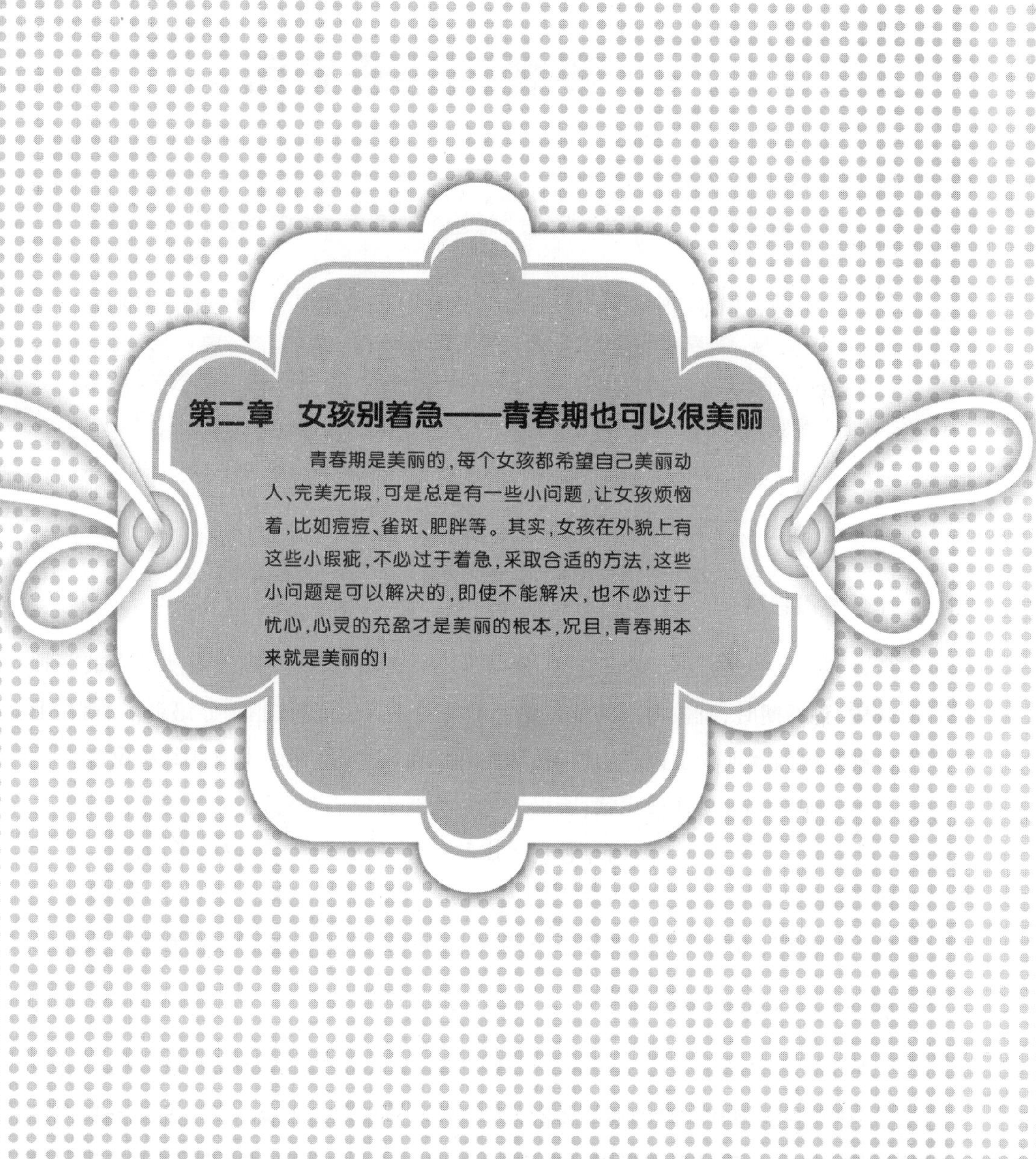

第二章 女孩别着急——青春期也可以很美丽

青春期是美丽的，每个女孩都希望自己美丽动人、完美无瑕，可是总是有一些小问题，让女孩烦恼着，比如痘痘、雀斑、肥胖等。其实，女孩在外貌上有这些小瑕疵，不必过于着急，采取合适的方法，这些小问题是可以解决的，即使不能解决，也不必过于忧心，心灵的充盈才是美丽的根本，况且，青春期本来就是美丽的！

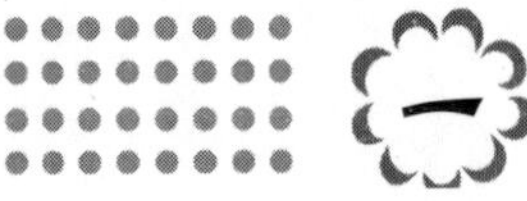

一 不要痘痘要美丽

女儿莉莉:妈,我最近是怎么了,脸上总是长一些疙瘩,同学笑我是"包公",我该怎么办?

莉莉的问题是很多青春期女孩都会遇到的问题,其实,痘痘是青春期的一大标志,女孩不必惊慌。青春期是痘痘的多发年龄段,青春期女孩,有了痘痘不要着急,了解痘痘的形成因素以及一些缓解和祛除的方法,并养成良好的生活习惯,就可以做到只要美丽不要痘。

1. 什么是青春痘

青春痘又叫痤疮,暗疮或粉刺,是由于毛囊和皮脂腺阻塞、发炎所引发的一种皮肤病。青春期时,身体内部的荷尔蒙刺激毛发生长,促进皮脂腺分泌更多油脂。毛发和皮脂腺因此堆积了许多物质,使油脂和细菌附着,从而引发皮肤红肿反应。

青春期女孩常见这种症状,所以才称它为青春痘。青春痘主要发生在皮肤的毛囊皮脂腺,皮脂腺通过皮肤的导管进入皮肤,堵塞了管腔,导致皮肤不能透气,形成脂栓。当这个不能被皮脂腺自然排出的脂栓长时间堵塞毛囊时,就会对毛囊附近的皮肤造成损伤,再加上体内激素的分泌和机体的刺激,就会形成红肿状的青春痘。

2. 青春痘的形成因素有哪些

脸上起青春痘的原因是什么呢？这个问题比较复杂。如遗传因素、环境、化妆品、精神紧张等都是起青春痘的原因。青春痘是严重困扰青少年尤其是青春期女孩的一种皮肤病。但是现在发现一个现象,有很多人已经经过青春期了,但是还长着满脸的青春痘。这怎么解释呢?人们普遍认为:青春期的结束并不代表青春痘也会

跟着结束;青春痘的产生有许多复杂的因素。这些复杂的因素总结有以下几点:

(1)遗传因素、激素分泌引起皮脂腺变大,进而产生过多的油脂分泌引起青春痘。

(2)环境因素也在其中起一定作用,有时一些化妆品或护肤品会阻塞毛孔引发青春痘。

(3)精神紧张、学习压力可能也是一个因素。

3. 怎样祛除青春痘

一般来说,青春痘都是由内分泌失调引起的,两腮上长痘可能是由于饮食不规律,肠胃失调,学习压力过大以及水土不服等原因所致,再加上如果是油性皮肤的话,就更容易长痘痘了。

长了痘痘,女孩也不必太难过,只要采用正确的方法,是可以缓解这种状况的。

(1)要注意清洁卫生,洗脸的毛巾要和洗澡的分开用,用一些比较柔和的洗面奶,不要用泡沫型的,对皮肤刺激比较大。

(2)要有良好的饮食习惯,不要吃过于油腻和辛辣刺激的食物,生冷的食物也尽量少吃,这样,就可以达到控油的目的。

(3)要养成良好的作息习惯,喜欢熬夜的女孩脸上长青春痘的几率比一般女孩要大很多。

总之,女孩不必担心脸上的痘痘,随着年龄的增长和发育的成熟,痘痘一般是会慢慢消失的。

4. 青春痘的疤痕可以治好吗

痘印和痘疤是很多有痘痘的青春期女孩心头永远的痛。虽然通过一段时期的治疗,脸上的青春痘已经痊愈了,但是由于太晚就医或是之前痘痘长得太厉害,脸上本来长痘痘的地方留下了一大堆颜色深浅不一黑黑红红的痕迹,严重的甚至会有坑坑洼洼的疤痕,这就是我们俗称的所谓“痘疤”。

痘疤是因为感染发炎或外力挤压造成的,往往是因为在青春痘发作时没有得到及时适当的治疗,皮肤细胞的发炎反应造成了对皮肤组织的破坏,导致疤痕的产生。由于青春痘的种类各式各样,所以青春痘疤的形式也有好多种,而青春痘发作

时的发炎反应越严重,皮肤组织也破坏得越厉害;发炎的部位越深,皮肤组织被破坏得也越深,将来可能留下的痘疤也就越严重。

那对于已经存在的痘疤,有什么办法可以祛除呢?我们先从痘疤的种类说起。

痘疤主要可以分为色斑(即痘印)及疤痕(凹陷或凸起)两种。其中色斑又分为红色及黑色两种。

红色斑是由于原来长痘痘的部位,细胞发炎引起血管扩张造成的。痘痘消下去后血管并不会马上缩下去,就形成了一个个平平红红的暂时性红斑。它会在皮肤温度上升或运动时更红,这种红斑并不算是疤痕,会在4~6个月内渐渐退去。

而黑色斑则是起于痘痘发炎后的色素沉淀,使长过红痘痘的地方留下黑黑脏脏的颜色,使皮肤暗沉。这些黑颜色其实会随时间慢慢自行消失,心急的人可以涂抹一些可褪黑色素的药膏或是接受果酸换肤、维生素C导入。

这一类的色斑和色素沉淀时间一久就会自然消失,所以一般都是暂时性的假性疤痕,并不是真正的疤痕。当然,红斑及黑色素沉淀的消失需要一定的时间,否则该收缩的血管没收缩,红斑还是不会退;该被细胞运走的色素没运走,黑色素也没办法消失。

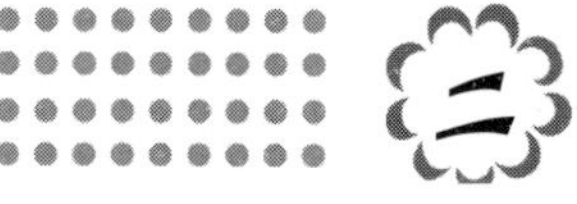

二 恼人的脸面问题

伴随着青春期的到来，女孩身体的各个部位会产生一些变化，但并不是每个女孩都能发育得毫无瑕疵，比如雀斑的产生、近视的出现、体毛的长成等，这些虽然都不痛不痒，但影响人的外貌美，所以常引起青少年，特别是少女的烦恼。其实，女孩不必太在意，人无完人，外貌美可以通过很多外部手段做到，用知识去充盈自己的内心才是让自己美丽的根本！

1. 怎样让雀斑消失

“妈，为什么最近我脸上开始有一些雀斑呢，原本脸上什么都没有，现在倒好，你看哪里都是，有些同学说雀斑能治好，是吗？”

伴随着青春期的到来，女孩身体的各个部位会产生一些变化，尤其是脸部，除了痘痘的光临，还有雀斑的产生，雀斑虽然不痛不痒，但影响人的外貌美，所以常引起青少年，特别是少女的烦恼。有很多女孩和小姑娘一样，害怕自己白皙的脸蛋被雀斑占满。所以许多女孩希望能够将其清除或使之减少。

雀斑是由于体内黑色素增多，且堆积在皮肤的基底细胞里所致，这种黑色素来源于酪氨酸，在酪氨酸酶的催化下氧化，聚合而成；雀斑形成的原因可能与遗传、体质、曝晒等因素有关。雀斑不论先天或后天出现，均与遗传因素有密切的关系；阳光中的紫外线也是导致雀斑恶化的凶手，所以有些患者会觉得自己的雀斑在夏天比较明显，冬天就会变淡。

基于这样的原因，我们发现，有些雀斑是可以缓解和治好的，但有些可能是治不好的。但女孩可以采取一些方法预防雀斑的产生，也可以改善自己的皮肤。

日晒是引起和加重雀斑病情的重要因素，所以，应设法防护。特别在春夏季节应尽量少晒太阳，避免曝晒。外出时注意使用遮光保护用品，有条件时，可配合外涂防光剂，因为防光剂具有吸收紫外线或将紫外线反射回去的能力，如氧化锌霜。

另外应加强维生素的摄入,多吃含维生素高的蔬菜和水果。

其实,即使雀斑治不好,女孩也不必难过,真正的美丽来自心灵,用知识去充盈自己的内心才是让自己美丽的根本!

2. 不做眼镜女

“考完试,上哪治近视?”常年戴着“啤酒瓶底”似的眼镜的同桌问莉莉,“高考结束了,也应该给自己的眼睛松松绑了,我不想做‘眼镜姑娘’!”

的确,每个青春期的女孩都爱美,都害怕自己一张赋有青春气息的脸被一副眼镜遮上。那么,究竟近视是怎么产生的呢?究竟怎么样才能改善自己的近视状况呢?

(1)大量研究证明,近视与饮食之间存在着相当大的关系。预防近视,一定要注意饮食调节,否则收效就不大。其次,少吃糖及碳水化合物的食品或烧煮过度的蛋白类食物,会减少近视的发生。

(2)近视是屈光不正的一种表现。近视的形成主要有内因和外因两种原因,内因指的是近视的遗传性,外因主要包括工作环境和身体素质两方面。

基于遗传因素,我们可以发现,近视眼的发病率,城市比农村高,精工行业比一般行业高,尤其在学生和知识分子当中,近视的发病率更高。

还有,一些女孩因为上课、做作业时的坐姿不正,甚至光线暗淡,也可能引起近视。

预防和改善近视,主要还是从饮食和生活习惯上做起,补充蛋白质和钙、铁、锌、硒元素以及维生素的摄入。其次,养成良好的站、立、行的姿势,看书时眼睛要和书本保持一定的距离。

即使近视不一定能治好,但你却可以采取措施来改善自己的近视状况。其实,“眼镜姑娘”也很美。

3. 女孩也会长胡子吗

侄女小硕和女儿莉莉同岁, 最近一直爱美的小硕发现自己嘴角居然和班上某些男生一样,长了一些小胡子,以前她还一直嘲笑别人,可是现在自己居然也长了。为什么女生也会长呢?是不是自己不正常啊?她甚至发现,周围那些同学已经开始在自己背后指指点点了,她很苦恼,偷偷告诉莉莉说,她想让母亲带她去医院做脱毛手术。

小硕的这种情况属于青春期女孩的雄激素分泌失调症状，会长出一层黑茸茸的胡子，也可能是遗传因素造成，比如母亲相对来说，毛囊也比较旺盛。

其实，目前来讲，祛除唇上的汗毛有几种方法可以考虑，但不能自行处理，以免产生一些危险：

(1)如果希望短期达到效果可以考虑脱毛膏、蜜蜡、贴布等方法，这些方法都可用来对付那些柔软细小的汗毛，能将大面积的毛发快速清除，尤其像贴布脱毛，轻巧、方便、持久。但是这种方法的缺点就是对肌肤比较刺激，如果你的肌肤容易过敏，或者用得太过频繁，会造成红肿过敏，那样的话，多毛的上唇会更难看了。

(2)比较理想的脱毛方法是激光脱毛，它速度快痛苦小、安全，激光能同时祛除一片毛发，造成皮肤灼伤后留下疤痕的风险极小，而经过几个月，即使再长出来的毛发，数量也会明显地减少。

(3)激光除毛，部分毛发还是有可能再生，而新生的毛发会变得比较纤细而且不明显，效果因人而异。有的人 6 个月后就长出毛发，但也有的人一直要到两年后才会再生。激光脱毛不是十全十美，因为它最适合肤色浅毛发深的人，治疗范围锁定在“深色色素”。如果你的肤色深，激光就会一并破坏皮肤色素而造成白斑或黑斑，之后往往需要几个月的时间才能逐渐复原。

女孩要切记，长点小胡子很正常，不必大惊小怪，也不必自卑，完全不用浪费过多的经历在意它。当然，在家长的允许和监护下，祛除小胡子也未尝不可。

4. 白头发并不是老年人的专属

“莉莉，你看，我又给你扯出了一根白头发，你是不是要老了？你以前头发可是又黑又光的。”

“关你什么事？”莉莉对同桌喜欢扯自己的白头发很反感，可是不知道为什么，自己的确有不少白发隐藏在黑发之中。

莉莉就是中国人称的典型的“少白头”，所谓的“少白头”，是指青少年时头发过早变白，头发呈花白状，影响面容和整体形象。

少白头也是有一定原因的，主要是由于肝肾不足、气血亏损所致。先天性的少白头多与遗传有关，不易治疗；而后天性的少白头，除了根据病因治疗外，还应加强营养。

治疗少白头,中医的治疗方法是补肝血、补肾气。主要是通过饮食来治疗:

(1)缺乏蛋白质和高度营养不良是早生白发的病因之一。饮食中缺乏微量元素铜、钴、铁等也可导致白发。缺乏维生素 B_1、维生素 B_2、维生素 B_6 也是造成少白头的一个重要原因。应增加这类食物的摄入,如谷类、豆类、干果类、动物肝、心、肾、奶类、蛋类和带叶蔬菜等。

(2)还要注意多摄入富含酪氨酸的食物。黑色素的形成过程,是由酪氨酸酶氧化酪氨酸而形成的。也就是说,黑色素形成的基础是酪氨酸,酪氨酸缺乏也会造成少白头。因此,应多摄入含酪氨酸丰富的食物,如鸡肉、瘦牛肉、瘦猪肉、兔肉、鱼及硬果类食物等。

(3)经常吃一些有益于养发乌发的食物,增加合成黑色素的原料。中医认为"发为血之余","肾主骨,其滑在发",主张多吃养血补肾的食品以乌发润发。

5. 声音为什么会变尖细

莉莉最近以为自己感冒了,可是又不像是感冒,因为她并没有不舒服,可是声音变了,变得尖细了,这种尖细的声音让她觉得很难受,因此,她说话的时候总是刻意压低自己的声音。

这是女孩青春期发育的另外一个标志——变声。其实,莉莉完全不必担心、害怕,也不用刻意改变它,这是一种正常的生理发育表现,女孩的变声期一般在 13 岁左右,所需的时间一般在三个月到一年,但这也不绝对,甚至也有更长的。

进入青春期,女孩的呼吸系统发生了极大的变化,甲状软骨发育、声腔和声带都发生了很大的变化,主要是在宽窄厚薄上起了变化,声带增长,这就进入了变声期。其实,女孩子的变声并没有男孩子的明显,但一般呈现尖细的状况。

因此,声音变得尖细属于正常的生理发育,女孩不必要太过担心。

6. 贪吃贪睡的小文

小文问莉莉:"我最近变得能吃又能睡,不会是生了什么病吧?会不会变成大胖子啊? 这是为什么呢? "

其实,她不用担心这个,这很正常,这是青春期正常的生长发育的需要。人体的

构成和生长发育、调节各种生理功能、维持身体正常新陈代谢都需要大量的营养素，包括糖类、蛋白质、脂肪、维生素、矿物质以及微量元素等。

而人的一生，有两个成长高峰，一个是出生到1岁左右，一个就是青春期。当然，人体需要的能量在青春期尤为明显，女孩的各种器官的完善都需要各种能量来补充，而且，青春期的女孩学业负担重，身体能量消耗大，就更需要休息和能量的补充了。

所以，女孩不必担心自己能吃能睡，青春期正是长身体的时候，保证身体的正常发育很重要，不应因为害怕身体发胖而刻意节食。

三 女孩，如何面对你的不完美

青春期正是身体的发育期，因为各种发育因素的不均，很多女孩发育得并不完美，比如多毛症、肥胖、矮小、狐臭等，这令很多青春期女孩很烦恼，毕竟，爱美是每个女孩的天性。其实，女孩不必太过在意，即使要祛除这些阻碍美丽的因素，也要在不影响健康的前提下进行，因为健康比美丽更重要。

1. "小猿人"别担心

莉莉有个好友慧慧，长得很白很漂亮，可是她却从来不会把自己白嫩嫩的皮肤露出来，即使炎热的夏天也从不穿裙子，而是用长衣长裤将自己的胳膊和腿盖住，怎么回事呢？原来慧慧身上的毛发很浓密，看起来皮肤脏脏的，她为此也很烦恼。

慧慧的这种情况，属于青春期女孩的多毛症，其实，这并不是什么病，也不是不正常。引起女性多毛症的原因主要有以下三点：

(1)体内睾丸酮分泌过多，或是虽然体内雄激素分泌不多，但是毛囊层对雄激素的敏感性增高，引起多毛。很多人认为女性不会分泌雄激素，其实这是误解。正常女性也分泌少量雄激素，这和正常男性也会分泌雌激素一样，女性的这些激素50%来自卵泡和肾上腺皮质。

(2)女性多毛可见几种症状，其中一种是先天性肾上腺皮质增生症，主要是由于先天性酶的缺陷。严重的可使女性在出生时外阴阴蒂偏大，一般不太典型，长到十几岁时逐渐明显，可出现多毛、月经不调、生育能力差等。

(3)肾上腺或卵巢长出能分泌雄激素的肿瘤。这种病可以发生在任何时期，病程发展较快，表现为乳房缩小、阴蒂大、不来月经。遇到这种情况应及时发现并及时手术。以上情况都属于器质性病变。

这些多毛症在年轻女孩子身上很常见,危害并不大,因此女孩不必担心,虽说影响面容,但不能在没有家长的陪同下自行进行脱毛手术,即使做脱毛手术,也要在不影响皮肤正常发育的前提下进行。

2. 有狐臭该怎么办

某天,莉莉回到家和我说了学校里发生的一件事:她的同学波波人很好,学习也不错,可是同学都不喜欢亲近她,也不喜欢坐她的同桌,因为她身上有一股怪味道,很难闻。莉莉觉得波波很可怜,自己很想多和她交流,但是波波身上的味道,让莉莉觉得实在难以接受!

波波的这种情况,一些和她同龄的女孩也是有的,很多人对此谈之色变,这其实就是“狐臭”。因此,这让女孩们感到尴尬无比,也给很多青春期的女孩带来一种精神上的压力、不安及挫折感。其实,这是普通的生理现象,女孩也不必太在意。

狐臭的产生是有一些原因的, 她产生的根源是狐臭患者腋下汗腺所分泌的脂肪酸比普通人偏高,臭是一种体臭,味道较重容易令旁人感到不舒服。一般而言,汗腺有两种,一种是外分泌腺又名小汗腺,分布于全身,分泌 99%的水分和 0.5%的盐分。另一种为顶浆腺又名大汗腺,坐落皮肤真皮层,开口于毛根部,只分布在腋下或阴部和眉毛,会分泌较浓稠之液体,含有油脂、蛋白质。再经由腋下上的细菌分解分泌汗,形成恶臭。狐臭大都发生于青春期,受情绪及荷尔蒙所影响。

那么,有了狐臭到底该怎么办呢?

传统的方法是采取手术法,将腋部有腋毛部位的皮肤连同大汗腺一起切除,但会留下很大的疤痕,而且青春期的女孩身体正处于发育期,手术后上肢活动也会受到一些限制。

其实,在生活中,女孩不妨采取一些自疗的方法:

(1)要注意清洁,经常淋浴,勤换衣服。

(2)保持皮肤干燥,保持腋窝、乳房等部位的清洁。

(3)每天用肥皂水清洗几次,甚至将腋毛剃除,不让细菌有藏身之处。

(4)在治疗中,要保持心情开朗,且不宜做剧烈活动。

(5)戒烟酒,少吃强烈刺激的食物。

3. 身高的烦恼

我同事的女儿梦梦今年14岁了,可身高还不到150厘米,和她同龄的女孩一般都长到160厘米了,站在她们中间,梦梦感觉自己像个侏儒,她很怕自己真是个长不高的“拇指姑娘”。

其实,梦梦不必担心,14岁的身体并未发育完整,完全还有再长高的希望。况且,身高并不是判定一个女孩美与丑的标准,小个子的女孩也别有一番小巧玲珑之美。

青春期的女孩长不高的原因有很多,比如营养跟不上、生活不规律、学习压力过大等。当然,父母的遗传也是一个重要因素。

身材矮小的女孩不要害怕自己长不高而去采取一些急功近利的方法,比如药物治疗等,这都是不正确的。俗话说“物极必反”,刻意增高会使身体发育系统紊乱,结果适得其反。其实,合理改变生活习惯是有利于增高的:

(1)合理调节饮食,养成良好的饮食习惯。不偏食,不暴饮暴食,既要保证充足的营养,又要适当节制。

(2)生活要有规律,睡眠要充足、定时,最好睡硬板床,枕头宜低于5厘米。

(3)注意自身保健,无病防病,有病早治。读读关于矮身材研究及与身高生长发育有关的书,读不懂可请教医生,增加知识,用科学指导自己的行动。

(4)不要难过,保持身心健康。情绪稳定,无忧无愁有利生长发育。

(5)坚持进行合理的运动,比如说打篮球。每天持续1~2小时适量的体育运动,在一定时期内可使体内生长激素含量明显增加,随着血液中生长激素含量的增加,即导致管状骨生长区活跃,从而增加身高。

4. 为什么女孩的个子比男孩还高

小荣有个双胞胎弟弟,她很奇怪,为什么自己吃得比弟弟多,长得也比他高?男孩不是应该比女孩高,吃得比女孩多吗?周围的邻居也总是笑话她,说一个女孩长太高了不好看。

小荣的这个问题也是很多青春期女孩甚至是男孩比较迷惑的问题,其实,这一点也不奇怪,每个人的发育早晚不一样,一般情况下,女孩比男孩发育要早。

青春期女孩的生长发育除了以乳房等一些第二性征为标志外，还有体重和身高的显著变化。

青春期以前，女孩的生长速度一般是每年增长 3~5 厘米，而女孩进入青春期以后，身高是成倍增长的，以每年 6~8 厘米甚至是 10~12 厘米的速度增长。

相对于女孩来讲，男孩一般比女生晚两年进入青春期，所以，女孩一般比同龄的男孩高很多，但男孩也会很快进入“迟到的青春”，甚至很快赶超女孩。

5. 月经初潮后，就不长个了吗

盈盈最近来月经初潮了，那是个可爱的 11 岁的小女孩，还不到 150 厘米，小女孩很担心自己还会不会长高，而她的母亲对此也很关心。

当然，很多青春期的女孩都害怕自己在月经初潮后就不再长高了，那么，到底月经初潮和身高之间有什么关系呢？

女孩性成熟的重要标志之一是子宫内膜周期性出血，即形成月经，月经首次来潮称为初潮。按人体生长发育的一般规律，女孩子在 10~11 岁进入青春发育期，伴随着体内各种内分泌激素的急剧变化，身高等形态指标大幅度增长，骨骼加速钙化，性发育启动。一般来说，月经初潮后身高的增长，大都是在初潮后两年内完成的，两年以后就很少再长了，也就是说，月经初潮以后两年，不要再期望身高会有大的增长。

来了初潮第一年还能长 2~3 厘米左右，但往后就一直递减，长高速度因人而异，这和遗传有关，一般都能长 5~7 厘米左右。有一个公式，可以大概测算出月经初潮后女孩的身高增长值：月经初潮后身高增长值(厘米)=月经初潮时身高 ÷(94.1%~97.6%)−月经初潮时身高。

当然，这只是一个大概的预测值，具体身高要看女孩的个体差异，女孩也不能因为希望长高而刻意吃一些增高药或大量补充营养造成营养过剩，这都是一些矫枉过正的错误方法。

6. 正确看待肥胖

莉莉最近发现，自己的体重飙升。每次去买衣服，小号和中号的她都不敢试了，

有的大号的她都穿不上,看着身上的一块块肥肉,她说:“我要减肥!”于是她开始节食,可是不到几天体重又反弹了;她还开始吃减肥药,可是效果很差。上课也集中不了精神,她很怕听见同学们喊她“大肥猪”。

的确,一些女孩进入青春期后,害怕发胖,羡慕别人苗条的身材,于是和莉莉一样,一味节食减肥,或者采用其他各种伤害身体的方法减肥。其实,这是不正确的做法。青春期的少女最重要的就是保证能量供给充足和身体的正常发育,刻意减肥可能会带来身体上的危害。就节食减肥而言,危害便有很多:

(1)节食会导致人体所需要的热量和能量不足。青春期的身体如熊熊燃烧的火焰,代谢比其他时期旺盛,而且活动量大,每天还有大量的课业负担,因此机体对营养的需要相对增多,热量和能量要满足生长发育的需要。每日所需要的热量一般不能少于9600千焦,如果达不到,就会影响生长发育。

(2)节食必然导致蛋白质的摄入不足。大量研究证明,很多女孩体质差,身体发育不好,就是因为营养跟不上,这其中就包括蛋白质摄入不足。这会造成负氮平衡,使生长发育迟缓、消瘦、抵抗力下降,智力发育亦受到影响,严重者会发生营养不良性水肿。女孩青春期发育较男孩早,同时伴有明显的内分泌变化,蛋白质摄入不足所引起的后果将更严重。

(3)节食会导致各种维生素的摄入不足。人体除了要吸收大量的热量外,更需要维生素的摄入,而节食可引起多种维生素缺乏病,如维生素 B_2 缺乏可导致脚气病,维生素C缺乏可导致坏血病,维生素D缺乏可引起骨代谢异常,身材长不高或骨骼变形,维生素A缺乏可引起夜盲症。

(4)节食可造成各种无机盐及微量元素缺乏。比如,钙、磷摄入不足或比例不当会直接影响骨骼发育;缺铁可导致贫血;缺锌可影响人体生长发育和性腺发育。

而同样,减肥药甚至一些其他减肥方法也是利用打乱人体正常的代谢功能达到减肥的效果,这些都危及女孩的健康,青春期是人体生长发育最旺盛的时期,这一时期体质如何将影响一生的健康。

四 青春期女孩要杜绝不良行为

爱美，是每一个女孩的天性，但对于青春期女孩来说，真正的美丽是纯真的，本真的才是最美的，很多这个年龄段的女孩开始化妆、文眉、穿高跟鞋、穿紧身衣、染发等，认为这是跟上时尚和潮流的一大表现。但其实，青春期是身体发育欠完善的时期，这些行为对身体有着诸多害处，女孩也不要让青春的花儿过早地凋谢！

1. 最好不用化妆品

小云看见自己的几个朋友已经开始用口红和粉底了，也想看看自己化妆了以后是不是也会变漂亮。于是，周末，趁母亲不在家的那一会儿，她悄悄使用起母亲的化妆品，正在她“得意”之时，母亲推门而入，看见女儿不知所措的样子，她给女儿上了一堂关于青春期是否能用化妆品的课。

一般来说，18 岁以后就可以用化妆品了。而青春期的女生是指 12~18 岁的女生，还没成年就不应该用化妆品，因为化妆品中或多或少含有一些有毒的化学物质，对人体总是有一定程度的影响。而且，化妆品的质量参差不齐，质量差的化妆品对人体的伤害更大。因此，不要看其他女生也在用就去学她们，在青春期，女孩的皮肤是最好的，自我调节能力好，尽量不要用化妆品，用一些温和的护肤品就好。什么样的年龄就应该具有什么样的美，青春期的这种美是天然、富有朝气的，是用任何化妆品和人工的修饰都无法达到的！

2. 染发、文眉的不良影响

随着一些流行因素的兴起，在很多中学校园内，掀起了一股染发热、文眉热，尤其是在女学生中，这种情况更为明显。

爱美,是每一个女孩的天性,但其实,染发、文眉有着诸多害处,因此,建议女孩们不要文眉、染发,本真的才是最美的。

那么,染发、文眉对女孩都有什么不良影响呢?

(1)头发受损:易使头发变得干燥、断裂和容易打结。因为在染发过程中会有大量碱性物质进入毛发中,破坏原有的蛋白质和氨基酸,染后的头发会变得干枯、失去光泽和弹性。

(2)皮肤病:因为染发剂中一些化学物质的有毒成分会接触到皮肤,导致包括接触性皮肤炎、脂溢性皮肤炎、湿疹等。初期会出现痒、红肿、痛等症状,若抓破皮则易引发细菌感染。

(3)中毒:一些皮肤病变就是因为化学染发剂的作用,甚至也可能带来一些神经病变。

文眉是通过小小的针尖刺破皮肤,将不能被人体吸收的金属氧化色素注入真皮层内,使皮肤着色,从而起到长久固定的作用。

文眉也削弱了其保护眼睛的作用,使汗水容易流入眼睛,引起眼睛发炎。拔除眉毛及文眉时,在局部留下的微小的创面,还易被化脓性细菌感染。另外,眼眶四周密布着神经和血管,拔除眉毛及文眉等不良刺激,还可影响视觉或导致眼部肌肉运动功能失调,可能出现短暂或永久性伤害,让人追悔莫及。

其实,真正的美是自然的,尤其是处于发育期的女孩,不要因为爱美损害自己的健康!

3. 不要穿紧身衣裤

穿紧身裤的确比校服要好看,它能收腹提臀,突出身体的曲线,使青春期的女孩看上去苗条多了,但实际上,穿紧身裤的坏处多多。

紧身裤大多是化纤材料制作的,这个时期的女孩正处于生长发育阶段,它紧缚着女孩的臀部和腿,影响了身体的正常发育。这个阶段她们的活动量非常大,身体的新陈代谢特别旺盛,热量产生得多,而健美裤的散热能力低,夏天的时候增加出汗量,冬天也不利于空气流通,影响了体温的调节。

女孩的皮肤十分娇嫩,化纤织物贴在皮肤上容易形成皮炎,而且紧身裤的裤裆

窄小,使女孩的小屁股不透气,同时由于摩擦增多,特别容易引起局部的损伤或湿疹,尤其是阴部,因为阴部最容易引起细菌的滋生,会导致阴部瘙痒甚至引起一些妇科炎症。

健康是生命的基石,女孩不要刻意去模仿那些身材苗条的成年女性而让自己的健康受到威胁!

4. 长大再穿高跟鞋

爱美的莉莉看着走在T型台上的模特,总是羡慕不已,因为她们都穿着一双美丽的高跟鞋,能使身材显得更加的高挑。莉莉总是幻想,有一天一定要买一双高跟鞋,让自己自信起来。

莉莉的这种想法应该也是很多青春期女孩的想法。穿上高跟鞋,重心前移,挺胸收腹,显得健美、轻盈,风姿绰约,于是,她们早早地穿上了高跟鞋。其实,青春期女孩是不宜过早穿高跟鞋的。究其原因,女孩子过早地穿高跟鞋会引起骨盆和足部形态发生变化:

(1)对骨盆生长有很大的阻碍作用。骨盆是由骶骨、尾骨、左右髋骨、韧带和关节结合而成的一个骨环,这个骨环的结合过程一般从7岁开始,到25岁基本定型。骨盆是人体传递重力的重要结构,穿平底鞋时,全身重量由全足负担;穿高跟鞋时,全身重量主要落在脚掌上,这样就破坏了正常的重力传递负荷线,使骨盆负荷加重,容易引起骨盆口狭窄,给成人后的分娩带来困难。穿高跟鞋还有可能使骨盆发生不易觉察的转位,影响骨环的正常结合,导致骨盆畸形。

(2)处于青春发育阶段的少女,骨结构中软骨成分较多,骨组织内含水分和有机物多,无机盐少。骨质柔软,极易变形。足骨的发育成熟大约在15~16岁。鞋的大小直接影响足骨的生长,严重的会让足部产生变形。过早地穿高跟鞋会使足骨按照高跟鞋的角度完成骨化过程,容易发生跖趾关节变形、跖骨骨折及其他足病,这些病都会引起足部疼痛,严重时可影响行走、活动。

因此青春期的少女不宜穿高跟鞋,特别是那种跟高7~8厘米的超高高跟鞋。女孩平时以穿坡跟鞋或跟高不超过3厘米的鞋为宜。

第三章　女孩别害羞——大方面对私密问题

青春期是对一切充满好奇的年纪，伴随着身体各种器官的发育成熟和对性的懵懂了解，好奇心更加明显:白带到底是什么?青春期能否有性生活？女孩也会得妇科病吗？其实，对这些问题女孩不必害羞，这些问题终归要面对，了解这些问题，有利于女孩正确地照顾自己、保护自己不受伤害，以使自己拥有绚丽美好的青春！

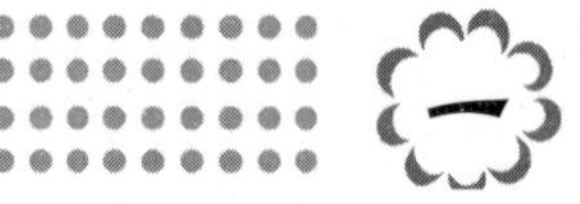

一 属于女人的秘密

莉莉最近很苦恼，因为她发现自己身上居然会流出一种白色的东西，她不知道这是什么，感觉那白色的东西很脏，她问我："这到底是什么？"

月经的来临宣布女孩的成熟，但其实，白带和月经一样，也是女性一种正常的生理表现。随着年龄的增长和身体发育的成熟以及卵巢功能的完善，阴道内会有一种乳白色或透明的液体流出，量有时略多，有时较少，并有其规律性，这就是白带。但女孩不必对白带感到惶恐、紧张甚至认为是淫秽的东西。其实，白带有其独特的作用。

1. 内裤上怎么会有白色的东西

白带是由许多组织分泌的液体共同组成的，它包括尿道旁腺、前庭大腺、子宫颈腺体以及子宫内膜腺体分泌的黏液，阴道壁中毛细血管和淋巴管的渗出液。混合后的黏液中含有阴道上皮的脱落细胞及少量白细胞，即形成白带。

白带的出现一般是伴随女孩的整个成长发育过程，白带的分泌一般和女性体内的雌激素水平有关。一般月经期后白带量少，至排卵期前，由于体内雌激素水平升高，促使宫颈腺体的上皮细胞增生，宫颈黏液的分泌量增加，黏液中氯化钠含量增多，能吸收较多的水分，使排卵期时白带增多。

女孩对内裤上的白带不必担心，也别害羞，这是女性成熟的标志。

2. 白带有什么作用

很多青春期的女孩对于一些妇科问题都是采取避而不谈的态度，比如白带，她们认为白带是秽物，谈之色变。其实，白带和月经一样，都是女性体内排出的一种代谢品，对于女性的新陈代谢都有着无法替代的作用。

白带是女子阴道分泌的一种无气味、微酸性的黏稠液体。适量的白带属正常生

理现象，其正常状态如半透明的鸡蛋清，具有湿润阴道、排泄废物、杀灭病菌的作用。具体说来，其作用包括：

(1)白带是阴道的润滑剂。由于骨盆底肌肉的作用，女性阴道口闭合，前后壁紧贴。白带中的水分使女性的阴道处于前后壁紧贴的状态。白带中的水分使女性的阴道处于湿润状态，这种湿润环境能减少阴道前后壁之间的摩擦，保护阴道壁不受损伤。

(2)白带中含有丰富的糖原，糖原在阴道乳酸杆菌的作用下，产生大量乳酸，使女性的阴道呈酸性，能抑制各类致病菌的生长。这种天然的生理效应称为阴道的自洁作用。

(3)白带是排卵期的特征。一般来说，白带最多、最稀薄、抗拉丝能力最强的一天往往就是排卵期。

(4)白带是生殖道健康的“镜子”。白带异常通常被医生用做诊断生殖道疾病的一个指征，也是大多数病人去医院就诊的主要原因。其实，长期白带过少，阴道自我防御功能减弱，女性容易感染阴道炎。

白带有诸多作用，所以，女孩应该用一种全新的态度去看待它。

3. 正常的白带是什么样的

青春期女孩出于羞怯，对身体发育的一些问题总是排斥，其实，大可不必，比如白带，尽可能多地了解一些关于白带的知识，能检测妇科是否正常。

健康的女孩，在青春期前几乎没有什么阴道分泌物。到了青春期，由于卵巢的发育，开始分泌雌激素，便出现白带。白带的出现，预示着 2~3 年以后将有月经来潮。如果到了青春期不见白带，这是一种异常现象，应警惕处女膜闭锁或卵巢发育不良，应立即检查，及早治疗。

正常白带应是白色的，有时透明，有时黏稠，无异味。青春期白带受雌激素影响，有周期性的变化，有时增多，有时减少。排卵期的白带透明、量多，而其他时间则量少、黏稠。青春期生殖器官发育旺盛，白带的生成也增多。此外，在天气炎热、从事体力活动以及性冲动时，这些液体分泌量也会增加，有时还可能外流。

所以，女孩应该重视白带，要注意保持阴部的清洁卫生，经常用温水洗外阴。即使在平时，白带量不太多，也要勤冲洗外阴，这样能减少病菌的滋长和入侵，让自己

远离妇科疾病!

4. 白带异常就是有病吗

白带的作用之一是“生殖道的镜子”,青春期女孩的生殖道健康与否,很多时候都可以从白带上看出来。

如果平时白带无故增多,或伴有颜色、质地、气味的改变,就应该提高警惕,以免引起妇科疾病。常见的引起白带增多的原因有:

(1)患霉菌性阴道炎时,白带色黄或白,多数质地黏稠,有时也可质地稀薄,典型的白带呈豆腐渣样或乳凝块状。

(2)滴虫性阴道炎的白带为稀脓样,色黄,有泡沫,或如米泔水样,色灰白,白带味臭。

(3)宫颈糜烂时白带一般色黄,质黏如脓涕,多无味。

(4)淋病的白带则为黄脓样。

(5)患子宫内膜炎等盆腔炎时,白带也会增多,色黄,质稀,多伴有腹痛。

(6)患输卵管癌时,由于肿瘤刺激输卵管上皮渗液及病变组织坏死,会出现水样白带,绵绵不断。这些都属于白带异常。

(7)白带的颜色改变也应引起注意。一般因炎症所引起者白带多色黄;赤带是指白带中夹有血丝或呈淡粉色,可能出现在宫颈炎、阴道炎、带环出血或宫颈癌等疾病。

白带异常不能绝对地说是有妇科疾病,但也是女孩生殖道不健康的一个表现,应该引起女孩的重视,及时检查。

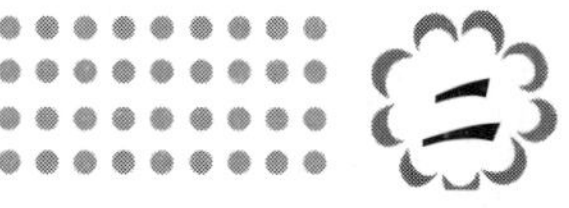

二 隐秘处的健康保护

莉莉的同学小惠最近下身总是很痒，她在怀疑自己是不是有妇科病，可是好朋友告诉她，少女不会有妇科病的，除非你做了什么坏事，这一听，小惠更不敢跟妈妈说了，她不知道怎么办才好。

和小惠有一样问题的青春期少女会误认为，只有已成熟的女性才会有妇科疾病，因而放松对私密处的保护，这是一种错误的观点，阴道是女性身体的脆弱部位也是疾病多发地带，一定要注意健康和卫生，也别忽视做妇科检查。从私密处呵护自己，才能拥有健康的青春期！

1. 阴部痒痒的是怎么回事

可能很多青春期的女孩会因为阴部痒而坐立不安，但又羞于启齿。外阴瘙痒不已，虽无大碍，但也应该在家长陪同下及时治疗，不能因为羞于求医，日久变成顽固性瘙痒，以致影响心理健康，严重时影响学习、生活。

外阴瘙痒常发生在阴道内、大阴唇外侧、阴阜、阴蒂和小阴唇、会阴部位，并可扩散到肛门附近，是局限性瘙痒症的一种。

外阴瘙痒原因很多，归纳起来，引起本病的局部因素中最常见的有：

(1)外界刺激。这里的原因很多，一般情况下，与女孩自身的卫生保健有关。由于不重视外阴的卫生，阴道分泌刺激物、外阴分泌物、汗液等刺激，潮湿、浸渍、化纤内裤、不合格的月经带、毛糙的卫生纸的刺激，外阴及阴道内用药引起过敏以及经常用肥皂洗外阴等均可导致外阴瘙痒。内裤太紧、内裤摩擦、月经带的刺激亦可引起瘙痒。外阴瘙痒常伴有肛门瘙痒，后者与外痔、长期大小便失禁、肛瘘、肛裂、肛门排泄物及粪便残迹的刺激有关。

(2)外阴局部疾病。外阴局部疾病有淋病、非淋病性尿道炎、霉菌性或滴虫性阴

道炎、疥疮、阴虱、癣、萎缩性角化苔藓、黏膜白斑病、蛲虫病、接触性皮炎、子宫颈炎等。女孩在儿童时期肛门瘙痒常由蛲虫引起,往往夜间加重。此外,肛门瘙痒常波及外阴引起瘙痒,大汗腺痒疹、汗腺毛囊角化病也可引起外阴严重瘙痒。

(3)全身性疾病。全身性疾病主要是糖尿病、贫血、白血病、红细胞增多症、皮肤病、肝胆疾病、肾脏疾病、淋巴瘤等。除全身瘙痒外,常伴有外阴瘙痒。

(4)精神因素。女性在精神状况异常时,如忧虑、忧郁、紧张、烦躁时会自己认为外阴瘙痒,结果越抓越痒。

(5)饮食因素。有些食物会导致外阴瘙痒,这些食物中缺乏铁、核黄素、维生素A、维生素E、脂肪等,使外阴皮肤干燥、脱屑、瘙痒。

上述这些都是可能导致外阴瘙痒的原因,青春期的女孩一旦发现有外阴瘙痒的症状,应该立即向母亲或女性师长反映,不必害羞,及时查明原因,及时就诊。

2. 少女易患的几种阴道炎

很多青春期的女孩发现阴部不适时,因为羞于启齿,认为少女不可能患阴道炎,就听之任之,不去医院就诊。其实,这是一种错误的想法,即使害羞,也可以告之母亲,若患有阴道炎,应及时治疗。

那么,少女为什么也会患阴道炎,少女易患的阴道炎有哪几种呢?

原因:忽视阴道的清洁卫生。阴道所处的解剖位置对阴道自洁又十分不利,它内通子宫颈,外连会阴,又与尿道和肛门相毗邻。如果忽视阴道及周围的清洁卫生,就很容易诱发各种形形色色的阴道炎。

少女常患的阴道炎有:

(1)初潮阴道炎。少女在月经初潮时,因为对月经的懵懂认识和羞怯心理,不注意阴道的卫生,对卫生巾的使用不当,引起了阴道炎。

(2)紧裆裤阴道炎。顾名思义,这种阴道炎是由于少女经常穿紧裆裤裹臀的三角内裤和高弹力紧身健美裤引起的。面料为化纤织物又密不透风,阴道分泌物和汗液不易散发,细菌容易滋生繁殖,引起阴道炎。

(3)过敏性阴道炎。有些少女因追求时尚,用粉底和香水等化学成分高的化妆品,还有穿健美裤,引起了阴道的感染,引起阴道炎。

(4)化脓性阴道炎。这主要是由于一些疾病引起的,在治疗疾病的时候,辅助治疗阴道炎即可。

其实,在正常情况下,阴道有两道天然屏障:外有大小阴唇半闭,内有分泌物含阴道杆菌,使阴道呈酸性环境,可防止致病微生物的侵犯。这两道天然屏障使阴道自洁无恙。如能在平时注意会阴卫生和月经卫生,就能确保自洁和外洁作用,对防范阴道炎症将大有益处。

3. 少女也需做妇科检查

对于少女来说,总是对妇科检查充满一种害羞和畏惧心理,还认为尚未结婚的女孩根本不需要做妇科检查,这是一种错误的想法。有些妇科疾病随时都可能光顾你,以下几种可能会让你不得不站在妇产科的大门口。

(1)经期综合征:月经过多、过少或紊乱;初潮过早、过晚或闭经;痛经或白带过多并有臭味,有颜色或带有脓血;外阴部发红、肿痛,糜烂或溃疡。这些都需要及时检查和治疗。

(2)生殖器官感染:这是为了防止宫颈癌和一些感染病的发生。

(3)乳房发育异常:这主要体现为乳房小叶增生和肿块等。

的确,少女对一些妇科问题比较害羞,其实,你完全没必要扭捏、恐惧和不好意思。因为性别的差异在医生眼中毫无隐秘可言,医生在为病人检查生殖器官时,完全是用科学的眼光和专业的态度在看的,根本不会想到别的问题上;实在害羞的话,也可以在母亲的陪同下去医院或找女性医师进行检查。

4. 别轻视内裤的选择与洗涤

青春期的少女除了身体上的发育日趋成熟以外,还应该学会独立,比如在内裤的选择和洗涤上,就应该学会自己动手,而且不能轻视这个问题,这关乎私处的卫生。

女孩在选择内裤时应注意以下三个不宜的问题:

(1)不宜穿深色内裤。这对于发现一些阴道疾病有好处。因为患阴道炎、生殖系统疾病的女性,白带会变得浑浊,甚至带红、色黄,这些都是疾病的信号。如果早期

能发现这些现象并及早治疗,就能得到较好的预防。如果穿深色的或图案太花的内裤,病变的白带不能及时被发现,就可能延缓病情。

(2)不宜穿太紧的内裤。女性的阴道口、尿道口、肛门靠得很近,内裤穿得太紧,易与外阴、肛门、尿道口产生频繁的摩擦,使这一区域污垢(多为肛门、阴道分泌物)中的病菌进入阴道或尿道,引起泌尿系统或生殖系统的感染。

(3)不宜穿化纤内裤。尽管价格便宜,但通透性和吸湿性均较差,不利于会阴部的组织代谢。加之白带和会阴部腺体的分泌物不易挥发,会导致外阴潮湿。这种温暖而潮湿的环境非常有利于细菌的生长繁殖,从而易引起外阴部或阴道的炎症。

在内裤的清洗上,女孩应该注意的是:

(1)内裤必须是手洗。内裤一般相对较小,为增加摩擦密度,建议用拇指与食指捏紧,细密地搓弄,这样才洗得干净、彻底。

(2)内裤要天天换,天天洗,及时洗。不要让内裤过夜,否则容易滋生细菌,且增加清洗的难度。

(3)洗液必须用肥皂水,器皿最好是专用的,水最好是凉水。

(4)洗净的内裤,切忌直接暴晒。应先在阴凉处吹干,再置于阳光下消毒。否则,内裤容易发硬、变形。

正确地选择和清洗内裤,会有助于青春期的女孩远离妇科疾病,这样才能安心地生活、学习。

5. 卫生护垫不能天天用

很多少女因为课业繁重和生活节奏快,天天使用卫生护垫应付过多的分泌物,比如白带。当然,使用护垫没有太大问题,但最好不要天天使用。

多数护垫底部都有一层塑料,透气性差,很容易造成阴部潮湿、出汗,使病原菌滋生。而女性的外阴局部能够长期保持清洁、干燥、透气就好。长期不更换卫生护垫会使局部湿度和温度都大大增加,尤其是在潮热的气候中更加明显,这样不仅给细菌和真菌的生长创造了适宜的条件,而且破坏了阴道的酸碱度,降低了局部的保护屏障作用,会造成阴道炎。加之卫生护垫的摩擦易引起局部皮肤或毛囊的损伤,发生外阴毛囊炎等疾病,所以卫生护垫不宜长期使用,使用护垫就不必要天天清洗局

部的想法更是错误的。

女孩在必须使用护垫的情况下，应该注意：卫生护垫要根据环境、性质、季节、身体状况而更换，分泌物少的时候基本上一天一个就够用；在天气炎热或者学习紧张、常出汗的时候需及时更换。

总之，女孩尽量还是不要经常使用卫生护垫，也不要害羞，要经常用清水清洗局部，保持外阴的酸碱平衡。

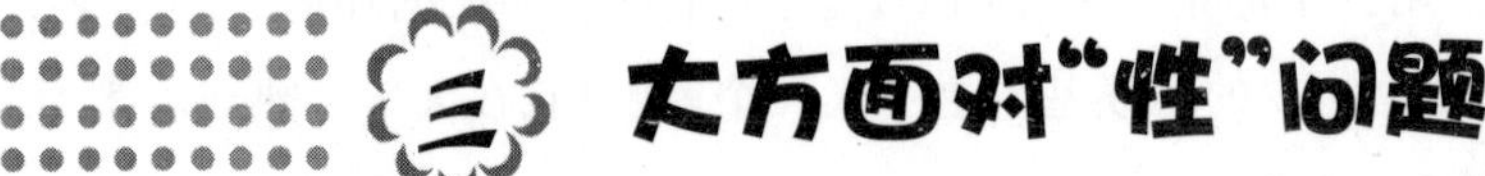

三 大方面对"性"问题

最近，一群女孩开始谈论男孩，有些还直接谈到处女膜，莉莉觉得她们真是不害羞，可是，每次又忍不住想听她们讲这些，她为自己这种心理感到很自责。

青春期是"性"的萌发期，出于羞怯，很多女孩对之避而不谈，比如处女膜、手淫、避孕药等。其实，对于"性"问题的好奇是青春期的正常心理，大方地面对性问题，用正确的心态学习、理解，女孩才能更好地保护自己！

1. 什么是处女膜

关于处女膜，很多青春期的女孩认为其很神秘，那么，到底什么是处女膜呢？处女膜的构造又是什么样的呢？

处女膜是其他雌性动物没有而人类女性所独具的，它在胎儿3~4个月时出现、发育、形成。处女膜是覆盖在女性阴道外口的一块中空薄膜，大约1~2毫米厚，膜的正反两面都是湿润的黏膜，两层黏膜之间含有结缔组织、微血管和神经末梢，中间的小孔叫处女膜孔。处女膜孔的大小和膜的厚薄程度各人可有不同。处女膜孔的直径约为1~1.5厘米，通常为圆形、椭圆形或锯齿形；有的呈半月形，膜孔偏于一侧；有的为隔形孔，有两个小孔上下或左右并列；有的有很多分散的小孔，就像筛子上的小孔一样。

2. 处女膜有什么用处

处女膜对于女性的健康起着很重要的作用：

处女膜可以防止外界不洁的东西进入阴道，有保护阴道的作用。青春期前由于卵巢所分泌的雌激素很少，这时阴道黏膜薄、皱襞少、酸度低，故抵抗力差，处女膜有阻拦细菌入侵阴道的保护作用；青春期后，随着卵巢的发育，体内雌激素增多，阴

道抵抗力有所加强，处女膜也就逐渐失去了作用。处女膜孔是完成生理功能所必需的，女子成熟后，每月一次的月经血就是通过这个小孔排出体外的，如果膜上没有小孔，则每月的月经血被它挡住而不能排出体外，医学上叫做处女膜闭锁。如果没有及时发现，月经血在阴道内积聚，成年累月可向上扩展到子宫腔和输卵管，通过输卵管的远端开口，流入腹腔中，使输卵管破损，肠管粘连，腹腔感染。

3. 处女膜不完整，就不是处女了吗

对于这个问题，很多女孩包括很多人都误认为处女膜不完整，就不再是处女。

一般情况下，女性与异性初次性交时，男性的阴茎插入女性的阴道时，常将处女膜顶破而形成裂口，处女膜就破裂了。

但处女膜的破裂也不尽然是这个原因，有的女性在儿童期出于无知，将小玩具插入阴道，有的遇到外伤或尖锐物碰巧抵在外阴部，有的因手淫、洗涤或阴道塞药造成损伤，也有的女生处女膜本来就很脆弱，从事剧烈运动时可使之破裂。因此，不能仅凭处女膜是否破裂来鉴定是否是处女。

而有的女性处女膜虽然完好，但她已经不是处女了，这些女性一般处女膜孔大，弹性好，膜内血管少，加上性交斯文温柔，虽多次做爱处女膜也不会破裂。由此可见，单凭处女膜来判断是否处女是不科学的。同理，把第一次做爱是否“见红”作为判断处女的依据是不对的，对妇女来说，也是不道德的。

所以，有的女性的处女膜虽然完整，但也已不是处女了，有的女性确实是真实的处女，而处女膜已破裂。是否是处女，并不能凭处女膜是否完整来判断。

4. 阴道检查会损伤处女膜吗

很多女孩得了一些妇科炎症以后，需要去医院做妇科检查，可是有一个顾虑，害怕阴道检查会损伤处女膜。

的确，阴道检查可能导致处女膜的损伤，所以，近几年来B超和腹腔镜的开展，对一般的妇科疾患都可以明确诊断，不需要做阴道检查。未婚少女在妇科看病，做妇科检查一般是通过直肠、腹壁联合检查了解盆腔的情况，但有些情况是必须做阴道检查的，如盆腔包块的来源不清楚，病变部位在阴道或宫颈，青春期功能性出血

保守治疗无效需进行刮宫术者等,就必须进行阴道窥器检查。

但为了身体健康,女孩若是有病,还是应该与家长和医生密切配合,打消不必要的思想顾虑,也不要相信处女膜破裂就不是处女的谬论。

5. 青春期千万别接触性生活

青春期的女孩正处于喜欢与异性交往,产生爱慕依恋,容易“坠入情网”的时候,常会有性冲动,这是正常的。但青春期的女孩应该学会自尊、自爱,学会保护自己,贞操观在当今社会还是要提倡的,而且,青春期开始性生活,从很多方面来说,都是不可取的。

(1)过早的性生活可造成生殖器管道损伤及感染。由于青春期少女生殖管道发育尚不成熟,外阴及阴道都很娇嫩,阴道表面组织薄弱,性交时可造成处女膜的严重撕裂及阴道裂伤而发生大出血,同时还会不同程度地将一些病原微生物或污垢带入阴道,而此期女性自身防御机能较差,很容易造成尿道、外阴部及阴道的感染,如控制不及时还会使感染扩散。

(2)过早的性生活可因妊娠而带来不良后果。由于少女在月经来潮以后,卵巢便开始排卵,性交时如不采取有效的避孕措施,则极有可能怀孕。一旦怀孕,必须做人工流产,而人工流产不仅对女性身体不利,还可引起一系列的并发症,如感染、出血、子宫穿孔以及婚后习惯性流产和不孕等,而且因为周围舆论压力和自责、内疚,给少女造成严重的心理创伤,甚至会影响婚后正常的性生活。

(3)过早的性生活可严重影响心理健康。因为少女的性行为常常是在十分紧张的状态下偷偷摸摸进行的,缺乏必要的准备。同时在性生活过程中和事后又因怕怀孕、怕暴露而产生恐惧感、负罪感及悔恨情绪,久之还会发生心理变态,如:厌恶男子,厌恶性生活,性欲减退,性敏感性降低和性冷淡等。

(4)过早的性生活可影响学习和工作。青春期少女正处在学习和积累知识为自己创造辉煌未来打基础的黄金时代,如果有性生活必然会影响学习精力,对本人、家庭和社会都不利。

所以说,少女在青春期应忌性生活,珍惜自己的青春与身体,应把注意力和兴趣投入到学习中去,这对于自身的健康成长、将来的事业成就及生活幸福都有重要意义。

6. 怀孕会给青春期女孩带来哪些不利影响

十几岁的青春期女孩正处于人生的过渡阶段，也是知识和人生经验的积累阶段，这时候，怀孕和结婚都会增加感情的压力，怀孕少女更是给自己和家庭带来精神和经济上的负担，也降低了她们的自尊，扭曲她们的人际关系。青春期女孩怀孕，会带来很多不利影响。

对其健康而言，月经初潮并不意味着性器官发育成熟，这时的卵巢重量一般只有成年人卵巢重量的30%，子宫也没有达到成年人子宫的大小，总的说来性器官还很娇嫩。因此，这时候怀孕和生育对自己和孩子来说都有相对高的受伤、患病和死亡的危险性。

未婚怀孕的少女还面临着许多问题。例如，这时的少女正处在学习的年龄，身体和心理还没有成熟，经济没有独立，没有经济来源或来源较少，无法养育孩子。少女未婚先孕不被社会认可，被认为是不道德的。为了不给家庭带来羞辱，保护自己的名誉，为了不让学校知道自己怀孕，可以继续学业，怀孕的少女一般都是以人工流产的方式结束妊娠。对不想要孩子的少女来说，堕胎并没有解决她的心理问题，她甚至一生都会受其影响。

7. 人工流产百分百安全吗

对很多不想要孩子但是已经怀孕的女性来说，就只有一个选择，那就是人工流产，人工流产又称为人流，是指用手术的方法终止妊娠，也就是“人工”终止妊娠。手术方式包括负压吸引术和钳刮术等；负压吸引术就是用一根中空的吸管进到宫腔，通过负压将子宫内的胚胎组织吸出来，而钳刮术是用卵圆钳将子宫内大块的胚胎组织夹出来。在怀孕14周以前可以进行人工流产术。

那么，人工流产到底是不是百分之百安全呢？很多广告都在大肆宣传人流的“无害性”和“无痛性”，这让很多女孩子认为“怀孕也没有什么”，其实，人流对女性身体或多或少都会有一定的伤害。

第一，青春期的女孩身体尚未发育成熟，人工流产会带来很多并发症。

(1)术时并发症：人流综合征又称心脑综合征，发生率为12%，受术者突然出

现心动过缓,心律失常,血压下降,面色苍白,大汗淋漓等一系列症状,严重者甚至发生昏厥和抽搐、子宫穿孔、漏吸甚至胚胎组织未能吸出,以至妊娠继续发展。

(2)近期并发症:人工流产不全,术后阴道出血长达15天以上;术后2周内由于致病菌的感染而出现子宫内膜炎,附件炎,盆腔炎等;宫腔积血;宫腔粘连,术后闭经或经量显著减少,有时伴有周期性下腹疼痛或有子宫增大积血。

(3)远期并发症:慢性盆腔炎;月经异常;继发不孕;子宫内膜异位症。

(4)再次妊娠时的并发症:不孕症;晚期流产偏高;早产偏高;围生期死亡率偏高;产前、产后出血率增加;新生儿溶血症增加。

第二,做过人工流产的女孩,总是在心理上有一些阴影,很难以饱满的情绪继续学习和生活,也会被周围的人用异样的眼光看待,造成心理上的负担。

8. 避孕药是什么

避孕药一般指口服避孕药,它的避孕原理主要是通过抑制排卵并改变子宫颈黏液,使精子不易穿透,或使子宫腺体减少肝糖的制造,让囊胚不易存活,或是改变子宫和输卵管的活动方式,阻碍受精卵的运送,使精卵无法结合形成受精卵,从而达到避孕目的。

使用常规短效口服避孕药进行避孕,是一种安全、有效的避孕方法,适用于除哺乳期外的所有正常健康的女性。常规短效口服避孕药的优点一是成功率比较高,坚持使用,能达到99%以上的避孕率。二是具有可逆性,停药后即可再次怀孕。三是具有一些治疗作用,一些情况下可以调经、治疗痛经。四是可以有效避免宫外孕。

但服用避孕药也会给身体带来一些危害,比如:白带增多;乳房胀痛,原因是雌激素对乳房造成刺激;月经失调,包括经量减少或闭经、突破性出血、经量增多、经期延长;此外还有体重增加。

避孕药是青春期女孩在偷吃禁果后的一项重要的避孕措施,但青春期女孩并不适合开始性生活,服用避孕药也有害无利。

9. 女孩子也会手淫吗

有些女孩子有喜欢触摸自己阴部的习惯,这就是手淫,很多女孩不解:“难道女

孩子也会手淫吗？”的确，女孩也会手淫。

手淫，就是用手去触摸自己的生殖器官以达到自己发泄、自我满足和获得快感的行为。手淫是从出生后就存在的行为，不过在儿童期多是经由无意识的偶尔玩弄生殖器官、穿紧身裤、爬杆等活动时的摩擦而使生殖器官受到刺激并引起快感。无论男女，到了青春期后，在性激素的影响下，随着正常的性发育都会自然地产生性冲动和处于性饥饿状态。一般来说，手淫是正常的性生活的一种方式，对健康没有什么太大的影响，但是手淫过度，导致失眠、劳累、记忆力下降，就严重危害了身体健康，还可能导致心理障碍。

而对于女孩来说，手淫只要是用手抚摸外阴，或用手指或者异物接触自己的阴道或者阴蒂，对健康都有很不利的影响，表现为：

(1)女性的尿道很短，很容易接触到阴道，手淫可能引起尿道口感染甚至是阴道感染。手淫时产生的白带过多，对女性的阴道细菌繁衍提供了培养基。

(2)即使女性手淫没有造成炎症，也会导致生殖器官一直处于充血状态，造成月经量过多，这也是诱发女孩生殖器炎症的不利因素。

所以，女孩应该明白，手淫不是不正常的现象，但却有极大的可能对自己的身体造成伤害，女孩必须正确看待它，学会保护自己。

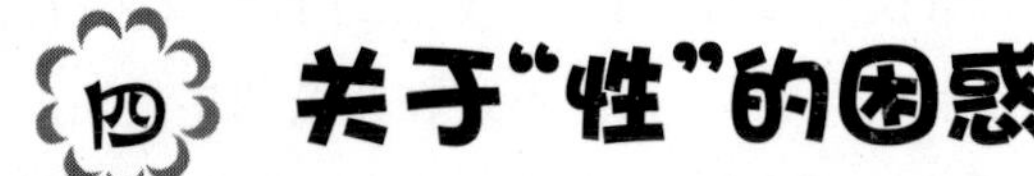

四 关于“性”的困惑

素心是莉莉的好友，最近她和班上一个叫风的男孩子走得比较近，慢慢地，她开始做一些奇怪的梦：“当晚我躺在床上，满脑子都是风的影子，白天那种触电般的感觉总像毛毛虫一样刺抓挠我，还开始做和他在一起的梦。为了把风从我的脑海里赶走，我强迫自己读书，可往往眼睛看着书本却不知道看的是什么内容。但是，对于一些描写爱情的小说、诗歌及恋爱指南书籍我偏偏又特感兴趣。在这种矛盾心理的折磨下，我的学习成绩下降了。”素心终于把这些难以启齿的问题告诉了莉莉。

素心的这种情况，是她这个年龄的少女对性的一些懵懂的冲动，当然，这也是女孩不敢说出口的问题，伴随着性发育成熟，女孩对性也产生了一系列的疑问，比如孩子是怎么出生的等。

1. 为什么会做和男孩在一起的梦

这是一种青春期女孩的性冲动。女孩不必惊讶，这是女孩发育到一定阶段的正常生理现象，但也应该加以控制，以免影响学习和生活。

性冲动是随生理的发育，性功能的日趋成熟，性意识的产生而产生的。青春期性意识萌发后，女孩会产生性冲动，这是由于体内雌激素分泌增多，而产生的一种心理变化。具体地说，处于青春期的女孩，如果受到内外环境的刺激，如窃窃私语、异性体味体貌、抚摸、想象等，就会产生神经冲动，这种冲动传导到大脑的有关中枢会形成性兴奋，并通过神经系统作用于生殖器官，导致其生理和心理的变化。女性表现为阴蒂和阴道壁的充血膨胀，黏液分泌增多。在发生这些变化的同时，心理也会产生激动和快感。“做和男孩在一起的梦”就是这个原因。

频繁的性冲动会使人对学习的兴趣下降，如不加控制，会使神经系统在短时间内失控，做出不理智的事情。为避免这样的局面出现，女孩就应该从小树立生活的

理想和奋斗目标，还应让生活更充实，兴趣更广泛。同时，要和异性保持正常的交往，以消除对异性的神秘感，这样，就能大大方方地和异性交往了。

2. 男女拥抱、亲吻就会怀孕吗

很多青春期的女孩看到电视上的男女恋爱，拥抱、接吻后女孩就会怀孕，对此疑惑重重：男女拥抱、亲吻就会怀孕吗？

当然不会，怀孕的前提是女性身体内的卵子和男性身体内的精子结合。女性每月会从身体内排出卵子，同时子宫内膜会在激素的刺激下增厚和充血，这时的子宫就做好了孕育新生命的准备，如果这时候男性的睾丸中射出的精子能够进入女性体内并"受精"的话，女性就有可能怀孕了。如果没"受精"的话，子宫内膜脱落和卵子一起排出体外，这就是月经了。只有男性的精子和女性的卵子结合，女性才可能怀孕，而简单的拥抱、亲吻，女孩是不会怀孕的，但是，青春期的女孩最好不要和男孩拥抱、接吻，防止不能自控，最后受伤的是女孩自己。

3. 女性是怎么怀孕的

伴随着身体的逐渐成熟，青春期的少女对人体的生殖情况也充满了好奇，的确，了解这些，也有助于女孩更好地保护自己。

那么，女性到底是怎么怀孕的呢？

卵子受精形成受精卵并在子宫腔内种植、生长，发育形成胎儿，这个过程叫做怀孕。当一对男女相爱并结婚后，在一定的物质和心理的基础上，希望有个爱情的结晶。于是，他们就准备开始生育，在爱的前提下，他们开始性交，在女性阴道分泌出润滑剂后，男子将勃起的阴茎插入女性的阴道中，并最终把体内的精子排出——即完成"射精"，而女性的成熟卵子也已经从卵巢排出，并进入输卵管等待着与精子汇合。精子和卵子结合后，在女性的子宫内膜上安家，就完成了整个受孕的过程。

凡在生育年龄的妇女，发生性关系而又未采取避孕措施，都有怀孕的可能。婚后保持正常性生活的妇女，如果没有采取避孕措施，也有怀孕的可能。

4. 怎么知道自己怀孕了呢

青春期的女孩除了要了解女性受孕的过程，还应该明白一些怀孕的表现。

(1)月经停止:如月经一直很规律,一旦到期不来,超过10天以上,应该考虑到怀孕的可能性。这是怀孕的最早信号,月经推迟时间越长,妊娠的可能性就越大。

(2)早孕反应:停经以后孕妇会逐渐感到一些异常现象,叫做早孕反应。最早出现的反应是怕冷,以后逐渐感到疲乏、嗜睡、头晕、食欲不振、挑食、怕闻油腻味、早起恶心甚至呕吐,有时还有头晕、疲乏、倦怠等症状。

(3)尿频:由于怀孕后子宫逐渐增大,压迫膀胱所以小便次数增多,但并没有尿路感染时出现的尿急和尿痛症状。

(4)乳房变化:可出现乳房发育乳头增大,乳头、乳晕颜色加深,乳头周围出现小结节,甚至乳房刺痛、胀痛的现象,偶尔还可挤出少量乳汁。

(5)色素沉着:有的妇女怀孕后会出现腹中线有棕褐色色素沉着。

(6)基础体温升高:当出现上述某些症状时,可每天测定基础体温,怀孕者基础体温往往升高。

青春期的女孩应该学会自爱、自尊、尊重,不要一时冲动,让自己受伤害,从而悔恨终生,了解这些,有助于女孩对怀孕有更清醒的认识。

5. 小宝宝是怎么出世的

可能所有的青春期女孩都对这个问题最敏感,一般情况下,也是避而不谈,可是心中却总是充满好奇。其实,婴儿的出生过程并不神秘。

小宝宝的产生过程是:由父亲的精子与母亲的卵子在子宫里结合,然后经过十个月的分化与发育,变成了婴儿,由母亲的阴道分娩出来。这其中一个最重要的过程就是受精过程。

所谓的受精是男女成熟精子和卵子的结合过程。当精液射入阴道内,精子离开精液经宫颈管进入宫腔与子宫内膜接触,解除精子顶体酶上的“去获能因子”,此时精子获能,继续前进进入输卵管,与在输卵管等候的卵子相遇,精子争前恐后,利用自己酶的作用,穿过卵子的外围屏障,当其中一个强壮的精子的头部与卵子表面接触之时,其他精子不再能进入,此时为受精过程的开始,当卵子的卵原核和精子的精原核融合在一起形成受精卵时,则标志着受精过程的完成。

男女交配受精产生婴儿的过程虽然不好说出口,但女孩也不必羞怯,对性的了

解和认知应该是大大方方的，这样，就能消除对性的神秘感，也就更明白如何在男女交往中保护自己了。

6. 为什么有人生男孩，有人生女孩

这个问题不仅是女孩很多人都是不明白的，这涉及一些生殖原理，早在 20 世纪初，在发现了人体细胞内的染色体后，才掀开了性别的奥秘，原来生男生女是由受精卵中的一对性染色体决定的。

人体的每个细胞中都有 23 对携带遗传物质的染色体，其中 22 对为常染色体，决定除性别以外的全部遗传信息，另一对为性染色体，决定胎儿的性别。常染色体男女都一样，没有性别差异。性染色体则不同，男性的一对性染色体由 X 和 Y 染色体组成(XY)，女性的一对性染色体均为 X 染色体(XX)。23 对染色体中一半来自父亲，另一半来自母亲。

精子和卵子结合后融为一体，成为受精卵。这样，精子中的 23 条染色体和卵子中的 23 条染色体又配成 23 对染色体。如果是 X 精子和卵子结合，则受精卵中的一对性染色体为 XX，胎儿发育为女性；如果 Y 精子与卵子结合，则受精卵中的一对性染色体为 XY，胎儿发育为男性。由此可知，生男生女决定于男方的精子所携带的性染色体是 X，还是 Y，而与卵子无关。

这就是为什么有人生男孩，有人生女孩的原因。当然，这些对于青春期的女生来说，可能有点陌生，但这解开了人类生殖史上的神秘面纱，生男生女也是有科学可讲的，了解这些，女孩就会对生殖有个科学的认识。

五 女孩子要学会保护自己

莉莉的表姐婷婷是个漂亮的女孩，上高二了，出落得亭亭玉立，可这也引起了一些坏男生的注意，还有一些社会上的人，她最近发现，放学回家的路上，总是有人跟踪她。她把这件事告诉了莉莉，希望莉莉也要提高警惕，以免受到伤害。

青春期的女孩朝气蓬勃，身体也逐渐发育成熟，最容易引起异性的关注，这其中不乏一些性骚扰者，女孩必须学一些保护自己的措施，在与男孩相处的过程中，要了解什么是性骚扰，该如何和异性相处，对如何保护自己有深层次意义上的认识。

1. 什么是性骚扰

很多少女对“性骚扰”这个名词并不陌生，但对其并没有一些深层次意义上的认识，了解什么是性骚扰，有助于青春期的女孩更加有力地保护自己。

性骚扰是性歧视的一种形式，通过性行为滥用权力，在工作场所和其他公共场所欺凌、威胁、恐吓、控制、压抑或腐蚀其他人。性骚扰的表现形式尚无统一界定，一般认为有口头、行动、人为设立环境三种方式。

(1)口头方式：如以下流语言挑逗异性，向其讲述个人的性经历或色情文艺内容。

(2)行动方式：故意触摸碰撞异性身体敏感部位。

(3)设置环境方式：即在工作场所周围布置淫秽图片、广告等，使对方感到难堪。

可能很多女孩认为性骚扰就是行为上的不尊重，然而，这只是性骚扰的一种，性骚扰不限于此，也包括口头方式和设置环境方式，女孩在遇到以上这些情况时，就要开始有意识地保护自己，防止别人有进一步的举动，对自己造成伤害。

2. 遇到性骚扰怎么办

女孩遇到性骚扰，不外乎两种情况：

第一，在公共场合遇到性骚扰者。

毕竟是公共场合，只要了解性骚扰者做贼心虚的心理，就会有办法对付他们。因为在公众场所，他们心虚、精神紧张，随时准备逃离现场，比如在公共汽车上，如果车厢较空，尽可能躲开；但是当车厢人多拥挤的时候，可低声警告，也可以大声叫嚷，还可狠狠地抓破他的淫手等。

(1)倘若遇到坏人用挑逗性的语言、神态和动作来调戏，可视而不见，对其置之不理，让其知难而退。而对那些死缠烂打的纠缠者要严厉警告，不能麻痹大意。

(2)对那些动手动脚的坏人，你首先应该警告他们，如果他没有“收兵”的意思，你可以向周围群众揭露其丑恶行径，以引起周围群众对坏人的斥责和愤慨，从而得到大家的帮助。

(3)如果坏人继续为所欲为，就要马上报警，如果无法报警，就要马上高声呼救，甚至打 110 报警。但报警时，避免离开人群，切勿在街上的电话亭打电话求助，尤其在僻静的路上，以免在电话亭内被坏人抓住。

第二，当女孩独自一人的时候，该怎么对付性骚扰者呢？

(1)你可以和路上出现的其他人搭话，让坏人以为你遇到了熟人，不敢轻举妄动。

(2)对骚扰者高声呵斥，言词要强硬，声音越大越好，以泼辣的姿态将其吓退。

(3)如果坏人仍纠缠不休，可利用随身携带的一些物品，趁机抓住，诸如梳子、钥匙、瓶子等防身。

(4)与坏人搏斗时要高声喊叫，尽量向灯光明亮处和人群中逃跑，同时打 110 报警。

(5)记下坏人的相貌特征和穿着打扮，脱险后，马上打电话报警，向警方详细描述匪徒的情况。

总之，女孩在遇到性骚扰时，要想尽一切办法保护自己，将其制住。

3. 如何避免性骚扰

美丽姣好的青春期女孩是异性关注的对象，很容易引起一些性骚扰者的注意。女孩在遇到性骚扰的时候，应采取措施保护自己，但最好的办法还是尽量避免性骚扰。

那么，怎样才能避免性骚扰，让性骚扰者远离自己呢？

(1)在公共场所,尽量待在人群里,不要给性骚扰者下手的机会,遇到一些行为怪异的异性,应及时回避,同时还应该把你的拒绝态度明确而坚定地传达给对方,告诉他你对他的言行感到非常厌恶,若他一意孤行将产生严重的后果。

(2)对于那些总是探询你个人隐私,过分迎合奉承讨好你,甚至对你的目光和举止有异的男性,应引起警觉,尽量避免与其单独相处。外出时,尤其是在陌生的环境中,若有陌生的男性搭讪,不要理睬,要注意那些不怀好意的尾随者,必要时采取躲避措施。

(3)为了预防性骚扰,女孩在日常生活中应避免穿过分暴露的衣服去人多拥挤或僻静的地方。很多调查资料显示,穿着暴露的女孩更容易引起性骚扰者的注意。

(4)女孩尽可能不要与陌生人结伴而行,尤其是刚认识的;陌生男人问路,不要带路;不要随便接受陌生人的宴请,预防坏人在食品里下药;不要搭乘陌生人的机动车或自行车,防止落入坏人圈套。女孩应尽量避免夜间独自外出,尽可能选择灯光明亮、行人较多的大道。对于行人稀少,没有路灯设施的黑街暗巷,最好结伴而行。

青春期是女性一生中最宝贵的时间,是人格的塑造期,对社会还未形成一个比较深入全面的认识,应尽量避免性骚扰。远离性骚扰,才能让自己健康、快乐地成长!

4. 结交无良网友会受骗

信息技术的进步,带来网络的进步,丰富了人们的业余文化生活。网络的虚拟性,给了在紧张的学习、生活中的人们一个休憩的"天堂",青春期的少男少女更是可以从网络中探寻异性的秘密,也可以了解到生活中难以启齿的问题。

可是网络对于人们来说,参差参半,网络除了给予我们大量的信息以外,还有暴力、血腥和黄色的东西。还有,网络毕竟是虚拟的,有太多的不可知因素,网络中的"王子"可能就是现实生活中"街头小混混",他们整天无所事事,目的就在于骗取单纯女生。

为了避免上当受骗,青春期的女孩应该有自我保护意识,尽量不要去浏览一些黄色网站,也不要沉迷于网络游戏。更需要注意的是,女孩在网上与陌生人聊天的时候,不要将自己的真实姓名、家庭地址、学号、班级和电话号码透露给别人,以免给坏人可乘之机,更不要出去见网友。

总之,女孩要有明确的是非观念和原则,要注意自己的言行和装扮,选择正确的图书、报刊,为保护自己树起一道有力的防线,让自己朝气蓬勃的青春更有意义和价值!

5. 能和男孩子约会吗

青春期女孩都有一种心理,那就是希望自己可以被异性关注,希望可以受到异性的邀请,有这种心理是人之常情。可当女孩面对男孩的约会要求时,女孩该怎么办呢?这时候的女孩不要被一时的激动冲昏了头脑,时刻不要忘记在与异性的交往中保护自己。女孩一般不要单独和异性相处,对于男孩的约会要求,女孩应该拒绝,但是如何拒绝呢?

(1)对于不怀好意的约会,应该直接拒绝,这也是女孩们最常用的方法,不妨试一试。

(2)委婉一点,找个借口,比如说身体不适。这也是测试对方是否心怀鬼胎的方法。有种男孩子,只会想到你是“无病呻吟”,认为你拒绝他的约会只是不想为他牺牲罢了。可能他会哄哄你,觉得你还是能够陪他出去玩的,根本不顾你的病痛。年轻女孩要小心那种“牺牲别人,成全自己”的男孩,别被他所欺骗了。当你用这个借口而引起男孩的不悦时,你可得好好注意一下,究竟是不是可以继续和这种自私又不体贴的男孩子做朋友?

女孩的最大的魅力在于一颗有原则的心,无论何时,凡事三思而后行,学会保护自己,学会爱自己才能懂得真正的爱!

6. 怎么和男孩子相处

青春期的女孩在与男孩相处时,容易产生两种极端的情况,一是有些女孩跟异性在一起显得很拘谨,言谈举止不敢放开,甚至处处设防,弄得自己尴尬对方也尴尬,丧失了和异性交流的机会;而也有一些女孩则对男孩显出过度的兴趣,天南海北的和异性交谈,似乎跟什么人都要弄得如胶似漆,这种女孩给人的感觉比较轻浮。

其实,这两种极端的相处方式都是错误的,女孩与异性相处的“最高境界”就是像跟同性一样交往,这样你可以很自然地跟尽可能多的异性交往,从中确认可以进

一步交往的对象。记住你的每一个交往对象首先是人,然后才是男孩或者女孩,不管男孩还是女孩,你都可以与之成为朋友。

另外,女孩与异性交往的时候,也不要刻意淡化自己的性别。在心态上把对方看成同性,并不改变对方是异性的事实,只是有助于你扩大交往圈子,大方地接近异性。所以任何时候要记住自己是女孩,这样,在与男孩的交往中就能有意识地保护自己了。

再者,恰当处理“边缘性行为”。今天,较为深入的两性交往中越来越可能出现边缘性行为,记住并不是所有的深入交往都要发展成亲密关系的,青春期的女孩要避免任何的边缘性行为,否则容易引起误解,欲罢不能,甚至严重的,会对自己造成无法挽回的伤害,影响身心的健康发展。

7. 和其他同学保持适当的距离

每个人都需要自己的空间,青春期的少男少女也是这样,而对于少女来说,无论是在与异性相处还是与同性相处,保持适当的距离,都有利于保护自己,使自己免受伤害。

每个女孩都有几个和自己关系要好的小姐妹,形影不离,固然青春期的友谊很单纯,但友谊也需要一定的呼吸空间,没有余地的友谊往往容易破裂。被友谊所伤,是很多女孩经常遇到的很头疼的问题。

而在与异性交往时,女生在交往时既要活泼开朗、热情大方,又要保持适当的距离,不能过分亲近、随便。这样既能让对方感到友好和热情,又不会引起对方的紧张。每个人都有自己的空间,尤其是女性,“自我空间”感比较强烈。而假如女孩和男孩相处过于亲昵的话,就容易给对方造成一种误解,双方相处也就不自然、不坦诚了。凡事把握一个“度”为妙!

心理篇
——别让心事成为负担

青春期是女孩身体逐渐发育成熟的时期，伴随生理的逐渐成熟，女孩在心理上也需要一个过渡期，在这个过渡期，女孩会藏起一些心事，有学习上的，有情感上的，也有生活上的。青春期，女孩对爱情有了一些懵懂的向往和憧憬，对异性有了一种青涩的喜欢。初恋，是那么的美好，但也有那么多的烦恼；青春期是学习的年龄段，课程负担的加重让女孩累得气喘吁吁，有数不完的考试，数不完的作业，加上家长的唠叨，女孩甚至想逃学了。但无论什么心事，女孩不要把它深藏心底，不要让这些心事成为负担，青春期是个快乐的年纪，学会释放掉不良情绪和排解不快的心事，自己的青春才更健康、积极！

第四章　女孩别烦恼——坦然面对情窦初开

女孩对爱情永远有着美妙的幻想，希望有灰姑娘的爱情，希望有白雪公主的爱情，希望……青春期，她们对爱情有了一些懵懂的向往和憧憬，那种被追求的感觉，那种羞涩的暗恋的感觉，让女孩快乐不已，可是，当被拒绝时，当网络爱情发生在自己身上时，女孩却有些茫然甚至伤心了，这就是早恋。女孩别为早恋烦恼，要学会正确处理与异性之间的关系，把握好友谊的尺寸。记住，爱恋但不要早恋！

一 初恋滋味

“下课铃响了，我来到走廊上，舒展一下手脚向远处眺望，有一个男孩慢慢朝我这边走来，他不是高三的学生会主席吗？很多女孩都喜欢他，暗恋他。他身高1.78米，好帅，好神气，从不正眼看任何一个女孩。我赶紧移开视线，谁知他来到我身边递给我一张纸条就走开了，我悄悄走到角落打开一看：放学后，我在校外等你。我的心怦怦直跳，脸一下就红了。

放学后，我来到校外，果然见他在那。他迎上来拉着我的手就走，我很快甩开他，他又来拉，我没拒绝，毕竟心里喜滋滋的，我觉得周围有很多羡慕的眼睛。他带着我来到咖啡屋，我们找到一个角落点了两杯咖啡，他眼睛直直地看着我，很深情，但一句话也不说，我怪不好意思的，低着头也不说话。过了一会儿，他终于开口了：‘我喜欢你，我们交往吧。’我吓了一跳，心怦怦跳得更厉害了，不敢正眼看他，只是点了点头……”

这是一个青春期女孩关于她的初恋的告白。青春期，女孩对爱情有了一些懵懂的向往和憧憬，青春期的那种青涩的喜欢，是爱情吗？青春期可以恋爱吗？这一系列的初恋问题压在少女的心中，成为她们的心事。

1. 收到了一封“情书”

“今天，我也收到了一封‘情书’，我以为自己不会有人喜欢，因为我感觉自己是个丑小鸭，老师不关注，成绩也不好，也不会说话，但今天却收到了‘情书’，很意外，很吃惊，但更开心，但是我该怎么办呢？”莉莉在她的日记中写道。

青春期女孩正处于身心发展的完善期，收到情书和约会小纸条的现象时有发生，对于感情尚未形成一个比较全面的认知，而且青春期是学习的最佳时期，最好不要涉及情感的纠葛。作为青春期的女孩，如果你遇到了收“情书”这种情况，应该

怎么办呢？当然，这要根据不同的情况，采取比较适当的方法解决。

(1)如果给你写约会小纸条或情书的是一个道德品质很不错，很正派，很有自尊心的同学，你最好不要公开这个事情，长时间放一放，不予理睬，也可能他就知趣了。如果以后他还写小纸条或情书给你，你可以给对方回个信，感谢对方对你的感情，但是你的态度要坚决，不要让对方造成误会，要断然表明态度，告诉他到此为止，今后仍是同学、朋友。

(2)如果对方是一个道德不高尚的同学或校外人，要坚决回绝，明确告诉对方不要纠缠，不要无理取闹。你也不要给他回信，不要赴约，冷淡他，不要给他任何机会和可乘之机，有机会就警告他。

(3)如果你碰上的是难缠的同学，甚至对你采取威逼利诱等手段，如用条子恐吓你，半路拦截你或故意在同学中玷污你的形象，你可以求助于同学、老师、家长甚至学校领导。对此不要害羞，更不要胆怯，你越害羞，越胆怯不敢告诉老师、家长或校领导，对方的胆子会越大，所以一定要勇敢些。

当然，更重要的是应检查一下自己，诸如是不是自己有轻浮的地方，自己的言行是不是有不检点的地方，自己是否对此问题有不坚决不明朗的地方，有意识提醒自己注意和改正，接到约会纸条、情书后要做好自我心态的调节，要用理智控制自己，做感情的主人，使自己的青春更丰富、更灿烂。

2. 小小的甜蜜和羞涩：被“追”的感觉

任何一个女孩子在被人追的时候，心理都是很复杂的。也许很惶恐，但是又带着点开心，对这个闯进自己平静生活的男孩子，有着欲拒还迎的矛盾心理。面对自己喜欢的男生，内心有甜蜜，但表现出来的往往是羞涩。其实，这正是女孩儿的细腻之处。接受还是不接受这份爱意，是女孩儿完全需要自己独立面对的事情。她也渴望甜美的爱情，但又害怕一旦答应男孩，会失去这份被重视的感觉，甚至让自己受到伤害。

这些也是青春期女孩对爱情的反应，被对自己有好感的男生追，会觉得很甜蜜、骄傲，可是又不敢轻易答应他，害怕恋爱会给学习带来影响，但不答应，这份美好又将失去，这也是一种矛盾的心理。其实，最正确的办法是把这份羞涩的喜欢放

在心底,因为青春期是积累知识的年龄,女孩对爱情并没有正确和全面的认识,可以用委婉的办法拒绝他,这样,你们就可以继续做朋友,把他对你的好感转化为一种友谊,然后一起进步!

3. 暗恋,那么甜那么涩那么美

有个爱好文学的女孩在她的日记中这样描写她关于暗恋的感觉:

“暗恋很美,是因为可以为自己编一个梦,像一只辛勤的小蛛子,结一张晶莹的网,这网的猎物是什么呢?空空的网,疼疼的心。认了,就把自己粘在上面吧。每天每天,任自己在网心中守着、念着、思着、恋着、痛着、甜着,静静地等着——也许这等待真要有上万年那么长,有什么办法呢,苦笑着想,许是前世欠他的,今生,要用痛苦来偿还。

暗恋很涩,因为可以不为人知,一天一分牵挂,一天一分惦记,时间的沙漏里,那千万粒冰冷的小东西,细细密密的,将心,无声地划出道道血丝。别人看不见,它们只在自己平静的眼神后面,只在自己微笑的面孔下边。别人,看不见。

暗恋很甜,因为可以独自享受那种甜与痛交织的奇妙感觉。谁说痛不是甜?”

暗恋的感觉,很多青春期的女生都经历过,很难用语言来表达,但很甜、很美也很涩。暗恋真是一种美丽的错,就像四月里雨中的丁香,结着自己心绪的愁结。

那么,青春期的女孩该怎么对待暗恋呢?

当然,喜欢并没有错,但青春期的女孩要学会对自己的情感负责,最好不要早恋,不要把过多的精力放在“单相思”上,而应该把精力集中到学习中来,找准自己的位置,多积累人生的经验和知识才是关键。当发现了自己暗恋某个人的时候,应该多和老师、同学、家长沟通,把心事说出来,也就能做出正确的选择了。

4. 好伤心,他拒绝了我

“我放下面子,几次跟他表白,可是他还是拒绝了我,是我不优秀吗?我好伤心啊!”这是很多青春期女孩鼓起勇气向喜欢的男生求爱失败后的心情,但大多数女孩能正确对待和处理这种恋爱受挫现象,愉快地走向新生活,然而也有一些女孩不能及时排除这种强烈情绪,导致心理失衡,性格反常。具体到不同的人,常有如下几

种心态：

(1)羞愧难当，陷入自卑与迷惘，“从此无心爱良宵，任他明月下西楼”，心灰意冷，走向怯懦封闭甚至绝望、轻生，成为爱情殉葬品。

(2)对拒绝自己的人仍一往情深，对逝去的爱情充满美好的回忆与幻想，自欺欺人，否认被拒绝的事实，陷入单相思的泥潭，也有人会出现一种既爱又恨的特殊的矛盾的感情。

(3)绝望暴怒，失去理智，产生报复心理。或攻击对方，或自残，或从此嫉俗厌世怀疑一切男性，看什么都不顺眼；或从此玩世不恭，得过且过，寻求刺激，发泄心中不满。

这种消极情绪应当及时排解，走出心情郁闷的阴影，否则会给学习和生活带来一些不利影响，女孩在遇到这种情况时，应当学会自我心理调整，下列方法可供采用：

(1)倾吐——被拒绝、精神遭受打击，应该找人倾吐。被悔恨、遗憾、留恋、惆怅、失望、孤独、自卑等不良情绪困扰时，应当找一个可以交心的对象，尽诉自己胸中理不清的爱与恨，以释放心理压力，并听他们的评说与劝慰；或用书面文字如日记、书签等把自己的苦闷记录下来，留给自己看，寄给朋友看，这也可以释放自己的心理负荷，求得心理解脱。

(2)移情——及时适当地把情感转移到其他的人或事上。可与其他同学发展更为密切的关系，可积极参加各种娱乐活动，释放苦闷，陶冶性情；可投身大自然，把自己融化到大自然的博大胸怀中，以得到心灵的抚慰。

(3)抛弃“爱情至上论”，爱情固然是每个少女所渴求的，但没有绝对顺利的爱情。别林斯基曾经说过：“如果我们生活的全部目的仅仅在于我们个人的幸福，而我们个人幸福又仅仅在于爱情，那么，生活就会变成一片遍布荒茔枯冢和破碎心灵的真正阴暗的荒原，变成一座可怕的地狱。”少女应从这些先哲的箴言中受到启发，抛开恋爱至上的观点，使自我得到更新与升华，用积极奋斗去转移求爱被拒的痛苦。

能明白以上这些道理，那些求爱被拒的青春期少女应该能以正确的心态面对新生活了，也就能把目标重新转移到学习上来。

早恋的烦恼

“我恋爱了，那个男孩高高大大的，很帅气，但我们是网上认识的，他那么会说话，可是，我们的爱情会有结果吗？”杨柳是莉莉表姐的好友，和某个网上青年恋爱以后，她发出了这样的疑问。

每个女孩都会在自己的内心编织一个美丽的爱情梦。随着青春期发育的逐渐成熟，女孩对爱情的渴望也就逐渐加深，于是，很多女孩在青春期就开始出现了网恋、单恋甚至偷尝了“禁果”。青春期是情感萌发的时期，对爱情有憧憬理所当然，但女孩要把握好自己，在情窦初开、思想敏感、感情热烈之时，不要因为一时的冲动而做出过火行为，做出伤害自己的事情。女孩应该用理智驾驭情感，把自己的行为界定在一定的范围内，把精力放在学习上，让青春之花绽放得更加灿烂！

1. “网络爱情”现实吗

最近，隔壁邻居王姐有些烦恼，她的女儿默默每天放学回家，连换拖鞋都顾不上就坐在电脑旁，和相隔千里的另一方聊了起来。王姐这几天发现了女儿的不对劲，再看女儿的表现，也就猜得八九不离十了。她怎样才能把女儿从网络爱情的虚幻中拉出来呢？

很多青春期的女孩和默默一样，因为紧张的学习把自己压得喘不过气来，于是在好奇心的驱使下，接触到了网络爱情。和网络中的对方交谈时，能暂时抛弃学习和生活中的烦恼，尽情地吐露自己的不快。那么，网络爱情现实吗？

关于网恋的话题实在太多，其是否现实也是相对于其对象和群体而言的，不同的人对它的看法也是不同的，有人避而远之，唯恐不小心掉进网恋的陷阱让自己受到伤害；也有人觉得无所谓，认为如果遇到自己喜欢的人，在网上来场精神恋爱也

不错；还有人认为网恋虽然美丽浪漫，却总是太虚无，美丽过后太痛苦，想尝试却又害怕，于是多了一份暧昧的感觉。

的确，因为网恋成功地登入幸福婚姻殿堂的女性大有人在，但是，我们可以发现，这些女性中基本上是成年女性，而不是处于青春期的女孩。青春期的女孩，对社会没有全面深入的认知，看不清在网络世界中，很多人都戴着虚假的面具，很少有人在别人面前流露自己的真情实感与内心想法。青春期的女孩在网络世界中，对着电脑，的确少了许多的压力，单纯的她们可以抛开所有的伪装，在网络中用坦然的文字与人进行交流，在情感的世界中毫无保留地释放自己的心情，可是你能保证对方也是以这样的心情在跟你交流吗？

网恋的美丽浪漫，让上网的人拥有了一份虚拟空间的网络情缘，但网恋也可能是一个致命的陷阱，所以，青春期的女孩还是正确对待网恋，不要奢望，不要伤害，不要轻易释放内心的情感，也许才是最好的结局。网上闲逛时，可以浏览一些对自己有益的知识，也可以和自己投缘的朋友倾诉自己的情感，但要保留一份界限，不要让自己深入网恋之中。

2. 牵手和初吻

“那种感觉真是太奇妙了，像触电一样，肌肤相触的那一瞬间，全身突然变得愉悦和舒畅，周围的一切似乎都已经离我远去，我所能感觉到的就是他的温度，他的心跳。这是我第一次和爸爸、哥哥之外的男孩子牵手，以前我和他们都牵过手，可是从来没有这样的感觉，那伴着心跳和体温的感觉，很美！爸妈也亲过我，可是也没有那种心跳的感觉，这就是恋爱时牵手和初吻的感觉吧！”一个刚刚进入初恋的高中女生日记中这样记录她对牵手和初吻的感觉。

牵手和初吻是每个女孩子人生中的重要时刻，会给每个女孩子留下美好的回忆。青春期是情感萌发的时期，正如日记中的女孩所说，牵手和初吻是一种美妙的感觉，但牵手和初吻对于这个年龄段的女孩来说，在情窦初开、思想敏感、感情热烈之时，不要因为一时的冲动而行为过火，做伤害自己的事情，而应该用理智驾驭情感，把自己的行为界定在一定的范围内，把精力放在学习上，让青春之花绽放得更加灿烂！

3. 如何对待异性的礼物

正确区分友情与爱情,也就能正确区分异性送礼的目的和动机,女孩可以根据其动机,采取不同的方法应对。

有些男孩风流成性,向所有的女孩子献殷勤已成为他们的一种习惯,这通常是他们追求女孩的一种惯用方式,要是你十分认真地为这样的人害起相思病来,那真是太不值得了。对于这些男生的礼物,要坚决拒绝,不要被他灿烂的、温柔的笑容迷倒,不要给他任何得寸进尺的理由。

还有一种男生,他并不认为自己在爱你,可他又十分喜欢和你交朋友。在同你的交往中,喜欢给你送一些小礼物,这样的礼物你当然可以接受,但是你不要因为这些礼物而突破友情的界限,必要的时候你可以回赠一些礼物表达自己的谢意,但不要有任何暧昧的成分。

对于那些真诚喜欢你的男生,如果你不想耽误学习或者对他没有好感,你应该委婉地拒绝,而不要伤及对方的自尊,这样,你们还可以继续做朋友。

总之,青春期的女孩在面对异性送礼的时候,如果你对那个送你礼物的异性没有感觉的话,就不要收他的礼物。如果他每次送礼物你都照收不误,会让他误以为你已接受他的追求,如果将来他正式向你提出来,而你又拒绝了他,自尊心很强的他会更受不了,甚至会做出极端的事来。好好与他谈谈,摆明你的态度,让他不要再误解你,更不要让他陷得那么深!而你也不会为此影响学习和生活。

4. 从单恋的幻影中走出来

女儿莉莉:“我发现我真的喜欢上我们班班长了,可是我知道,他不可能喜欢我,他学习成绩好,那么优秀,我该怎么走出这种单恋的幻影呢?”

莉莉这个年龄,正是对情感的萌发期,对优秀的异性很容易产生好感、倾慕、崇拜的感情。这很正常,还有一部分人甚至会对异性产生情感依恋,而这种依恋通常对方并不知晓,所以我们称之为“单恋”。

单恋与失恋不同,单恋虽有钟情的目标,但双方从未有过感情的融合与交流,只是一厢情愿地苦苦相思。严格地说,它不能叫恋爱,只是恋爱的一种错觉。

单恋有多种类型：

(1)羞怯型。这种类型的人，默默地、强烈地爱着一个异性，但由于害羞，或是胆怯，不敢向对方吐露真情，因而陷入无边的自我苦恼中。

(2)执拗型。向某一位心爱的人表达了爱意，却遭到了拒绝，但热烈的爱情并不因此消减。

(3)幻想型。所爱之人远在天边，飘在云端，渺渺茫茫，可望而不可即或是明星，明知连走近对方的身边都毫无希望，却无法熄灭心中的感情，日夜空思念。

青春期女孩对异性的单恋一般情况下可能是羞怯型的，但也有可能是其他两种类型，这主要是由于现代流行因素对少女的影响，比如追星。青春期女孩对爱情有很多憧憬，她们的爱情以浪漫型为多，往往呈无固定目标的状态。她们读了小说，会恋上书中的男主人公；听了某位男歌星的歌，又会把他当做自己的偶像。

无论是羞怯型、执拗型还是幻想型的单恋女孩，她们共同的特点是感情真挚、强烈、缠绵，挥之不去，斩之不断，即使满腔热情得不到一丝一毫的回报，仍不改初衷。她们的另一个心理特点是不肯或不敢正视现实。事情已经再明白不过了，根本没有相恋的可能，或者落花有意，流水无情，却仍怀抱希望，不肯罢手。

单恋者一般性格内向，她们内心热烈，外表冷静，把爱情深埋在心底。她们不采取攻击性的行动，只是沉迷于虚幻的情爱之中。因此，她不像失恋者那样受到人们的关注，危害性也不容易看清。事实上，如果一味沉溺在单恋之中，会磨掉自己宝贵的上进心和锐气，还徒然浪费许多宝贵的时间。人的一生，青春只有一次。青年时期，正是一个人学本领的大好时期。把大好的年华耗费在不可能结出果实的爱情幻影中，是一种可惜。所以，女孩一旦发现自己陷入单恋的阴影中，应与同学和老师沟通，排解掉内心的不快，及时投入到学习中去！

5. 偷尝了“禁果”怎么办

青春发育期的女孩子，年龄一般在13~18岁之间。这个年龄的女孩子正在上初中、高中或者刚刚步入大学或中等专业学校。这正是长身体、学知识的黄金时代。然而有些女孩子在这人生的十字路口，由于不能理智地控制感情，划不清友情与爱情、恋爱与婚姻的界限，常常陷入早恋的泥坑，甚至发生性越轨和未婚先孕的情况。

性越轨和未婚先孕不仅摧残少女的身体,而且往往给她们心灵上带来巨大的创伤。

未婚同居或未婚先孕在心灵深处所造成的创伤非常严重。由于未婚同居导致怀孕的少女往往不敢将事实真相告诉家长,更不敢让学校及同学知道,从此背上沉重的思想包袱,成天忧心忡忡,敏感心疑。有些人可能会偷偷到医院做人工流产,但是术后却得不到必需的营养和应有的休息。更有甚者可能会进行非法堕胎,由此而引起的严重后果更是不堪想象。

那么,女孩真的"偷尝禁果"以后,该怎么办呢?这个时候,斥责不是修复受伤青春的最好方法,怎样正确处理终止妊娠,并把伤害减少到最低,才是当务之急。

(1)了解怀孕的征兆,如月经停止。可能刚来初潮的女孩子,月经不太规律,但如果月经已经规律,到了该来的日子却没有来,而且和异性有过性接触、性交或者对方体外射精就应该警惕啦。其次,乳房在短时间变大,稍晚一点会有尿频、体温升高的现象。而诸如恶心呕吐腻油等症状可能要在怀孕后3~5个月才会出现。

(2)检验方法。如果有所怀疑,也不要害怕,可以先自己测试一下。到正规药店去购买验孕试纸,属尿样检查,所以不必有所顾虑。试纸的准确率比较高,但也不是万无一失, 所以还需要进一步到医院检测。到医院检查也是尿样检测和B型超声波检查。

(3)心理准备。怀孕不是病,只是发生的时间不合适罢了。所以,你要做的就是终止妊娠,也就是流产。首先,心情要平静。不要一个人躲起来伤心难过,可以寻求你最信任、最贴心的人的帮助,比如妈妈。妈妈是过来人,能给予你最好的安慰和帮助。再者,要勇敢。既然发生了,就要面对,寻找解决的方法,承担是每一个人应该具备的能力,且也只有选择流产,才能把性带给你的伤害降到最低。

总之,早恋、未婚同居、未婚先孕会极大地损害少女身心健康。它给少女带来的是烦恼和痛苦,种下的是一枚苦果。因此每一个女孩都应当自尊、自爱、自重、自强,珍惜自己的青春年华,千万不可"一失足成千古恨"。

三 爱情初体验

青春期是每个少女情窦初开的年纪，与之相处的男性很容易走进女孩的心里，甚至被女孩爱上。对于爱情，女生首先要让自己清楚，爱与喜欢之间有很大的差距，要正确区分爱情与友情、爱慕与爱这些容易混淆的感情，把握好自己的感情。总之，青春期的女孩要记住：青春花蕾的开放不能任意提前，否则就会过早凋谢，不艳不香，更谈不上结出丰硕的果实了。

1. 对老师有好感怎么办

青春期少女接触最多的除了同学就是老师，而这个年纪的女生最容易对稍长自己几岁的男老师产生一种爱慕之情，因为他高大、帅气、讲课慷慨激昂、语言幽默生动；而那些年纪稍大的男老师，也容易吸引年轻女生的眼球，因为他儒雅、绅士，即使最枯燥的课也能讲得栩栩如生。于是，很多女生感叹：爱上男老师该怎么办？

基于这个问题，女生首先要让自己清楚，这只是一种爱慕而并非爱，爱与喜欢之间有很大的差距。或许你每天都想见到老师，没有老师的课就不想做值日、情绪低落、别人和你说话爱搭不理、半路因为只想着老师而差点闯红灯，但你要想想：你希望这样吗？这样子老师就会喜欢上你吗？青春期感情萌动，这都是正常的。你唯一要注意的是千万别太过火，不要把对老师的喜欢、爱慕和两性之间的爱情混淆。

再者，女孩不要太天真，你也许以后会知道，他并不是适合你的人。首先，你们在年龄上就有一定差距，当然这并不是最重要的问题。其次，你们之间并不是相互了解，你之所以喜欢他，是因为你把他想象得比现实中完美了。而你也许是情窦初开，等心理成熟以后，就会发现其实你所选择的他并不是你想要的那种人。还有，在学校里容易受到周围人的影响，可能你并不想谈恋爱，但是别人都在谈，你也许就

会去留意某一人,而实际上他并不一定是你心目中想要的那个白马王子。

青春期的女孩要把对老师的爱慕转换为学习的动力,如果你把这种喜欢的感觉拿捏得恰到好处,你会发现这是你学习的动力,能提高你学习的劲头。但如果你执意觉得这是种不正当的想法,往往会使你成绩下滑,身心憔悴。喜欢老师没什么可怕的,相反,这是正常的。只要你把握住一个度,这就是你黑白色学习生活中的一抹彩色,能把你的心映成彩色的!

2. 正确区分友情与爱情

"他到底是不是喜欢我呢,一会儿跟我很亲密,一会儿又拒我于千里之外,我们之间是爱情吗?"这是很多青春期女孩遇到的问题,在友情与爱情之间产生错觉,这主要是因为女孩没有正确地区分友情与爱情的界限而引起的。

女孩子到了青春期,对异性产生好奇和向往是正常的。但并不是所有男孩女孩间直接的交往都应该发展为爱情,异性之间也可以有友谊,青年男女之间的正常交往有益于健康成长。那么这种友谊和爱情又是一种什么样的关系呢?

首先要明白的一点是,爱情的基础是异性间的友谊,但异性间的友谊并不一定能发展成爱情。从友谊到爱情,不仅要有思想、志趣上的一致,还要有脾气、性格等诸多方面的特殊要求。爱情本身毕竟还有许多友谊不能到达的地方,但这并不否定友情为爱情开拓了道路,可是若要真正走到爱情的道路上去,还有爱情本身所应有的许多特殊的条件。

其次,爱情是高层次的异性间的友谊,爱情关系应该包括友谊关系。纯洁的友谊是恋爱发展的生命力所在。恋爱的过程,是一个友谊不断深化的过程。爱情的成功,往往是友谊和恋爱互相交融,互相促进的结果。当这种交融和促进作用使得爱情占主导地位时,友谊也不会从此退出自己的地盘。可以说,友谊伴随着爱情始终,友谊失却之时,正是爱情萎缩之际。

日本有位心理学家专为区别友情与爱情提出了五个指标:

一是支柱不同:友情的支柱是"理解",爱情的支柱则是"感情"。

二是地位不同:友情的地位"平等",爱情却要"一体化"。

三是体系不同:友情是"开放的",爱情却是"关闭的"。

四是基础不同:友情的基础是“信赖”,爱情却是纠缠着“不安”。

五是心境不同:友情充满“充足感”,爱情则充满“欠缺感”。

总之,绚丽的友谊之花,可以向一切知己奉献,可能会结成爱情之果。但爱情和友谊之间还是有一定界限,青春期的女孩要把握好这中间的界限,才能正确区分和异性之间的交往。

3. 爱慕但不要早恋

处于青春期少女,对异性有向往与爱慕,属于生理与心理发育过程中的正常现象,但必须有所自律,爱慕但不能“早恋”。

青春期的少女产生怀春心理,并且可能出现“早恋”的迹象,这是为什么呢？因为进入青春期的少女,身体的发育使第一性征和第二性征发生了变化,开始有两性的自我意识。在“窥探”两性关系的好奇心理支配下,形成了青少年男女间一种幼稚的、带有一定盲目性的“异性爱”形态,这就是人们常说的“早恋”。

青春期的女孩可以对异性爱慕,但必须学会控制这种心理的滋长和蔓延。青少年时期是精力最旺盛、求知欲最强、长身体、长知识的金色年华,但生理和心理发育都不够成熟,待人处事还比较幼稚,性知识比较缺乏,性道德观念还未曾形成。因此,还不善于处理超越同学、朋友范畴的两性关系,更谈不上严肃地选择终身伴侣。加上青春萌动期感情充沛、血气方刚,容易沉迷于与异性的情意绵绵、耳鬓厮磨之中,消耗过多的时间和精力,妨碍完成繁重的学习任务和参加有益身心的群体活动,也削弱了和其他同龄人密切交往而建立广泛深厚的情谊。如果一旦盲目冲动,偷尝禁果,就更有损身心健康,留下终身的遗憾了。

该怎样去调节怀春心理,在与异性青少年融洽相处中互相促进,健康成长呢？

(1)自觉接受青春期教育,用科学知识破除对“性”的神秘感,使性知识丰富与性道德观念的树立同步发展。

(2)珍藏对异性的爱慕感情于心灵深处,转化为互相尊重、互相鼓励、互相推动、互相学习的动力。净化心灵,清除爱慕中“情欲”的杂质,防止异性交往中的单一指向性和进行活动的排他性。

(3)讲究风度,注意礼仪。做到端庄和蔼,以礼相待,举止适度,说话(特别是开

玩笑)注意分寸,表现出对对方的尊重,显示自己的文明修养。

(4)要注意培养“四自”(自爱、自重、自尊、自强)的观念,在情窦初开、思想敏感、感情热烈之时,要矜持自控,防止“青春期”变成“苦恼期”,“黄金时代”变成“多事之秋”。

(5)异性交往的感情已有超越友谊界限的迹象的青春期女孩,要及早把热度降温,用理智驾驭感情。

总之,青春期的女孩要记住:青春花蕾的开放不能任意提前,否则就会过早凋谢,不艳不香,更谈不上结出丰硕的果实了。

4. 爱,不能轻易说出口

“两年前,我还可以把自己埋在书中,一心要上所好学校。现在不行了,那个男孩一走到我身旁,尽管我的视线没有移动,可全身心所有的神经只在他一个人身上。早晨临行前,我下定决心,绝不分心,可一进教室,我就知道‘他还未来’。那天,他问我去不去春游,‘不去,那天我有事。’我违心地拒绝了。可我明知那一天我只能望着窗外发呆。有时我想,人长大了有什么好?做事反而不如小时候专心。正写着作业忽然哭起来。其实,这个男孩是不是很出色,我也说不准,反正他和别的女孩说笑时,我心底就会升起一缕愁思。我是爱上他了吗?我应该对他表白吗?”

也许很多青春期的女孩认为,可能这就是爱,但爱是非常抽象的东西,青春期这个年龄生理和心理发育都不成熟,对于两性关系还没有一个比较全面的认识,更谈不上能严肃地选择终身伴侣。

青春期的女孩应该以学习为重,即使有爱慕的对象,也应该学会用理智控制,爱,也不能轻易说出口。

从这几个方面说,青春期的女生不应该过度表现自己的“情感”,情窦初开时,要选用正确的方法把这种情感释放出来,找准自己的位置,努力学习各种知识,让自己的青春不虚度!

四 该怎样与异性相处

青春期除了是女孩身体发育的时期，也是性格、人格等逐渐完善的时期，更是情感的萌发期。青春期女孩应该以坦荡的心态和男生交往，在交往的过程中，以尊重为前提，把握好度，注意一些问题。总之，女孩可以和男孩一起玩，但要学会表现得体，让彼此之间的情感限定在友谊的范围内，这也有益于消除女孩对异性的神秘感，有益于女孩身心的发展！

1. "尊重"是异性交往的前提

异性相吸是青春期发育的必然阶段。处于青春期的少男少女会产生一种强烈的要求接近异性、渴望交往的愿望，这种心理很多女孩自己也不能说清楚。面对这种难以捉摸的感情，心中会产生这样或那样的烦恼。于是，很多女孩会问：我们可以和男孩一起玩吗？当然可以，只要女孩理解了爱情、友情的真正含义，很好地把握二者之间的尺度，女孩的心态就会平和起来，男孩女孩之间就能享受异性相处的友谊。

其实，青春期女孩在异性面前所表现出的种种不得体，主要在于不大了解男女相处的艺术，不了解异性相吸的自然性，夸大了异性的神秘性。如果改变了对异性的看法，我们的行为也会有所改变。

(1)不妨多与异性进行正常的交往，了解他们的内心世界。如大大方方地与异性探讨学习问题，与之交流对事物的看法，这样，你就会发现，你与异性之间存在着许多相同的地方，你们之间的共同之处可能比不同之处还要多。

(2)要坦诚面对异性。与异性交往时，要跟与其他人交往一样，都要真诚，如实地表达自己，不要有意掩饰自己的短处，故意给对方留好印象。如花钱、帮助人、能干等方面，你都要如实表现出自己的真实心态与行为。

(3)与异性交往时,要本着以事情为核心的原则。许多中学生想接近异性时,就一味地追求某个人,他们不知道,人们是在做事情中交往的,只有在一起做事,才能自然而然地交往。所以,健康的异性关系一定是以男女共同从事的活动为前提,共同参与活动,才能分享人与人之间的美好情感。

总之,女孩可以和男孩一起玩,但要学会得体的表现,让彼此之间的情感限定在友谊的范围内,这也有益于消除女孩对异性的神秘感,有益于女孩身心的发展!

2. 千万不要和男孩玩爱情游戏

一位女生在她的日记中写道:“不久就要中学毕业了。这一时期以来,我和几个好朋友却被一个问题深深地困扰着。我先后收到过三位男同学的来信,都希望和我建立“朋友关系”,我感到这么做对目前的学习不利,可是他已先后给我写过七八封信了,有时候还在放学回家的路上等我,我觉得很难拒人于千里之外。我的几位女伴也收到过一些情书,其中一位女同学“谈朋友了”,学习成绩就下降了,为此还被师长责骂。为什么到了我们这个年纪,男女之间的事情就那么多呢?我应该怎样摆脱呢?异性之间交往到底该怎么样?”

女孩玩了一次爱情游戏,结果承受了严重的后果。青春期的女孩切记,不要和男孩玩爱情游戏。

(1)要有清醒的头脑,认清是非,做事也要有原则,什么事该做,什么事不该做,全面稳定地把握自己,不贪图一时的感情宣泄,而着眼于光辉灿烂的未来。

(2)处理感情上的一些纠葛要坚决果断,不能像前面那位女学生日记中所说的情不可却,欲止又行,应该把自己的意愿向对方说清楚。崇拜、羡慕、同情、帮助是一回事,感情是另一回事,二者不可混淆。

(3)要戒除自己的一些性好奇、性模仿心理,认清自己的现实情况和小说、银幕上的人物是有区别的,而不能在好奇、模仿的心理支配下做出不该做的事来。

(4)和父母、老师、好友实行思想沟通,参考他们的意见,争取得到他们的支持与帮助。

爱情是美好、真诚的,是发自内心的,更需要责任。青春期是女孩的世界观和情感观尚未形成的时期,千万不能出于对爱情的懵懂理解和憧憬答应别人的爱,这不

仅伤害对方,也伤害自己,给自己的人格抹上阴影,内心也会有一种负罪感。更为严重的,被伤害的对方因为内心不平衡,可能会做出伤害你的举动。

青春期的女孩对爱情和两性关系应该有正确的认识,也要有一定的原则,不要拿爱情当游戏,也不要游戏爱情!

3. 得了异性恐惧症怎么办

"每当看见异性的朋友,我就感觉浑身不舒服,不自在,特别害怕单独与他们相处,更不敢看他们,这给我的人际和生活带来了很多的困扰,我该怎么办?"

这个女孩子的这种情况是得了异性恐惧症。"异性恐惧症"是一种常在少女青春期发作的心理障碍,是社交恐惧症的一种类型。一些青春期少女患上此症后常常陷入痛苦,严重时还会产生回避行为。那么青春期少女的"异性恐惧症"从何而来呢?

"异性恐惧症"是由于青春期少女的潜意识中对异性产生了一定的"好感"诱发的。特别是对于性格内向、比较怯弱的女孩来说,更容易产生觉得异性在注意自己的错觉心理,她们往往在行为上表现为与男孩子说话害羞、紧张,甚至躲避等。

那么,怎样摆脱"异性恐惧症"呢?心理医生认为女孩进行心理行为治疗是目前的最佳方法之一。具体可用的方法如下:

(1)从认知上自我治疗,女孩要正确认识与异性之间的交往,男女之间的交往是很正常的,掌握一些与异性交往的方法,能从异性那里收获很多。

(2)催眠疗法。用催眠来挖掘心灵或记忆深处的东西,看是否经历过某种窘迫的事件,试图寻找到发病的根源。一般的异性恐惧症都是有一定直接原因的,比如在情感上经受过创伤,或者有过惨痛的性经历等。

(3)重新与异性接触。如可每天规定自己与其他同学一起做作业,进行讨论,主动与男性讲话 5 次,每次 5 分钟,以后逐渐增加与男性接触的次数与时间,直到完全不恐惧为止。

另外,青春期女孩的"异性恐惧症"需要从改变认知开始,要克服不恰当的异性交往心理,走出对异性交往的恐惧,以健康、积极的心理对待异性。

五 告诉你一些男孩的小秘密

似乎总是有一些男生喜欢凑在一起议论女生，实际上，女生也一样，对和自己同龄的男孩子充满了好奇，诸如男孩子是和女生一样发育的吗，男孩子怎么会长胡子，男孩子也有“好朋友”吗等，这些都是男孩的小秘密。告诉你这些男孩的小秘密，你会对男孩有所了解。

1. 男孩子的身体发育过程是什么样的

每个男孩子的发育并不是相同的，青春期发育是一个很复杂的过程，男孩的发育情况和其自身的遗传因素、身体素质、生活环境甚至心理状态关系都很密切。

男孩子和女孩子一样，在青春期也有一些生长发育的特点，如身体外形的变化、生理机能的增强、生殖器官发育成熟。

首先是身体外形的变化。人从小到大，总是不断地生长发育，但时快时慢，有起有伏。这个“起伏”在一生当中，有两次最为突出，医学上叫做生长高峰。男孩子也有生长高峰：

第一次生长高峰是在胎儿期至出生后2岁，短短的一年零9个月，却是身高体重飞速成长的时期。第二次生长高峰是青春期，不仅身高体重增长迅速，而且身体内部也有质的变化。身体迅速长高。青少年进入青春期，身高长势惊人，每年增高6~8厘米，有的达到10~11厘米。青春期前，每年只增高3~5厘米。女孩身高增长开始得早，停止得也早。第一次月经前后，生长速度最快，一般长到19~23岁停止；而发育稍晚的男孩要长到23~26岁才停止。

其次是体重明显增加。青春期男孩体重增加的速度也很快，每年平均增加5~6公斤，甚至8~10公斤。体重的增加，反映出男孩身体的骨骼增粗，肌肉发达及内脏

器官增大等综合发育的程度。

2. 喉结小、胡子少就不是男子汉了吗

很多男孩到了发育的年龄,身体会通过一系列变化分泌雄性激素,大量雄性激素促进了蛋白的合成,从而引起身体的变化,如这时期男孩的肌肉很发达。从外貌外形上看,主要表现在面生胡须、喉结隆突、嗓音变粗、生长体毛等;从生理机能上看,表现为性功能开始启动,可出现勃起、遗精等现象,说明男孩发育已经走向成熟,具备了生育能力,成为真正的男子汉了。

可是很多男孩胡子少、喉结小,那么,他是真正的男子汉吗?

对于这个问题,答案并不绝对。男孩的发育和女孩一样,由于受到各种因素的影响,发育的年龄有早有晚。很多男孩比同龄的男孩发育晚,表现为喉结小、胡子少,这只不过是一个时间差的问题,并不能说明是不是男子汉的问题。

3. 男孩子也爱长痘痘

大多数人认为女孩子长青春痘比较多,其实不是这样的。只是因为女孩子爱漂亮,长了痘痘就比较紧张,所以在很多人心里都认为女孩子长青春痘的几率比男孩子大。但我们的确可以发现,男孩比女孩更容易长痘痘,这是为什么呢?

这是因为男孩分泌雄激素比女孩多,雄激素刺激皮脂腺而产生痘痘。男孩子进入青春期以后,雄激素水平增高,毛囊口容易被分泌的物质堵塞。加上男孩不如女孩子那么心细,对自己的脸不会那么注意,更导致了青春痘泛滥。他们不喜欢用洁面乳洗脸,使脸上皮肤层的污垢长期堆积,这样痘痘就肆无忌惮地在他们脸上生长了。更为严重的是,很多男孩子还因为长痘痘在脸上留下了疤痕。

第五章 女孩别抓狂——青春期让自己爱上学习

随着社会竞争的日益激烈，“知识成就命运”也成了每一个女孩甚至每一个学生应该明白的道理，久而久之，学生似乎已经不再是为自己读书，而是在为父母读书了。一场场的考试、一次次考试成绩的排名、一道道习题把这些本来可以轻松学习和生活的女孩们压得喘不过气来，“我到底为什么要读书，读书有什么用，该怎么样才能读好书”这些问题时不时出现在女孩们的脑海里。其实，人生是自己的，学会享受生活和学习，你就会变得轻松，就能在学习和生活之间轻松游走，人生的重要时期——青春期也就能充实快乐地度过！

一 你是不爱上学的女孩吗

学生逃学的现象从来都有,尤其是青春期的学生,很多女孩感到学习压力大,觉得自己是差生、不被重视,更有女孩以为自己是在为父母读书。这些都是构成女孩不爱上学的原因,甚至有些尖子生也逃学。从某种程度上来说,这些心理对青春期女孩的身心都有着极为不利的影响,女孩要用正确的方法疏导这种不爱上学的心理,重新找回学习的乐趣,慢慢地就能重返青春期的正轨了。

1. 学习压力大,常常想逃学

很多女孩都有这种感觉，自己仿佛要窒息了，到底什么时候才可以摆脱学习呢？于是,她们开始厌学,甚至经常有逃学的冲动。

从某种程度上来说,压力对青春期女孩的身心有着极为不利的影响。当然,压力的表现方式因人而异,初期症状包括生理和心理两个方面:生理的症状主要包括头疼、疲劳、失眠、消化不良、颈痛或背痛、食欲差或吃得过多等;心理的症状主要包括紧张或焦虑、愤怒、消极、悲观、怨恨、易怒、玩世不恭和无法集中注意力等。

压力就是外界各种刺激对身心所造成的不良影响。青春期女孩由于课业繁重等原因,压力问题日益突出,压力会引起不安、暴躁等情绪变化,对身体造成不良影响。其实,压力不仅是学习带来的,也是你自己给自己的。学会给自己减压,才能不被压力压垮,你可以从小事着手来消除紧张情绪,缓解压力。

(1)热爱学业:学生的天职是学习,女孩也不例外。由于身体因素,压力过大对女孩带来的不利影响会更加明显,女孩应从主观上树立起热爱学习的精神,排除对学习的抵触情绪。试着去发掘学习的乐趣,比如去体会一下独自解决一道习题之后那种酣畅淋漓的快感。

(2)积极思考并加强动手能力:女孩天生有敏锐的观察力和细腻的思维,但在动手能力上不如男孩。女孩应该停止消极的想法,重新考虑事物,变消极为积极。计划做一些有趣的事情,除了空想以外,还应该多动手,把你那些新奇的想法表现出来,你就会获得一种成就感。

(3)坚持运动:锻炼身体不仅有助于体质较弱的女孩健康成长,同时也是减轻心理压力的一个较好的方式。制订一个锻炼的计划,有固定的锻炼时间、锻炼方式和锻炼频率。

(4)注意饮食:女孩可以有计划地多吃一些能促进健康的食物,食物的数量和种类要合理,给自己制定一个丰富的食物健康表。

(5)扩大交往:敞开心扉,和他人多交流,扩大社会交往,良好的人际关系对自己和他人都有好处。

(6)适当放松:郊游、听音乐等都是很好的放松方法,试一试,从中选择适合自己的方法,给个人的兴趣和爱好留些时间。

当然,这些方法是针对那些压力还没有对其造成严重危害的女孩而言的,如果以上减压方法不起作用,可以求助于专业人士,例如请心理医生及时为自己减压,以使自己能将饱满的热情投入到学习中去。

2. 不要为父母而学习

“我的梦想是成为小提琴演奏家,可是在那个年代根本就不可能实现。现在我要培养自己的女儿来帮我完成这个心愿。”

“院子里那几个女孩的考试成绩都是前几名,我的女儿居然还有一门功课不及格,我怎么出去见人啊,真丢脸!”

“亲戚的女儿考上了北大,可风光了。咱混了20年也只是个小工人,被人瞧不起,一定要让女儿考上北大、清华,给咱争口气!”

这些话或多或少的被紧张学习中的女孩听到了,让这些女孩认为:我是在为父母而学习。

女孩有这样的想法，与很多家长培养孩子的方法和动机有很大关系。正所谓“望女成凤”,每一位家长都对自己的女儿寄予了殷切希望。在这里,“凤”成为家长

为女孩们制定的终极培养目标的代名词。然而,事实上这却导致很多女孩并不“买账”,她们似乎铁了心要跟家长“对着干”——不爱学习、不想去学校、不参加培训,甚至不和家长说话,不理会家长为自己所做的一切。

作为女儿的你们,其实应该明白,“可怜天下父母心”,所有的父母都希望自己孩子好的根本原因都是为了你们,你们应该理解父母的良苦用心。有自己的思维和自己的观点固然可以,但你要明白,自己学习到底是为了什么,真的是为父母的面子吗?当然不是,是为了充实自己,培养自己,让自己成为一个有用的人。

抱着这样的学习目的,女孩们应该为自己设立一个目标,让自己成为一个有独立能力的人。即自我感知能力、自我激励能力、领导和合作的能力、可持续发展的能力,有了这些能力,你们就能够明了自己的内心情感,清楚自己的情绪变化;在悲观失望、意志消沉时能及时调整自己,重新振作起来;能够适应社会,与他人和谐相处、有效合作,具备解决和化解矛盾、激励团队的能力;保持终身学习的信念——这些素质远远比一次考试考了多少分、在班上排第几名、考上某所大学重要得多。

慢慢地,你会发现,当你离这些目标越来越近的时候,你就能成为一个独立的个体,也就明白了自己到底为什么学习了。

3. 别拿“差生”当借口

曾经有个初中女生在自己的日记中写道:“我是差生,我也很想表现自己,我也想好好学习,我也想做爸妈眼中的乖女儿,可每当我准备好努力的时候,却换来更多鄙夷和不屑的眼光,我永远与荣誉无缘,我所拥有的就是每次站在讲台上时检讨自己的那种痛苦。所以,我逃课、和社会青年混在一起、出入网吧、玩游戏,我顶撞爸妈,我经常不回家,就让我混一天算一天吧。”

这可以说是一个学习成绩差的女孩的内心独白。“我是‘差生’我怕谁”这句话频繁地在老师和学生的嘴里传诵。其实,没有人天生就是尖子生,也没有人天生就是差生。

很多女生之所以有这样的心理,与学校和老师的教育是分不开的。苏霍姆林斯基说:“教育是人学,育人先育心,离开人谈教育是苍白无力的。”很多老师把自己的学生分成三六九等,于是就有了差生和尖子生的区别,老师的功利主义伤害了这些

学生的心灵，让她们放弃了学习的信心。

而女生们也不必自卑，每个人的能力和潜质是无限的，没有人可以被定位。多元智能理论告诉我们：人有八种智能，只追求知识技能，那只是开发其中一种智能，这种教育也是不科学的。只有关注学生完整生命的教育，让生命和谐发展才是民主、个性的教育。所以，你的内心蕴藏着巨大的潜能需要开掘，给自己多一分的期待，多一分的鼓励，多一分的宽容，告诉自己：我是最棒的！找回你的自尊和自信，积极努力地学习，你也可以成为一个全面、优秀的学生！

4. 不喜欢这个老师，为什么还要上他的课

小云因为数学成绩急剧下降，被班主任叫到办公室问话，她回答："数学以前是我的强项，可自从换了这个老师上课后，我的注意力就不能集中了。他的教学方式实在保守、传统。整天就知道讲他的数学，简直像一台教书的机器。总之，我很讨厌他，也使现在的数学成绩下降得好快。我不喜欢他，可不可以不听他的课？"

女生的情感比较细腻，学习兴趣的高低和学习成绩的好坏很大一部分跟任课老师有关，小云就是这种情况，因为不喜欢现在这个数学老师，导致她在这一门学科上成绩下滑。

当然，任课老师的教学方法和处事习惯对学生的影响很大，可是女生们也要明白，你应该学会去适应老师，而不是让老师去适应班上的每一个学生。

即使你不喜欢那个老师，不管怎么样，总要认真听讲。老师的责任是教给你知识，不管你愿不愿意听。因此你要尽快调整好心态，做好复习、预习，上课常常举手发言，跟着老师的讲课思路走，老师就会喜欢上你，而你也会慢慢地喜欢上并且适应老师的教学方法，进而喜欢上这个老师。

5. 新"读书无用论"

网络上曾流行过一篇文章：有个工厂启用了一种自动香皂包装机，但经常出现香皂盒子是空的没有香皂的情况，而装配线上用人工检查的方法效率并不高。于是这个工厂决定：启用一个由自动化、机械、机电一体化等专业的博士生组成的攻坚队伍来解决这个问题。没过多久，他们在装配线上开发了全自动的 X 光透射检查

线,透射检查所有装配线上等待装箱的香皂盒,如果有空的就用机械臂取走。凑巧,一家乡镇企业生产香皂时也遇到了类似的问题，于是他们的一个民工就拿了一台电风扇放在装配线上,对着最后的成品吹,空盒子都被吹走了,问题也得到了解决。

这篇文章讲的是博士与民工的区别。现代社会有个现象,很多大学生找不到工作,有的是和民工同工同酬,甚至还有民工和大学生抢饭碗的奇怪现象,于是在很多中学校园中有这样一个说法:"读书没有用",即人们说的新"读书无用论"。这在女生群体中也产生了一定的影响,当然,这是相对于以前人们流传的女孩"读书没有用,最终还是要嫁人的,还不如早点挣钱"这个说法而言的。

而读书无用论是某些人或群体在评价社会现象时，因为目标与现实之间存在较大差距,自我又难以理解或难以改变这样现状,从而对读书所持有的一系列否定态度和观点。

而女孩因为其性别原因,再加上庞大的教育成本,也产生了新"读书无用论"的想法。女孩要明白,无论市场经济大潮如何发展,知识永远是有用的,新时代的女性要用知识和理性武装自己,而不能仅凭一些社会现象来给自己的人生定位,做出错误的选择,让自己后悔终生!

6. 尖子生逃学为什么

在一个心理咨询中心,有一个资料统计,该心理咨询中心今年接诊的学生患者超过1500人次,在接诊的学生患者中,小学生不到5%,中学生约占45%,尤其以面临升学考试的中学生为多。其中,学习成绩优秀的中学生心理问题的发生率约占60%。上个月,在市心理咨询中心接诊的70余名逃学中学生中,有57个都是成绩优秀的好学生。

高三女生小孟逃学后,对她的治疗医生说:"我的成绩一直很好,老师经常把我当做好学生典型。所以我要更加努力才行,万一哪次没考好,不但老师、家长会失望,自己也会觉得在班里抬不起头来。"

那么,尖子生为什么也会逃学呢?

(1)好学生的一个明显的特点就是,好胜心强,对分数分分计较,对排名名名必争。一旦受到分数上的挫折,就以逃避的方式对待。

(2)与长时间“一帆风顺”的氛围和过大的自我压力有直接关系。首先是大部分好学生无论在家庭中还是学校里,都是大家表扬的对象,很少受挫折。这种经历反而使他们一旦受到挫折就会非常沮丧,进而怀疑自己的能力,时间一长就会变成对上学的恐惧。

(3)自尊心过强。因为自尊心过强,他们给自己定了很高的目标,一旦没有达到,就担心让别人失望,担心被人瞧不起,害怕考试名次再往下跌,以致造成人际交往障碍和应试能力下降。

尖子生承受的压力往往大于其他学生,这些压力有些是来自家庭的、学校的、社会的,但更多的是来自学生本身。女生们要让自己尽量融入周围的环境和交际中,适当给自己减压,要热爱学习,享受学习的乐趣,而不是把学习当成一种负担,为其所累!

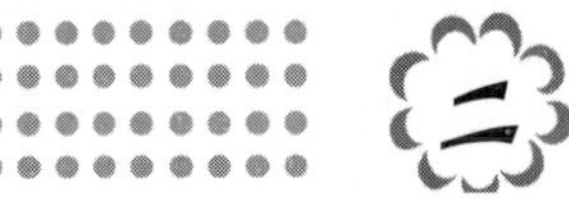

二 让人揪心的考试

考试是检验学习的方法，也是老师教学质量的一个重要评估，于是，老师和学生都很重视分数和考试，这毋庸置疑。但青春期女孩，不应太在意分数，而应该努力积累知识，重视知识量的增加，自然，在考试时也就不会有过大的压力，面对考试不再揪心，就能以正确的心态去考试了。

1. 别为成绩所累

"考考，老师的法宝，分分，学生的命根"，这句话在学生中甚是流行。"学生学习的动力是什么，老师教学的方法是什么？""学生，最关心的就是分数，老师最关心的也就是考试"，初中生小梅跟母亲谈心时说，"我们班老师平均一星期给我们一次大测验，每两天给我们一次小测验，大考小考不断。我们一天都在给自己和周围的同学统计成绩，然后进行排名。你说，这样的学习有什么意义，我们到底能学到什么？"

很多女生误解了学习中的侧重点，学习的重点不是为了每次考试后试卷上那一个鲜红的数字，而是获得知识的一个过程。分数的确是老师检测你在这段时间学习状况的一个参照，但分数也只是其中一个检测方式而已。女生们不要太在意分数，知识量的大小并不会因为分数的高低而有所增减。

老师对学生学习状况了解的一大法宝就是考试。当然，老师的这种做法有失偏颇，对学生的了解应该深入学生的学习和生活，帮助学生解决学习困难，激励学生，而不是仅仅用考试这种落后的教育方式来管理学生。

女生们可以向老师表达自己的想法，建议老师改变管理方式，给你们一个可以呼吸的自由空间，别为考试而累。

2. 轻松面对考试焦虑

考试有压力是每个学生的正常心理反应，比如紧张、焦虑等，如不及时排解的话，将会影响到考试能力的发挥，比如怯场等。运用一些适当的方法，就可以将考试压力转换为动力：

(1)运用言语和想象放松：可以设置一些情境，通过想象，放松自己的思维，如“蓝天白云下，我坐在平坦绿茵茵的草地上”，“我舒适地泡在浴缸里，听着优美的轻音乐”，“我在一片平静的湖面上，欣赏日落时洒在湖上的余晖”……在短时间内放松、休息，恢复精力，让自己得到精神小憩，你会觉得安详、宁静与平和。

(2)增强信心，提高压力的承受能力。为此，应当加强意志和魄力的训练，培养自己不畏强手，敢于拼搏的精神。

(3)正确认识自己考试前的焦虑心情，也就是压力。没有压力是不正常的，这样一想，就会觉得有所安慰，也就能排遣心中的压力了。

(4)降低自己考试成绩的定位。比如，你本来能拿全班第一，你告诉自己，第二也没关系，名次不重要，内心考不好的惶恐也就能宣泄掉了。

(5)做足准备。准备充分的人相对来说，对考试的紧张度会小很多。考试前尽量温习你的课本、笔记或其他资料，将这些资料重组并进行整理分析，掌握重要的概念，而不是将一大堆资料不明不白地塞进脑子里。亦可多做自我测验，尝试回答有关问题。如能与一群志同道合的同学一起切磋研究及温习，也会产生很好的效果。

(6)放弃一些消极的思想。“我比不上其他同学。”“如果‘考砸了’怎么办？”“如果老师出的试题是我不懂的就糟糕了。”“如果考试时将所读过的都忘了怎么办？”太多诸如此类的消极思想只会增加你的忧虑，让你不能专心考试。而“我已准备充足了，考试时只要保持冷静，自能发挥水准”的思想才是正确的。

(7)考试时保持冷静。进场前切勿与同学讨论彼此的温习情况或猜测试题，导致互相惊吓。认真阅读试卷的指示及试题，分配好时间，再开始作答。专注于你的作答，而不是其他同学的表现，写了多少张纸。如果可能的话，先拣你觉得容易的问题处理以增强自己的信心。如果发觉自己太紧张，可停下来，用一两分钟的时间深呼吸，待心情放松了再继续。

考试能力的发挥很大一部分是和考试心态联系在一起的,女生们也要学会在考试前排遣掉心中的消极情绪,才能考出自己的水平,达到检验自己学习情况的目的。

3. 勇敢面对大考失利

小乐是个认真学习、刻苦努力的女生,可令她自己甚至是老师苦恼的是,一到考试,她就怯场,无法发挥自己正常的水平,结果就考砸了。她烦躁不安,觉得自己很没用,对不起老师和父母,也提不起精神来重新学习。

每个青春期的学生尤其是女生心理相对比较脆弱,面对考试失利,自然是有一定心理压力的。考砸后产生的压力是学生的主观认知在客观条件下作用的结果。考试前,她们对自己的能力和水平有一个评估,而当考砸以后,在客观结果上就形成了一种差距,于是心理压力也就产生了。这种心理的危害是相当大的,轻者产生心理阴影,重者会做出一些过激的行为。

利华是武汉一所重点高中的学生,成绩优异,可谁也没有想到,在她高考完离开学校不到48小时的时间里,她竟然在家里自杀了!

她为什么轻生呢?究竟是什么让这个花季少女一步步走向了崩溃?她的临终遗言和日记,记录了她内心的恐惧、自卑、焦虑和心灵的呼救。

那天早上,母亲叫利华吃饭,但找遍了楼上楼下,怎么也找不到女儿的踪影。

最后,她来到二楼屋顶凉台上,只见女儿躺在地上,浑身冰凉,一动不动。女儿自杀了。后来在利华的房间里,人们发现了她写在一张白纸上的"遗言":

"亲爱的爸爸妈妈,我对不住你们。事到如今,我才发现其实我是那样舍不得你们。但我也实在无办法了,请你们尽快忘掉我吧!你们是我最亲的人,而我却伤你们最深,我知道我不应该如此自私,但我已走到绝路了,高考是我人生中最重要的事情之一,可是我却考砸了,我不知道自己的明天会怎样。我现在的决定已伤害了所有关心我的人。请不要为我伤心,为我流泪。我希望关心我的人能够开心、快乐地度过每一天。"

一个花季少女,就因为高考失利断送了自己年轻的生命,这给了很多女生们一个警示,一定要学会给自己减轻考试压力,以正确的心态接受考试结果,那么,如何减压呢?

(1)给自己的心理承受能力做个比较恰当的估计,缓解压力,减轻心理负担。

(2)降低过高的学习目标。重视学习过程而不要过于计较考试结果,把考试当成作业,把作业看做是考试,以平和的心态来对待考试,这样,即使考砸了,也不会太过失望。

(3)改变认知,端正考试动机。考砸后心理压力过大是学生对考试扭曲的认知,导致情绪上的紊乱和行为上的异常。考试作为学校检测教师教学效果和学生学习成效的一种常规手段,是一件很平常的事,不必看得过分严重。但有些学生将考试的作用和意义过分地夸大,对自己要求过高且常常绝对化,认为考试失败会带来可怕的后果,带着强烈的求胜动机和沉重的心理负担去考试,结果焦虑越来越严重,临场发挥事与愿违,考砸后不能从这种心理预期中走出来,形成压力。

考试后的女生们可以通过以上方法减轻考后紧张的状态,这对考砸后的压力有一定的减缓作用。其实,考试的结果并不重要,用轻松的心态考试,或许你收获的又不一样!

4. 认清“考试”的真正意义

学生最怕的是考试,成绩似乎成了学生的人格和面子,很多老师和家长也以学生的考试成绩来判定学生的好坏,这是一种错误的考试意义观。

因为没有复习好,临近考试的王蕾害怕在家长、老师和同学们面前丢脸,就萌生了一种想作弊的念头。她准备好了小抄,放在文具盒中,晚上她睡着后,母亲给她收拾屋子时发现了文具盒中的作弊资料。王蕾惊醒,看见站在床头的母亲,脸唰的一下就红了,这时候母亲对她讲了一些考试的意义:

(1)考试是对一个阶段知识的评估,有些关键的评估会对我们产生深远的影响,如高考。考试就是对学习的评估,虽然由于试卷的原因,可能会令成绩有少许的偏差,但是它是某种意义上的激励、警示……让学生更好地去学习。

(2)考试是对心理能力的自我评估,学会慢慢地承受,才能够在以后的人生道路上走得更远。

(3)考试的另外一个意义还在于公平,但考试是为了验证实力,选拔人才,所以应该公平竞争,而使用作弊手段,就失去了考试的公平性,考试也就毫无意义可言

了,这就是为什么考试要禁止作弊的原因之一。当然,不能说考上的都是人才,考不上的就不是人才。

了解考试的意义,对女生们树立一种良好的考试观有很好的帮助,以正确的心态对待考试,才能利用考试发现自己的不足,也能考出自己的知识水平和心理能力。

三 巧妙应对学习的压力

学习是学生的天职，青春期正是每个女孩积累知识的时期，但很多女孩却总感到学习压力巨大，努力学习却学不好。其实，女孩应该学会放松，养成一些良好的习惯，别给自己太大的压力，然后掌握一些学习和记忆的方法，学会自我调节，用旺盛的精力学习，这样学习起来自然事半功倍！

1. 充分挖掘自身的记忆潜能：巧妙利用零碎时间

“为什么我总是忘记昨天学的单词，虽然已经背了那么多遍？为什么物理公式总是记不住，尽管已经验证了很多次？为什么古文一句也想不起来？”这是很多青春期女生在学习中会遇到的记忆问题。青春期的记忆能力很旺盛，但同样容易忘记，很多女孩会采取加深记忆的各种方法。其实，这远不如用一些巧妙的记忆方法效果好，因为初次记忆最能挖掘人的记忆潜能。

在学习和生活中，你可以巧妙利用你的零碎时间，做到小投资，大收益。现代社会是一个十分忙碌的社会，但很多时间都可以利用起来，比如等车、打电话等。对于需要记忆大量学习内容的青春期女孩来说，若能养成一些良好的习惯，很多时间正好可以拿来做一些重要的小事，比如记忆。这样不但趣味横生，还让你学会在轻松的环境下学习。以下是一些小建议：

(1)视听时：听听演讲录音带、音乐 CD 或看看书籍、专业杂志等。女孩要学会从这些报刊中摄取一些信息，然后记住它们，成为自己知识储备库中的一部分。但一定要注意，千万不要看那些八卦色情刊物，防止污染自己的心灵。

(2)休息时：休息时的大脑是最轻松的，这时候，你可以回顾自己大脑中已经储存的记忆片段，然后串联成一个个有趣的片段，而这一做法，正是加固记忆的重

要手段。

(3)等车时:青春期女孩可能每天得等公车,这段时间可能是最无聊的,这时候,你不妨拿起你的音乐播放器,享受一下里面的英文音乐,既打发了时间,享受了音乐的美妙,还能让你记住几个本来记不住的单词。

(4)打电话时:毋庸置疑,电话永远是和数字分不开的,而数字最能激发人的记忆潜能,当你拨完电话以后,你可以问自己:我记住这一串数字了吗?这样长时间地锻炼自己,你会发现,你对数字有着强烈的敏感度。

上述这些事几乎都是生活中非做不可的事,若能把这些零碎时间充分利用起来,用于记忆,学习整体效率将有效提升。这样,"等待"将不再无聊,而是享受,记忆力也可以借此得到训练。青春期的女孩们,你不妨也试一试,激发你的记忆潜能吧,让记忆随时随地成为你的乐趣!

2. 掌握阅读的小窍门

书籍是人类进步的阶梯,这个道理每个青春期的女孩都懂。可是课业的繁重,加上来自学习上的压力,让她们除了了解课本上的一些知识外,很少有机会接触到她们感兴趣的其他书籍,错过了猎取知识的机会。

其实,有一些阅读的技巧,可以让处在紧张学习状态中的女孩们有的放矢地阅读,扩大视野。根据阅读的目的和对象的不同,可以将阅读分成三种情况:

第一种是信息式阅读法。阅读的目的是为了获取一定的信息,比如说阅读报纸、广告、说明书等应该采用这种阅读方法。在阅读时候,可以快速浏览,舍弃无关紧要的部分。

第二种是文学作品阅读法。这是在汲取一个文学家的聪明才智、精神内涵和写作技巧,在阅读时,女孩应该放慢自己的阅读速度,"细嚼慢咽"文学作品给你带来的精神食粮。

第三种是经典著作阅读法,这种方法可用来阅读哲学、经济、军事和古典著作。阅读这些著作要像读文学作品一样慢,但不可为了读书而读书,而应该经常抛开书本去思考,从而理解作品的深奥哲理。

了解这些阅读的技巧和方法,能让女生们在阅读的时候有的放矢,不至于忽略

精彩内容或者醉心于不重要的八卦新闻，对于学习也有一定的辅助作用，别书到用时方恨少！

3. 休息好，才能学习好：不要给自己太大的时间压力

正要冲刺中考的洋洋总觉得自己时间不够，生怕自己考不好，不能进省重点高中，于是挑灯夜战，想抓紧最后一段时间多复习一些。可由于休息不够，导致精神萎靡，心神不定，上课也提不起精神，老师和家长为此很是担心。

很多学生和洋洋一样，认为只有抓紧时间学习，不放过每一分每一秒，尽可能地多学习东西，才能学习好，其实这是一种误解。因为休息不好，会对眼睛、大脑不好，睡觉就是要让自己的左半脑休息的，如果休息不好就达不到休息的目的。而且，休息不好的话一整天你都会觉得全身无力，提不起精神。

作为休息的方式之一——睡觉，对于人体的休息有很大的作用。第一是消除体力疲劳，第二是消除精神疲劳。另有一种观点认为，睡眠的主要功能是恢复大脑的疲劳。人的一生中，将近 1/3 的时间是用于睡觉的。刚出生的婴儿几乎每天要睡 20 个小时；即使成年后，每天也至少要睡 6~7 个小时。而且，青春期的女孩正处于身体发育的阶段，保证充足的睡眠也是必需的。

而对课业负担重的女孩来说，怎样才能高效地休息好，促进身心的发展呢？

(1)转换睡姿：很多女孩睡觉惯用同一种姿势，其实保持不同的睡姿才是正确的睡眠方式，同时在日常生活中亦要让肩部和头部的肌肉得到适量的运动。例如侧睡是一种很常见的睡姿，但长年累月侧向同一边睡觉，而且翻身不多，就可能会造成左右肩膀肌肉的拉伸得不到平衡，甚至落枕。爱仰睡的女孩应注意腰部要贴近床褥，让肌肉和脊骨得到更佳的休息。这样，一整天的坐姿姿势带来的疲劳也会在这时候得到缓解。

(2)床垫要舒适：弹簧松垂的床垫会让脊椎骨压陷，拉紧脊椎骨节之间的韧带，而太硬的床垫又会令身体只在几点受力，其他虚位欠缺撑托。一张好的床垫应该软硬适中，随身体的曲线紧贴虚位，保持脊骨的 S 形。选择床垫因人而异，体型较重的人需要选择较硬的床垫，身材娇小的人则可以选择较软的床垫。

(3)饮食习惯好：饮食和运动可以说是休息的一种，因此，不容忽视。要养成良

好的饮食习惯,少油、少盐、少肉、多蔬果;每天补充维生素,有规律地运动,早睡早起不熬夜。这样一整天下来,大部分的时间都会感觉不错。

(4)睡好午觉:不要忽视午觉的作用。在午餐和晚餐中间,一般人都会觉得头昏脑胀,思路缓慢,好像也不太能集中精神,这是人正常的生理反应。愈来愈多的证据显示,在经过半天的活动之后,有一股力量会驱策我们休息一下,作为青春期女孩,因为体质相对于男孩较虚弱,更应重视午觉的作用。过度用脑会对大脑发育有不利影响,也不利于下午的学习。

俗话说"身体是革命的本钱",青春期的女孩要多休息,不要给自己太大的学习压力,适当地放松自己,反而能更高效地学习!

四 老师不可怕

青春期也是女孩学会做人处事的重要时期，只要首先学会和自己的同学、老师友好相处，才谈得上立世！出于性别原因，很多女孩会对老师有一种畏惧心理，更把被老师批评当成一种耻辱，在与老师的交往中，显得扭捏作态，会因为不喜欢自己的任课老师而拒绝认真听课等。其实，这都是不必要的，老师并不可怕，和老师轻松友好地相处，对于青春期女孩的成长大有帮助！

1. 避免与老师发生言语冲突

初二女生小月最近和老师产生了一点矛盾。

上周一下午的一堂物理课前，她到教室外买水喝。由于未听到上课铃声，她回到教室时，教物理的孟老师已经准备开始讲课了。进教室后，她发现自己的椅子不知被谁挪到了讲台上。为了听课，她要将椅子搬回自己的位置。可能是因为迟到惹怒了老师，孟老师从小月上讲台搬椅子时便开始训斥她。小月说，看到老师的态度后，她也有了点“情绪”，随后就将椅子向自己的位置拖去，椅子与地面摩擦发出了噪声。于是，老师继续数落她，而小月从小就没受过委屈，脾气也不好，便开始不满。

接下来，老师和学生之间你一句我一句就吵了起来，最终结果是，小月的物理老师动手打了小月，而小月也被记过……

从这个事件中，可以说，小月和老师都有错。作为学生的小月来说，没有认清一点，那就是，要有长远的眼光，人生中最重要的时间就在学校，教师对我们的学习成绩起着辅助性的影响，但没必要太在意他的看法，即使他做得不对，对他不满，也不应该和他有正面的冲突，否则只会对你的学习有负面影响，只会给你带来更大的不快。

那么，怎样避免和老师之间发生言语冲突呢？

(1)尊重老师。毕竟,现实生活中,如小月的物理老师那样的教师还是比较少的。教师担任着教书育人的责任,把自己的所学、所知全都教给了学生,从这一点上来说,教师是可敬的。但每一个教师也是人,也会犯一些错误,如能用理解的心情去包容老师犯的错,也就能"忍一时风平浪静"了。

(2)定位好自己,毕竟你是学生,对方是老师,你要从他那里获得知识,聪明的做法就是和他和睦相处,而不是兵戎相见,给彼此带来不愉快。

2. 被老师"骂"不是一件丢人的事

很多青春期的女孩乃至于只要你是一个学生,都被老师"骂"过。但女生较男生而言,心理承受能力相对欠缺,于是,很多女生就认为这是一件很丢人的事,以至于自卑、没有学习动力甚至产生厌学、逃学等现象。青春期的女孩可以从以下几个方面进行自我心理暗示,摆脱这种不良情绪。

其实,被老师"骂"并不是一件丢人的事,试想一下,你们班谁没有被老师"骂"过?严师出高徒,老师"骂"你是希望你能吸取教训,不再犯同样的错误,"骂"你是关心你的表现,对你不闻不问才是放纵你。

你应该换位思考,或许老师"骂"你"骂"得不对,但老师也是人,如果你作为一个老师,看见自己的学生犯错误,难免也会有脾气。

而且,其他同学也不会在意你被老师"骂",在意的是你自己,或许当时他们会议论,但绝不会记挂在心上的。

总之,你不必自寻烦恼,被老师"骂",只是你成长和学习中的一个小插曲而已!

3. 轻松地与老师交往

在学生的十几年生涯中,老师与学生似乎是天敌,似乎是对立的。青春期的女孩,相对于男孩子来说,更对老师有一种畏惧心理,而也有一些女孩子,个性过于张扬,和老师相处时,表现得过于轻松,毫无师生之别。其实,师生之间的相处也是一门学问。青春期的女孩与老师交往时,总的原则是,不卑不亢,保持教学与学习的关系,尊重老师,轻松和谐地交往。

(1)有些人认为,不要跟老师走得太近,这是没必要的。其实这是一种狭隘地想

法，师生之间除了教与学的关系外，还可以是朋友的关系。老师因为从事教育事业，对学生的心理世界了解较多，学生可以跟老师吐露私事，甚至是一些难以启齿的事情，老师或许能给你指点迷津。这时你会发现，和老师相处起来，比和同龄人相处更是一种享受。

(2)不要故意讨好老师。每个女孩都希望可以得到老师的重视和喜欢，于是，会借助告知老师其他同学的错误来加深自己给老师的印象，例如打小报告。殊不知，老师在惩罚犯错误的同学的时候，也会对你产生不好的印象。

(3)不要畏惧老师。老师也是人，老师对你严厉是希望你能成才。和老师之间的相处，可以课上是师生，课下是朋友。

和老师之间轻松地交往，不仅有助于青春期女孩学习上的进步，更有助于身心的健康发展。

4. 努力取得老师的支持

“为什么老师很喜欢我们班的刘萌萌呢，她也没什么特殊，成绩一般，也没什么特长，肯定是个马屁精！”小雨愤愤不平地问母亲。

“那是你没发现，人家肯定有长处，取得老师的支持，有利于你更好地学习哦。”

青春期的女孩在这个年龄段，对身边的同龄人关注比较多。学校是她们活动时间最长的场所，细心的女孩会发现，那些能取得老师信任和支持的同学一般都在学习上比较拔尖，总是充满自信，因为他们在内心深处获得了一种能力的肯定和承认，自然就有学习的动力和学好的信心。而相反，脱离老师的人，往往在学习成绩上“默默无闻”，不被老师重视。

一般，老师都比较喜欢以下类型的学生：第一类学习好，纪律好，还听话的学生，他们通常被选为班干部。第二类是学习一般，但有特殊技能的学生，例如：足球踢得好，篮球打得好，歌唱得好，舞跳得也不错等。

所以，要想取得老师的支持，你不妨做个乖巧的女生，努力学习，把学习成绩提升上来，行为习惯良好，不要乱花钱，爱劳动等。总之，要踏实认真，做老师眼中的乖女孩，这样，老师就能发现你的优点。其实，在老师的眼中每个孩子都是特别的，都有自己的闪光点。努力做好自己，努力学习，自然能取得老师的支持。

五 如何面对父母的管教

青春期女生由于在心理、生理上不成熟，是父母担忧的原因之一，担心女孩与异性交往不当、学习不努力等，通常对女孩管教过于严格，甚至偷看女孩的日记，很多女孩对于父母的这种管教方式产生逆反心理，会暴跳如雷、痛不欲生甚至反抗。其实，正确的处理之道是，既要据理力争，又要冷静应对。最终是要和父母之间达到沟通的效果，而不是疏远彼此之间的关系。

1. 让父母不再偷看你的日记

青春期女生由于在心理生理上不成熟，是父母担忧的原因之一，于是有的父母就会偷看青春期女儿的日记。父母偷看孩子的日记，于法于理都有过错，而对于青春期女孩自己来说，当发现自己的日记被偷看了，应该怎么办呢？

在遇到这种情况时，应该立即向父母告之这种做法是不正确的，要和父母进行沟通。

(1)讲道理。很多父母认为偷看自己孩子的日记理所当然，这时候，你应该向父母明确指出此事的违法性和对自己的伤害。不论成年人还是未成年人，日记都是个人隐私，未经允许不得翻阅，否则就是侵权。当然，这也要用劝导的口气，否则只会适得其反。你可以这样说："我知道你们是为了我好，可是偷看孩子日记是违法的，更何况，对于未成年的学生来讲，思想尚还稚嫩，会有很多的"心灵秘密"不愿也不需让爸妈知道，当爸妈的应该给孩子点自由发展的空间，给点善意的信任，不要进行'透视'和'探密'"。

(2)定规矩。当父母在你的劝导下，发现自己的行为有误时，你可以与父母商定家庭关系来避免类似的事情再次发生。不仅是日记本，还有信件、邮箱甚至是文档，

都应该得到保护。可同父母约法三章,未经许可不准翻看,更不准“偷看”,共建良好的家德家风。

(3)妥善处理。根据父母的态度酌情对待。如果父母明智,认识了错误,就别揪住不放,应理性地宽容、原谅;若父母的封建家长意识浓厚,连棍棒教子都视为当然,那么,要勇于依法维权,实在不行,可大胆向法院起诉,让法律告知父母是非。当然,这种方法并非上策。

2. 别和父母对着干

进入青春期后,女孩子在生理上发生了很大变化,身体逐渐开始发育成熟,然而生理上的成熟并没有带来心理上的成熟,不少女孩在青春期就出现了叛逆心理。

逆反心理的出现一般有以下几个原因:

(1)受学校教育影响:比如有的老师在教育教学过程中对女孩的不公正的处理。

(2)受青春期心理特点影响:女孩进入青春期以后,强烈的成人感和独立意识成为她们重要的心理倾向。她们希望自己能像成年人一样受到尊重,渴望独立,而家长则认为她们还未成熟,更不能独立,这种矛盾就让女孩产生了逆反心理。

(3)受家庭教养方式影响:家长使用的不正确或不恰当的教育方式会让女孩产生反感、抵触。

逆反心理是一种不健康的心理,不利于女孩的成长。作为女孩自己,一旦发现自己有这种心理以后,要及时疏通。但日记并不能作为你倾诉的对象,你可以向自己的朋友或者心理老师倾诉,必要的时候可以寻求心理医生的指导,让自己健康地走过逆反时期,使自己这种不健康的心理得到科学的转化!

3. 让父母了解你

欣欣今年刚上初三,一次,她的老师去家访,当时她没在家,老师就和她的妈妈交谈了起来。一会儿欣欣回来了,一看见老师就高兴得四脚朝天地躺在老师坐的沙发前的地毯上了。妈妈见状觉得特没面子,大声训斥:“你怎么能这么没礼貌,这是老师呀!”老师打断她妈妈的话,问还躺在老师面前的欣欣:“如果是爸爸妈妈的同

事,一位阿姨坐在这儿,你会这样吗?”欣欣回答:“当然不会了。”于是老师告诉欣欣妈妈:“不要责备,欣欣跟我关系很好,跟我亲近,没把我当外人。”欣欣一边起身一边对妈妈说:“您还不如老师了解我呢!”

从这个案例中,我们发现,很多青春期的女孩都和父母之间缺少交流和理解,相反,因为老师对孩子的心理掌握得比较透彻,能在女孩成长的道路上给予理解和关爱。结果,她们会有这样的感慨:“你还没有老师了解我呢。”

当然,作为父母,应该重新审视自己的女儿,重新去了解自己的女儿,站在她们的立场去看问题,进行换位思考,更准确地掌握她们的思想动态,进而引导、指导她们。而对于青春期女孩自己来说,也应该主动和父母进行沟通。和父母相处其实并不难,只要把你的想法告诉他们,给彼此一个释怀和了解的机会,就能够拉近你和父母之间的距离!

4. 父母怀疑我“早恋”怎么办

小蕾今年正上初三,学习成绩下降,不时有一个男孩给她打来电话。其父母怀疑她早恋,就偷偷撬锁看了她的日记,才知是孩子患了轻微的抑郁症,那个男孩是在帮助她转移注意力。当女孩发现自己的日记被人偷看了,竟气得精神失常,其父母后悔莫及。

早恋,令很多父母担忧。青春期女孩早恋,最直接的危害是严重干扰学习。由于整日整夜满脑子想着自己喜欢的那个异性,因此,会使人没心思去学习,也觉得学习没多大意思,上课注意力就难以集中。所以,一般情况下,父母对早恋都会显得很敏感,而这会让青春期的女孩感到无所适从,甚至对父母的行为产生厌恶的情绪。

其实,面对父母的敏感,你大可以和父母说明一切,说明你和异性之间是正常交往,可以陶冶自己的情操,树立远大的理想,并能获得同学们的帮助和友谊。而假如你已经早恋,那么,你应该认识到早恋产生的危害,也可以寻求父母的帮助,他们能以过来人的眼光帮你正确处理好早恋。这样,彼此之间的误会和不快也就解除了。

5. 如何让父母认同自己的想法

“为什么我们的想法父母总不能认同呢!为什么他们总是强迫我们做自己不喜

欢的事呢！”

很多青春期女孩发出了这样的疑问，父母之所以不认同我们的观点，是因为父母和我们生活在不同的年代，时间久了难免会有代沟，他们有他们的想法，而我们自己长大了当然也有自己的想法。平衡这种差异的办法就是要多和父母沟通，当然，从综合的角度考虑，父母的人生经历比我们丰富，经验也比我们多，他们所考虑的问题往往也是较长远的，作为孩子虽然可能认为比较辛苦，但是毕竟对长远来说还是有好处的。记住，沟通是解除所有误会的良药！

6. 和父母进行适当的争论

青春期的女孩随着生理的逐渐成熟，已经可以独当一面，一切生活都可以自理，有了一定的分辨是非的能力，对事物也有了自己的看法。可是很多父母对此总是持不屑一顾的态度，不允许她们对自己的建议有丝毫的异议，总想让她们绝对服从。面对如此“霸道”的父母，若只是一味地以沉默或者服从来面对的话，丝毫不会改善与父母之间僵硬的关系，还会让代沟越来越深。这就需要我们以一种舒缓的方式说出自己的见解，哪怕其间会不可避免地发生争议，也不要回避，因为适当的争论才可能使父母了解乃至重新认识你。

适当的争论以后，如果你再有什么想法父母肯定不会像以前那样漠然视之了。积极地说出自己的想法，不要总以为父母不会理解而懒得去说，父母永远会为你着想，即使当时他们不能理解，事后也会重新考虑。

适当的争论有时候也是一种良好的沟通方式，不但可以让父母更加了解你，知道你在想什么，需要什么，更会促进家庭关系的和谐，让你与父母之间的关系不再那么僵硬。所以千万别抱着一种“父命难违”的愚孝心态，那是毫无道理可言的，也不能加深你和父母之间的感情。拿出勇气来，说出自己的想法，但注意千万不要让争论升级为争吵。

7. 学会和父母交朋友

很多青春期女孩很羡慕别的孩子有开明的父母，父母和儿女之间不仅是长辈和晚辈的关系，更是朋友关系，其实，要和父母交朋友也并不是一件难事。

想和父母做朋友，首先要做的就是把自己的心态调整好。或许在你的内心当中，父母就是父母，就是你的领导，其实不然，只是你平时少跟家人沟通，彼此间其实并不了解，所以你会觉得有点陌生而不敢和父母沟通。要学会放开自己的心，不管如何，父母始终还是父母，再怎么样也不会伤害你。如果你对此没有信心的话，可以先找一些无聊的事情和父母说一下，比方说今天天气很好、心情也好等，观察一下父母的态度再决定是否要和父母说。但是你要先把自己的想法改变一下，你和父母是平等的，他们为你安排一切只是为你好罢了。

但其实这是个单向选择的做法，儿女和父母之间的话题和想法总是有一定的差异的，一般来说，开明的父母会选择和自己的儿女做朋友以期获得更好的家庭氛围或者更好的教育目的。但是如果儿女想和自己的父母做朋友，这就好像是下属想和上级做朋友一样，开明的父母会觉得求之不得。但有的父母也可能会想，儿女是否有什么目的，或者是作为家长，一旦和自己的儿女做了朋友，可能以后在很多方面就有点不太好意思了，会影响到父母的权威和地位。所以，青春期的女孩要在行动上证明，你已经能够独立生活和思考，让父母发现你长大了，这样，他们也就能放开双手，让你独立行走，而只是以朋友的身份平等地和你交流想法。

实践证明，父母儿女之间选择做朋友更能促进家庭关系的融洽，也更能达到青春期女孩健康成长的目的！

8. 青春期如何和父母相处

青春期是人生的岔路口，是长身体、学知识、立志向的黄金期。青春的心灵、情感、梦想都从此开始萌发。每当提起青春期，人们往往将其与叛逆联系起来，因为这时的女孩有了自己独立的想法，不再是父母身边可爱的乖乖女，对父母的教诲甚至是关心也会表现出反感。女孩子还会有许多不肯告诉父母的小秘密。所以这一阶段，孩子和家长的矛盾会表现得比任何一个年龄段都要多，许多家长也为此深感头疼，女孩子自己也会觉得得不到父母的理解而感到很痛苦。

“我是个青春期女孩，妈妈的脾气很暴躁，很难相处，她的话我越来越不想听，我的话我妈一听就生气，我俩每天都要吵架，害得我们都很伤心。我爸当墙头草，但更向着我妈，有时候还一起骂我，还想把我赶出去……我妈一点也不了解我，觉得

每天让我吃好喝好穿好用好就行了，一点也不关心我的心理，让我每天都想哭，总觉得我和她有种隔阂，我该如何和父母相处呢？”

其实，青春期的逆反心理也是一种矛盾的心理，由于生理、内分泌以及感情变化，她们易因小事生气，易于伤感。一会儿她感到已是成年，要求别人以成人对待她，一会儿又感到自己还是孩子，要求得到保护和母爱。但在父母面前，她们永远都是未长大的孩子，父母喜欢从自己的人生经验和阅历上来教导女孩们，于是，矛盾就产生了，也就是人们说的“代沟”。

那么，作为青春期的女孩，怎么才能和父母相处融洽呢？

(1)当遇到分歧时，尽量控制好自己的情绪，不激化矛盾，试着换位思考。有些时候我们的父母处理事情的方式的确不太正确，但从父母的角度考虑的话，你就会发现他们这些做法的一切出发点都是为了你好。世上只有父母对儿女的关心帮助是不求任何回报的，想到这些，自然也就能理解了。

(2)多沟通。你在青春期遇到的那些惶恐和不安都能从父母那里得到答案，这样能加深和父母之间的感情，你就不会再孤独地承担青春期遇到的各种烦恼和痛苦了。

人生的路很漫长却又很短暂，某天当你回头看时，那都是成长的痕迹。当我们步入中年的时候，父母也就进入老年了，作为今天的你们，在人生的任何阶段都不要给自己留下遗憾！

第六章　女孩别叛逆——给感情找一个宣泄出口

进入青春期后，女孩子在生理上发生了很大变化，身体逐渐开始发育成熟，然而生理上的成熟并没有带来心理上的成熟，不少女孩在青春期早早出现了叛逆心理。一般说来，青春期的女孩在心理特点上最突出的表现是出现成人感，由此而增强了少年的独立意识。青春期女孩也会处于开放性与封闭性的矛盾中，需要与同龄人，特别是与异性、与父母平等交往，她们渴望他人和自己一样彼此间敞开心灵来相待。但由于每个人的性格、想法不一，使她们的这种渴求找不到释放的对象，于是出现了低落的情绪甚至一些不良的情绪等。

女孩必须用适当的方法及时排解青春期的不当心理和情绪，青春要张扬，但要张弛有度，青春之花是灿烂的，别让青春期出现的小插曲带来遗憾！

一 认识自己的负面情绪

处于青春期的女孩,往往会产生各种各样的情绪。部分女孩情绪变化很明显,表现为大起大落,高兴时兴致勃发,笑脸常开,学习上也有劲头;不高兴时则情绪低落,不理睬任何人。有时还会无缘无故烦躁不安、使性子。同学无意间一句话、老师一次批评、家长的一句叮咛,都会使之生气、发脾气。这种情绪,抑制了人的活动能力,降低了人的自控能力和效率。许多女孩自己也意识到了这种心理问题,但苦于无法控制自己的情绪,久而久之,成了心理上的阴影和障碍。

1. 你是不是抑郁了

"我经常有想死的念头,明明碰到的只是一点小事,但都会很生气,要不然就很伤心,以前还有自残现象,变得不是很相信别人;脾气倔强,不服输也不认输,喜欢一个人到没人的地方听音乐,难过的时候还想大哭。我希望每天都不会有人和我讲任何一句话,全身没有力气,不想动,上课的时候经常睡觉,不听也听不进去,注意力难集中,总觉得自己很可怜,就是我死了也没人会难过,我是多余的,情绪大多数是低落的,看到人多的地方就想走。我这是什么心理疾病啊?"在妈妈的几次劝导下,芸芸总算愿意去看心理医生,而据医生说,她是得了抑郁症。

青春期的女孩因为学习压力、生活或者情感上的失利或者心理上的创伤,容易产生一种不良情绪——抑郁,更为严重的会患上抑郁症。她们感觉好像世界末日即将来临,自己也行将魂飞烟灭,恐惧悄悄地走进她生活的每一个角落,吞噬着她的灵魂,不知不觉中削弱她的信心,甚至使她连穿什么衣服,午饭吃什么这样一类的小事都无法做出决定,变得无所适从;对周围的事情变得淡漠,还有一种无望感、无助感、无目的、无动机,觉得自己空前的孤独、软弱,孤立无援,没有人能救援自己,

一切已无法挽回。更可怕的是她根本无心突围,因为她认为那都是徒劳的,不可能成功。所有的安慰怜悯都无法穿透那堵把她与世人隔开的墙壁,任何热情关怀都不能打动她的心。具体表现为:

(1)心境抑郁:这是抑郁症患者最主要的特征,轻者心情不佳、苦恼、忧伤,终日唉声叹气;重者情绪低沉、悲观、绝望,有自杀倾向。

(2)快感缺失:对日常生活的兴趣丧失,对各种娱乐或令人高兴的事体验不到乐趣。轻者尽量回避社交活动,重者闭门独居、疏远亲友、杜绝社交。

(3)疲劳感:无明显原因的持续疲劳感,轻者感觉自己身体疲倦,力不从心,生活和学习丧失积极性和主动性;重者甚至连吃、喝、个人卫生都不能顾及。

(4)睡眠障碍:约有 70%~80%的抑郁症患者伴有睡眠障碍,患者通常入睡无困难,但几小时后即醒,故称为清晨失眠症、中途觉醒及末期失眠症,醒后又处于抑郁心情之中。伴有焦虑症者表现为入睡困难和噩梦多,还有少数的抑郁症患者睡眠过多,称为"多睡性抑郁"。

(5)食欲改变:表现为进食减少,体重减轻,重者则终日不思茶饭,但也有少数患者有食欲增强的现象。

(6)躯体不适:抑郁症患者普遍有躯体不适的表现。患者常检查和治疗不明原因的疼痛、疲劳、睡眠障碍、喉头及胸部的紧迫感、便秘、消化不良、肠胃胀气、心悸、气短等病症,但多数对症治疗无效。

(7)自我评价低:轻者有自卑感、无用感、无价值感;重者把自己说得一无是处,有强烈的内疚感和自责感,甚至选择自杀作为自我惩罚的途径。

(8)自杀观念和行为:这是抑郁症最危险的行为。患有严重抑郁症的患者常选择自杀来摆脱自己的痛苦。

由以上几点,可见青春期女孩抑郁的危害性。那么,究竟怎么样才能摆脱抑郁这种不良情绪的困扰呢?

(1)面对忧郁要处之泰然,因为悲伤是必经的常态。

(2)找些事情做,转移注意力,例如散步、下棋、骑脚踏车、阅读等。

(3)找朋友倾诉,加以发泄。

(4)大哭一场,尽情地流泪。

(5)冷静地分析情况。

(6)运动有助于克服忧郁症,如果平日就有运动的习惯,不妨试着耗尽全身力气。

(7)尽量外出,不要待在家里,以免使情绪更低落,外出也能增加认识世界的机会。

(8)参加活动,令生活充实,减少令自己胡思乱想的时间。

当然,这只是一些能缓解抑郁的方法,当得了抑郁症以后,女孩要在家长的陪同下,就医治疗,让自己重新找回勇气和快乐!

2. 你怀疑自己得了自闭症

自闭症又叫孤独症,很多青春期女孩认为自己的一些异常行为和情绪是得了自闭症,那么,自闭症到底有哪些表现和症状呢?

(1)自闭症患者缺乏与人交往和交流的能力。有的人从婴儿时期起就表现出这一特征。如从小就和父母亲不亲,也不喜欢要人抱,当有人要抱起她时不伸手表现出期待的姿势;不主动找小朋友玩,别人找她玩时她会躲避,对呼唤没有反应;总喜欢自己单独活动,自己玩。

(2)兴趣狭窄,行为刻板重复,强烈要求环境维持不变。比如,家里有三双拖鞋,中间一双蓝色的,两边是红色的,母亲穿过一双,在临走的时候她把拖鞋放回但位置换了换,如果女孩仍坚持要把蓝色拖鞋放在中间,并且不惜为此跟母亲争执起来。有类似这样的举动说明很有可能是自闭症患者。

(3)孤独离群,不会与人建立正常的联系。她们的孤独表现在对周围的事不关心,似乎是听而不闻,视而不见,自己愿意怎样做就怎样做,毫无顾忌,旁若无人,周围发生什么事似乎都与她无关,很难引起她的兴趣和注意。目光经常变化,不易停留在别人要求她注意的事情上面,她们似乎生活在自己的小天地里。另外,她们的目光不注视对方甚至回避对方的目光,平时活动时目光也游移不定,看人时常眯着眼睛,斜视或用余光看人等,很少正视也很少表现微笑,也从不主动和人打招呼。

这些都是自闭症的典型症状,但是青春期女孩要注意,现在很多孩子性格都比较偏激,如一些独生子女和一些骄傲、害羞、经常上网、不会与人打交道的人都会有这样的表现,不一定就是自闭症。所以,你不一定是患了自闭症,不过若有以上症

状,还是要引起注意,从以下几方面预防自闭症的出现:

(1)多参加体育锻炼。你会在锻炼的过程中发现事物的美好,可以从体育锻炼中结识到新的朋友,有益身心健康。

(2)找家长或者值得信任的人谈心。把自己内心的心结打开。

(3)寻求心理医生的帮助,他能给你提供最好的解决方法。

3. 如何排解青春期的不良情绪

青春期女孩在身体的发育和心理的逐渐成熟过程中,由于学习压力繁重,以及在交友、亲情、爱情中遇到一些问题,不免会产生不良情绪。面对这些问题,总的说来,可以用以下方法来排解。

(1)能量排泄法:对不良情绪所产生的能量可用各种办法加以调整。例如,当生气和愤怒时,可以到空旷的地方去大喊几声,或者去参加一些重体力劳动,也可以进行比较剧烈的体育运动,跑两圈,扔几下铅球,把心理的能量变为体力上的能量释放出去,气就会顺些了。俄国大文豪屠格涅夫曾告诫人们:当你暴怒的时候,在开口前把舌头在嘴里转上10圈,怒气也就减了一半。上海有位百岁老人苏局仙的经验是:一是把烦恼的事坚决丢开,不去想它;二是最好和孩子们一块玩一玩,他们的童真会给人带来快乐,消除烦恼;三是照一照镜子,看看自己暴怒的脸有多丑,不如笑笑,我笑,镜中也笑,苦中作它几次乐,怨恨、愁苦、恼怒也就没有了。

在过度痛苦和悲伤时,哭也不失为一种排解不良情绪的有效办法。哭也可以释放能量,调整机体平衡。在亲人和挚友面前痛哭,是一种真实感情的爆发,大哭一场,痛苦和悲伤的情绪就减少了许多,心情就会痛快多了。

流眼泪并非懦弱的表示。所以女孩你该哭当哭,该笑当笑,但要把握好一个度,否则会走向反面。

(2)语言暗示法:语言是人类特有的高级心理活动,语言暗示对人的心理乃至行为都有着奇妙的作用。当不良情绪要爆发或感到心中十分压抑的时候,可以通过语言的暗示作用,来调整和放松心理上的紧张,使不良情绪得到缓解。当你将要发怒的时候,可以用语言来暗示自己:“别做蠢事,发怒是无能的表现。发怒既伤自己,又伤别人,还于事无补。”这样的自我提醒,就会使心情平静一些。达尔文说过:“人要是

发脾气就等于在人类进步的阶梯上倒退了一步。愤怒是以愚蠢开始,以后悔告终。”

(3)环境调节法:大自然的景色,能扩大胸怀,愉悦身心,陶冶情操。到大自然中去走一走,对于调节人的心理活动有很好的效果。心绪不好或感到心理压力大、闷闷不乐时,千万不要一个人关在屋子里生闷气,苦恼自己。而应该走出去,到环境优美、空气宜人的花园、郊外,甚至是农村的田园小路上去走一走,舒缓一下心绪,去除一些烦恼。而且长期处于紧张工作状态的人,定期到大自然中去放松一下,对于保持身体健康,调解身心紧张大有益处。

(4)请人疏导法:人的情绪受到压抑时,应把心中的苦恼倾诉出来,如果长时间地强行压抑不良情绪的外露,会给人的身心健康带来伤害。特别是性格内向的人,光靠自我控制、自我调节还远远不够,可以找一个亲人、好友或可以信赖的人倾诉自己的苦恼,求得别人的帮助和指点。有些事情其实并不像当事者想得那么严重,然而一旦钻进牛角尖,就越急越生气,如果请旁观者指导一下,可能就会豁然开朗,茅塞顿开。还有一些时候是这种情况,对于你来说,是耿耿于怀,难以气平的事,而在别人却完全不了解,不能体会。即便是这样,你把苦恼倒出来后,也会感到舒服和轻松。这时人家即使不发表意见,仅是静静地听你说,也会使你得到很大的满足。别人的理解、关怀、同情和鼓励,更是心理上的极大安慰,尤其是遇到人生的不幸或严重的疾病,更需要别人的开导和安慰。

(5)自我激励法:自我激励是人们精神活动的动力之一,也是保持心理健康的一种方法。在遇到困难、挫折、打击、逆境、不幸时,善于用坚定的信念、伟人的言行、生活中的榜样、生活的哲理来安慰自己,使自己产生同痛苦作斗争的勇气和力量。张海迪在她人生奋斗的历程中,所承受的痛苦与压力是常人难以忍受的,而当困难压顶的时候,她总是用保尔、吴运铎等英雄事迹激励自己,去战胜病残,坚强地生活下去。

(6)创造欢乐法:心绪不佳、烦恼苦闷的人,看周围的一切都是暗淡的,看到高兴的事,也笑不起来。这时候如果想办法让自己高兴起来,笑起来,一切烦恼就会丢到九霄云外了。笑不仅能去掉烦恼,而且可以调解精神,促进身体健康。

相信以上办法能帮助青春期的女孩们及时排解内心的不良情绪,以健康、积极

的心态和饱满的情绪重新面对学习和生活！

4. 总是爱发无名之火

很多青春期女孩每个月总有几天会变得脾气暴躁，爱发无名之火，这是青春期女孩一般都会有的不良情绪。这和生理因素有关，尤其是在月经期，这种无名之火更为明显。

一般，这种情绪的表现为爱生气，事后又后悔。这些是性激素分泌刺激引起的性格变化，即使你有意识地控制，仍有点无能为力。或者你可能仅仅意识到了体内激素水平变化对情绪的影响，但却搞不懂为什么有时候你看起来像个乖乖女，有时候却脾气暴躁然后宁愿独处。实际上，是你身体中激素的周期性变化影响了你。

这是激素周期就要结束的一段时间，除非已经受孕，不然黄体会逐渐萎缩，卵巢中雌、孕激素的分泌量逐渐减少，子宫内膜的厚度有所下降，直至崩解形成新一次的月经。这几天是女性处于情绪的最低潮期，易出现脾气暴躁、易怒、紧张、情绪波动，自杀倾向更较平日高出 7 倍。

这就是女孩爱发无名之火的原因，这段时间，如果你敏感地觉察到自身的这种变化，就要有意识地安排更多轻松的学习活动，避免在这个时期决定重大的事件等。不仅情绪进入低谷，皮肤也开始出现状况：皮肤粗糙、暗疮爆发。而且，由于体内滞留了很多的水分，你自觉臃肿发胖。

这个阶段的女孩可能会出现经前紧张症：抑郁、易怒、易激动、焦虑、头痛、注意力不集中和疏于社会活动；你的身体会出现乳胀、腹膨胀和四肢水肿。为了缓解这种身体上的不适，这个阶段你需注意少摄入盐分较高的食物，多进食大豆制品、谷物、新鲜的蔬果，这有助于保持身体内环境的稳定。另外，此时阴道酸性增加，是真菌增长的高危时期，必须小心预防真菌感染，譬如穿舒适的棉内裤。你身体的抗凝血系统处于被激活的状态，要注意保暖和休息，同进避开可能的出血情况，比如外科手术、献血……当然也要错开妇科检查。

了解了这些原因和值得注意的事项后，女孩就可以根据自己的生理周期恰当地安排学习和生活以及合理调节自己的情绪了。

5. 患上了青春期焦虑症

“最近我总是做噩梦,白天也总是提不起精神学习,甚至开始厌学,我以前不是这样,可现在我对什么都不感兴趣,我不知道读书到底有什么用。妈妈带我去看医生,医生说我得了青春期焦虑症,我现在该怎么办?这到底是一种什么病啊?”这个被爸妈、老师称为乖乖女的小莲,最近突然有这些异常的情绪。

小莲的这种青春期焦虑症属于青春期不良情绪的一种，这是青春期女孩心理发育上出现的一种障碍性表现之一。焦虑症即通常所称的焦虑状态,全称为焦虑性神经病。青春期的女孩得了这种病症的表现有:出现焦虑、恐慌和紧张情绪,感到最坏的事即将发生,常坐卧不宁,缺乏安全感,整天提心吊胆,心烦意乱,对外界事物失去兴趣。严重时有恐惧情绪、恐惧预感,对外界刺激易出现惊恐反应,常伴有睡眠障碍和植物神经不稳定现象,如头痛、入睡困难、做噩梦,易惊醒,面色苍白或潮红,胸闷、心跳、易出汗,四肢发冷,手指发麻,手抖,肌肉跳动,眩晕、心悸,胸部有紧压或窒息感,食欲不振,常自扪脉搏是否增快,心跳是否停止,呼吸是否还有,皮肤颜色是否已经改变,为此而情绪紧张,且常伴有不安的动作,如不断地眨眼,敲打手指或垂首顿足等。

青春期的女孩一旦得了这种病,就会出现和案例中小莲一样的情绪,比如对任何事物都缺乏兴趣,提不起精神,似乎生活中根本没有能引起其兴趣的因素,整天无所事事、心灵空虚、严重厌学、社交障碍、头晕目眩、多梦等。

这种病的患者性格大多胆小怕事,自卑多疑,做事思前想后,犹豫不决,对新事物及新环境不能很快适应。发病原因为精神因素,如处于紧张的环境不能适应,遭遇不幸或难以承担比较复杂而困难的学习或者工作等。

青春期的女孩在认知过程中会产生一些思维上的焦虑，她们比一般人更倾向于把模棱两可的、甚至是良性的事件解释成危机的先兆,更倾向于认为坏事情会落到她们头上,更倾向于认为失败在等待着她们,更倾向于低估自己对消极事件的控制能力。

焦虑症是焦虑神经症的简称,是一种功能性或心理障碍。身体各系统并无疾病,也没有任何危险性,不会危及生命。那么,青春期女孩应该如何自我防治焦虑症呢?

(1)慢慢调节对焦虑症的自我认知,应充分认识到焦虑症不是器质性疾病,对人的生命没有直接威胁,患了焦虑症的女孩不应有任何精神压力和心理负担。

(2)要树立战胜疾病的信心,女孩应坚信自己所担心的事情是根本不存在的,经过适当的治疗,此病是完全可以治愈的。

(3)在医生的指导下学会调节情绪和自我控制,如心理松弛,转移注意力、排除杂念,以达到顺其自然、泰然处之的境界。

(4)学会正确处理各种应急事件的方法,增强心理防御能力。培养广泛的兴趣和爱好,使心情豁达开朗。

(5)当焦虑症达到一定的严重度时,应该在医生的指导下服用一些治疗的药物。

青春期患有焦虑症,女孩不必担心,拥有良好的心态,树立信心走出病症的阴影,就能健康、积极地学习和生活!

正确面对心理问题

不只是青春期的女孩子，每个人都有情绪高涨和低落的时候，比如嫉妒、自卑、挫败感、多疑等，从本质上讲，这些都是不健康的、消极的情绪，需要及时排遣，否则伤人伤己。嫉妒会划伤青春、自卑让女孩永远抬不起头、多疑会让女孩失去朋友、失败后的挫败感让女孩一蹶不振……女孩要记住，青春是有活力的、张扬的，应该积极地看待生活，看待挫折，别让这些不良的情绪和心理在你的内心滋长和蔓延，影响你或者同学的学习和生活，必要时，你应该向老师和家长以及医生寻求帮助！

1. 不要让嫉妒划伤青春

“我是一名高三的女生，虽然学习成绩很好，但却是一名不太受欢迎的女孩子。在家里父母有点看不起我，在学校老师不太喜欢我，同学们中也有很多人与我合不来。我觉得很少有男生正眼看我，看到同寝室的同学因总有男生追求而幸福的样子，我内心充满了痛苦与自卑，我甚至嫉妒那些女生，为什么没有男生喜欢我？这个问题一直萦绕在我的脑海里，让我无法释怀。我总觉得，一个人要让别人喜欢，这里边真的有好深的学问。我非常苦恼，怎样才能让别人喜欢我，好让自己的生活一路顺风，充满阳光呢？我怎么排遣内心的嫉妒情绪呢？”这是一个高三女生对心理老师说的一番话。

其实，不只是青春期的女孩子，任何人都会有嫉妒的心理，嫉妒心是与生俱来的，只是表现出来的程度不同而已。嫉妒是一种不良情绪，是指当看到他人在某些方面比自己优秀，而自己又无法达到或者暂时无法达到时，产生的恼怒、不满、愤恨的心理状态。从本质上讲，这是一种不健康的、消极的情绪，需要及时排遣，否则伤人伤己。

嫉妒心理的产生源自比较，青春期女孩子的嫉妒心理多来自对他人外貌、学业、家世、朋友缘，甚至是在男孩子中受欢迎程度等的比较。当嫉妒的心理出现以后，女孩子往往会觉得内心十分痛苦，无法摆脱。如果任其进一步发展，还会出现中伤他人、自我消沉的恶果，这是非常不利于青春期女孩子成长的。青春期女孩在性嫉妒方面表现得更为明显，案例中的女生的心理就属于性嫉妒。

从个体心理发展过程看，性嫉妒开始于婴幼儿时期。婴儿为争夺母爱，可表现出抓扯与母亲亲近的别家孩子。进入少年时期，看到自己喜爱的异性与他人接近会感到被异性忽视而伤感，或对嫉妒对象进行冷嘲热讽、语言攻击。处于恋爱之中的青年男女，普遍都有过嫉妒的情感体验。这种嫉妒可演变为恋人之间的猜疑、误解、争吵以及人与人之间的各种纠葛，使恋爱过程变得迂回曲折，甚至关系破裂。一般说来，双方相爱越深，一旦引发性嫉妒其后果也越严重。

但就青春期的女孩而言，性嫉妒表现为对现实或想象中的优于自己的性爱竞争者心怀怨恨的情感。当同性别的人出现，而自己的性爱对象有被占有或被夺取的可能时，就会产生各种复杂的情感体验和行为。一般先是注视、疑虑、担心或跟踪，继而转为憎恨、敌视，甚至采取暴力或自虐、自残行为。

自信心缺乏是性嫉妒甚至是嫉妒心产生的重要原因。当嫉妒心发生时，该怎么办呢？

(1)女孩首先应该增强自信心，要把对别人的嫉妒心化为自己奋斗和努力学习的动力。当然，这一方法适用于嫉妒比自己在学习上优秀的人。

(2)对于性嫉妒的女孩，应该看到自己的优点，转移目标，你的生活重心不应该是嫉妒那些对你构成威胁的女孩，而应完善自己，属于你的爱情迟早会出现。

(3)当你的这种嫉妒心已经开始影响你或者同学的学习和生活时，你应该向老师、家长或者心理医生寻求帮助，不要让这种不良情绪在你的内心滋长和蔓延，否则你的青春只会被嫉妒划伤！

2. 失败只当为青春买单

菲菲一直是学校演讲比赛的第一名，每次学校举行演讲比赛，她都能顺利拿下第一名。可是有一次，因为嗓音问题，菲菲只拿了第三名，这在她心里总是个疙瘩。

又一次的演讲比赛要报名了,她跃跃欲试报了名,然后积极准备,决心与同学一比高低。可是,临近比赛,她突然感到负担很重,心情十分紧张,总认为自己不如别人,讲得不一定会比别人好,也不一定能获奖,还曾有过打“退堂鼓”的想法。比赛时,菲菲把事先准备得好好的甚至能倒背如流的演讲稿内容忘了个精光。听着别人精彩的演讲,她自惭形秽地想:以后再也不参加任何比赛了。从此以后,无论是班级还是学校组织的各类竞赛或比赛,她都不敢参加,能力发展受到了很大的限制。

菲菲的这种情绪就是一种挫败感的表现,青春期的女孩对人生逆境和挫折还没有一个完整、积极的认识,被打败一次,很容易产生挫败感。其实,“人生逆境十之八九”,在人生的道路上,一帆风顺的情况是极少甚至是不存在的。谁都会遇到挫折,这是人生的必然现象,如果能正确地对待挫折,不仅能从中吸取经验教训,而且还能磨炼自己的意志,增强自己克服困难、适应环境、解决问题的能力。俗话说:“吃一堑,长一智”,“失败乃成功之母”,讲的就是这个道理。

青春期的女孩要始终记住,失败就当是为青春买单,一次失败并不是永远的失败,你可以尝试着用以下方法调节自己的情绪。

(1)进行自我心理暗示,正确对待失败。这次的失败只是你的失误,你可以从这次的失败中吸取到教训。学会用心另眼看世界吧,这世上不是每个人都很顺利,只是看自己怎么解决。

(2)用名人身处逆境的故事来激励自己,这是能把你从自我挫败的泥潭中拉出来的最好的办法。

(3)放松自己,或发泄这种挫败感。进行深呼吸,慢慢吸气然后慢慢呼出,每当呼出的时候在心中默念“放松”。活动一下身体的一些大关节和肌肉,活动的时候速度要均匀缓慢,动作不需要有一定的格式,只要感到关节放开、肌肉松弛就行了。也可以做一些与当前具体事项无关的自己比较喜爱的活动,比如游泳、洗热水澡、逛街购物、听音乐、看电视等。

自我挫败的这些预想和行为无助于青春期女孩正确对待挫折和适应环境。相反,却会降低自己的适应能力和自信心,人为地给自己增加精神压力,严重削弱竞争意识,久而久之,就会使人变得退缩、胆怯,不敢参与竞争,也不能在竞争中获胜,

更不可能培养开拓进取的能力，在充满竞争的社会中很难有立足之地。因此，这种“自我挫败”的心理压力和思想包袱必须解除，你要记住，失败只是在为青春买单！

3. 不必自卑，你也拥有很多让别人羡慕的地方

“我是一个初中女孩，虽然年龄还小，但自卑心理已经很严重了。我在一所很好的学校读书，在班里能排前几名。我有两个很好的朋友，她们很优秀，虽然我知道，我没有那样想的必要，可是我毕竟是个学生，我不能不关心学习。我不知道她们为什么学得那么好，甚至还有男朋友，在哪方面都比我强，我不明白这到底是因为什么。”

“我很自卑，一开始我还不认为自己自卑呢，后来我忽然发现这三年来我的变化真的好大的时候，才注意到了这一点。我觉得从小我就没有自信过，于是，我装得很有特点，生怕在这个优秀的团体里，别人会遗忘我。我开始看那些我不喜欢的东西，开始看动漫，开始看小说，我的性格开始变得内向。我现在好茫然，不知道该怎么办，马上就要开学了，怎么办呢？我已经不知道我该怎么面对中考，面对未来的学习了。”

这个女生的自卑心理，来源于对自己的过低评价，导致缺乏信心。自卑，是个人对自己的一种不恰当的认识，是一种自己瞧不起自己的消极心理。在自卑心理的作用下，遇到困难、挫折时往往会出现焦虑、泄气、失望、颓丧的情感反应。青春期女孩如果做了自卑的俘虏，不仅会影响身心健康，还会使聪明才智和创造能力得不到发挥，使人觉得自己难有作为，生活没有意义。所以，克服自卑心理是一个重要的心理健康问题。那么，我们怎样才能从自卑的束缚下解脱出来呢？

(1)正确评价自我。充分认识自己的能力、素质和心理特点，要有实事求是的态度，不夸大自己的缺点，也不抹杀自己的优点，这样才能确立恰当的追求目标。特别要注意对缺陷的弥补和优点的发扬，将自卑的压力变为发挥优势的动力，从自卑中超越自己。

(2)提高自信的勇气。要相信自己的能力，学会在各种活动中自我提示：我并非弱者，我并不比别人差，别人能做到的我经过努力也能做到。认准了的事就要坚持干下去，争取成功；不断的成功又能使你看到自己的力量，化自卑为自信。

(3)积极与人交往。不要总认为别人看不起你而离群索居。你自己瞧得起自己，别人也不会轻易小看你。能不能从良好的人际关系中得到激励，关键还在自己。要

有意识地在与周围人的交往中学习别人的长处,发挥自己的优点,多从群体活动中培养自己的能力,这样可预防因孤陋寡闻而产生畏缩躲闪的自卑感。

摆脱自卑,才能找回自信,勇敢地面对学习和生活,释放自己光彩夺目的青春!

4. 失恋了,也不要从此一蹶不振

青春期的女孩都对爱情有着美好的憧憬,但毕竟青春期的爱情经不住考验,恋爱双方的不成熟,来自社会、父母、学习等的压力,都会造成失恋。

所谓失恋是指被其恋爱对象抛弃。由失恋引起的主要情绪反应是痛苦和烦恼。有一些失恋女孩不能及时排解这种强烈的情绪,导致心理失衡、性格反常。具体到不同的个体,常常出现以下几种消极心态:

(1)失恋女孩羞愧难当,陷入自卑和迷惘之中,心灰意冷,走向怯懦封闭,甚至绝望、轻生,成为爱情的殉葬品。

(2)因失恋而绝望暴怒,失去理智,产生报复心理,造成毁坏性的结局;或从此嫉俗厌世,怀疑一切,看什么都不顺眼,爱发牢骚;或从此玩世不恭,得过且过,寻求刺激,发泄心中的不满。失恋的种种不良心态会严重影响青少年的身心健康,甚至会导致一系列社会问题的出现。

所以,因失恋而痛苦缠身的女孩必须学会自我调整、自我拯救、排解烦恼,要抛弃爱情至上论,把精力投入到学习上。失恋了,不要一蹶不振,爱情也不是人生的全部,明白了这些,你就能走出失恋的阴影。

5. 为什么会想到死

“我是个高一的女生,生性特别善良,对身边每个人都好,宁可亏待自己,也不会亏待他人。思想特别简单,性格还很外向,因此朋友很多。生活质量也不错。可我老是觉得生活没有什么实质的意义,稍微生活有些不如意,就想死了算了。总觉得想得到的东西好像很快就能实现,对物质、对名利又没有什么特别渴望。就在早上,我曾想到从顶楼跳下去死了算了,当这种想法闪过我的脑海时,我的内心在挣扎,突然觉得好可怕,我问自己为什么会想到去死呢?我的回答是解脱还是自己软弱,我不知道,我真不知道会不会有一天就自杀了。我该怎么办?”

青春期是每个女孩人生最灿烂的阶段,但这个女孩却想到死,这是为什么呢?

青春期每个女孩都会出现一些情绪不好的时候,有高潮也有低谷,但想到自杀,这是一种危害性很大的情绪。

那些想到死的女孩,一般会有这样的表现:情绪持久低落,表现为表情阴郁、无精打采、困倦、易流泪和哭泣,常用"郁郁寡欢"、"凄凉"、"沉闷"、"空虚"、"孤独"、"与他人好像隔了一堵墙"之类的词汇来描述自己的心情。对日常活动缺乏兴趣,对各种娱乐或令人愉快的事情体验不到愉快,常常自卑、自责、内疚。常感到脑子反应迟钝,思考问题困难。遇事老往坏处想,对生活失去信心,自认为前途暗淡,毫无希望,感到生活没有意义,久而久之,这种心情在内心郁积,就会产生自杀的企图。

所以,有这种想法的女孩要及时排解心中的负面情绪,多和周围的人沟通,把心结打开,找出自己有这种想法的原因,必要时应该咨询心理医生,以免做出伤害自己的事情。

6. 青春期的"多疑症"

"我是个 15 岁的女孩,以前经常犯疑心病,比如,我总是认为我的作业会被老师改错,于是,我每次都把老师批改过的作业再进行一遍检查;我还会怀疑我的朋友出卖我,于是,我一次次地叮嘱她们要对我好。后来我才知道,这是多疑症。我很苦恼,妈妈就给我找了很多排除多疑情绪的方法,我的多疑症才被治好了。"

青春期的女孩得了多疑症会怎么样呢?

多疑有两种类型:一种是内应多疑,一种是外应多疑。有的女孩常犯多疑症,一旦怀疑某人对自己不好,某件事对自己不利,便耿耿于怀,闷闷不乐,情绪立即反常,半天都不能排解。严重些的,好几天都心情郁结,脸上愁云密布,这就是内应多疑。

多疑症并不只是有心理上的变化,得了多疑症的女孩,在犯多疑病的日子里,心跳加快、血压升高,内分泌出现某种混乱,大脑电波也有某种异位。多数人还会患上程度不同的神经衰弱症、血管硬化症、高血压症,少数人会发展成为精神病。

外应多疑是指多疑的人怀疑后很快对外界做出反应,特点是针锋相对:如果认为别人讽刺了她,便要反唇相讥;如果觉得别人看不起她,便要以冷淡态度相对。严重的,如果觉得自己性命受到威胁,还要杀人以"自卫"。因怀疑而打人、骂人,甚至

杀人,便构成了犯法、犯罪,就成了社会的祸患。因此外应多疑的危害更大。

治疗多疑症,青春期的女孩可以从以下几点着手:

(1)了解多疑心理产生的原因。这往往和消极的暗示有关,进行积极的心理暗示对治疗多疑症大有益处。

(2)认识危害,加强修养。要认识到无端猜疑的危害及不良后果。英国哲学家培根说过:“猜疑之心犹如蝙蝠,它总是在黑暗中起飞。这种心情是迷惑人的,又是乱人心智的。它能使人陷入迷惘,混淆敌友,从而破坏人的事业。”认识了多疑的危害,就要果断地克服多疑,要用高度的理智、宽阔的胸怀、友善的态度对待他人,只要我们心广大如天地,虚旷如日月,就不会为这些小事而斤斤计较,无端猜疑了。

(3)自我暗示,厌恶猜疑。当女孩怀疑别人看不起你,在背后说你坏话,对你撒谎的时候,你心里可以不断地反复默念“我和他是好朋友”,“他不会看不起我”,“他不会说我坏话”,“他不会对我撒谎”,“我不该猜疑他”,“猜疑人是有害的”,“我讨厌猜疑”等。这样反复多次地默念,就能克服多疑的毛病。心理学家证明,从心理上厌恶它,在观念和行动上也就能随心理的变化而放弃它。

(4)交换意见,坦率地、诚恳地把猜疑问题提出来,心平气和地谈一谈,只要你以诚相见,襟怀坦白,疑团是会解开的。

这些都是治疗多疑症的方法,那些有多疑情绪的女孩也可以以此来防治多疑症,做个坦坦荡荡的女孩子,多包容别人,你会更加美丽!

三 摆脱青春期的无助感

每个人都有脆弱无助的时候，青春期女孩也同样如此，繁重的课业负担、父母的期望、对美好世界的憧憬和对于爱情的幻想在女孩的内心交织着。于是，女孩想放纵自己，抛弃学习、抛弃父母。其实，这些都是精神高压引起的。青春期的女孩要学会给自己释放精神高压，想变换这种混乱情绪需要及时引导，多与父母谈谈心，让自己用正确的方式宣泄不良的情绪；在学习上，也不要把自己当成模范，给自己一个犯错误的可能，不用强制自己做“乖乖女”！

1. 乖乖女和坏女孩

心理学家们说：没有一个女孩不想扮演成为好女孩，也没有一个好女孩不将自己放纵于可怕的性妄想与性欲念之中。弗洛伊德说过：女孩在悔恨与羞耻中转变成女人。每一个女孩内心都有乖乖女和坏女孩两个方面，有时候就有做坏女孩的冲动，这是由于女孩的精神压迫感来自对强加于自我的压抑的厌倦。

“乖乖女”，可以理解为听从父母、老师的教诲，成绩优异，循规蹈矩的一类女孩子，很受大家的喜爱，总是表现出“顺从、讨好”的模样。由于受中国传统的教育观念影响，有些父母也偏爱把女儿培养成乖乖女，一味地要求完美，却往往忽视了其心理的承受能力。乖乖女在经历青春期时会比其他的孩子经受更多的考验，一方面是来自父母：一贯听话顺从的做法让她们不敢反抗父母的权威，认为那样会是对父母的伤害；另一方面是来自学业：不敢有丝毫懈怠，保持成绩优异是“乖乖女”的特征；还有一方面是来自内心：不允许自己失败，随时保持温顺、乖巧的样子。

而坏女孩，可以理解为不爱学习、和成绩差的学生或者社会无业青年走在一起等一类叛逆的女孩子。

那么，为什么很多“乖乖女”会有想变成“坏女孩”的不良情绪呢？这是由于这些

"乖乖女"长期"小心翼翼"地生活和学习,精神处于高度紧张状态,当心情不好或者学习上遇到困难的时候,就对那些坏女孩产生了一些羡慕之情,羡慕她们可以自由自在,不用顾虑家长的感受、老师的感受、同学的感受,可以不用为考试担心……

所以,青春期的女孩要学会给自己释放精神高压,想变换这种混乱情绪需要及时引导,多与父母谈心,让自己用正确的方式宣泄不良的情绪;在学习上,也不要把自己当成模范,给自己一个犯错误的可能,不用强制自己去做"乖乖女"!

2. 别厌烦父母的唠叨

"有时候,听到爸爸、妈妈的唠叨,说我这道题又做错了、今天怎么不背英语单词、怎么还不睡觉、电视不能看多了对眼睛不好……我觉得自己应该塞上自己的耳朵,本来一天的课上完后就已经很累了,回家还要听他们的唠叨,能不能让我清静一会儿?"初二女生美美由于长期处在父母的"言语攻击"下终于开始"反抗"了。

每个青春期的女孩身体里都流淌着叛逆的血,都觉得父母很唠叨,总是在耳边说个没完没了的。虽然父母都是在关心她们,但是在孩子看来,有的时候真觉得这样会很烦,或许有的女孩会对父母的唠叨不理睬,也有的女孩顶撞父母甚至会跟父母争吵起来。

但作为女儿的你是否想过,父母虽然唠叨是烦了点,可是他们这都是出于对孩子的关心,毕竟他们是自己的父母,对于他们的唠叨作为子女的你也应该理解,为他们着想,然后采取一个正确的、适当的方式和父母进行沟通。你应当去理解他们,即使不理解也应该学会去理解,因为这时候你已经需要一份责任感,如果你连父母对你的真心都无法公正地判断,并误解他们的意图,这是缺乏孝心的表现。

所以,青春期的女孩应该记住:你今天的努力是为自己走进社会积累知识资本,你的努力与父母的期望是一致的。有话要和父母交流,也可以劝父母停止唠叨,坐下来交交心,要尊重父母,互相理解,心平气和地平等交流。让父母可以为你少操心,父母就很知足了,和睦的家庭,是保证你提高学习质量的重要因素。

3. 每天都要学习、学习,烦死了

有些青春期的女孩会发出这样的感叹:每天总是要学习、学习,烦死了,这是青

春期女孩厌学症的一大表现。众多调查资料表明，厌学症是目前中学生诸多学习心理障碍中最普遍、最具有危险性的问题，是青少年最为常见的心理疾病之一。从心理学角度讲，厌学症是指学生消极对待学习活动的行为反应模式，主要表现为学生对学习认识存在偏差，情感上消极对待学习，行为上主动远离学习。

如何有效地矫治中学生的厌学症呢？可以试着从以下几方面入手：

(1)改善环境，愉悦心境。要改变对生活的态度、对学习的认识，很多女孩厌学的主要原因是学校、家长甚至社会，作为青春期的女孩可以尝试着和周围的人沟通，告诉他们你内心的真实想法。当然，这需要家长和老师的理解，一个好的环境需要社会、家庭、学校之间相互配合。社会的鼓励、家长的关怀、教师的重视、同学的友好都有利于营造一个重学、乐学的氛围，消除厌学学生心头那种被抛弃、被歧视的感觉，对学习由厌恶感、恐惧感变为愉悦感、舒适感，从而积极、主动、愉快地开始新环境中的生活、学习。

(2)改变观念，接受自我。女孩要重新认识自我价值，形成良好的自我意识，这是变厌学为乐学的重要一环。对自己表现出来的优点从正面予以肯定，并不断强化。你会发现，你其实是能学好的。

(3)培养兴趣，树立信心。兴趣是最好的老师。在实践中培养兴趣，品尝到学习的成功感和趣味感，并逐步养成良好的学习习惯和正确的学习方法，进而树立信心、坚定信念，彻底矫治厌学的心理障碍。

当然，对于有严重心理障碍的青春期女孩，靠以上常规性的辅导和转化还不能根治的，就必须尽早请心理医生诊断，利用医学手段来治疗厌学症。患有厌学症的女孩要切实解决心理问题，才能更顺利地走完健康成长的历程。

4. 为什么在父母眼里表姐什么都比我好

芊芊是一名高三的女生，原先成绩不错，进入高三以后成绩直线下降，原因是上课注意力不集中，常常胡思乱想。她总觉得自己容貌不够漂亮，还希望自己除了成绩好，还要能唱歌、弹琴等。另外，她觉得自己在父母眼里什么都不如表姐，于是心生苦恼，不知道怎么办才好。

处于青春发育期的少女对未来有着美好的憧憬，企盼自己既成绩好，又容貌靓

丽、能歌善舞。而每个父母都有这样一种心理,喜欢将自己的孩子和别人的孩子比较,很容易得出自己的女儿不如别人的女儿的结论。于是,很多女孩就产生了父母不爱自己的烦恼。其实这也不是什么大逆不道或思想堕落,但女孩要明白,爸妈永远是爱自己的,只是希望你更完美,进步得更快。假如女孩这种不平衡心理比较严重时,要向父母敞开心扉,加强沟通。女孩还应该增加自信,扬长避短,使自己在各方面发展得更好。

5. 最近经常失眠

青春期是每个女孩一生中的特殊时期,也是身心全面发展的一个时期,不论是身体还是心理, 在这时都有很大的变化。这个时期的女孩子必须要保证充足的睡眠,才有益于身心的发展,而有些女孩却开始感叹了:最近失眠来袭,怎么办?

青春期女孩失眠的原因有很多种,有生理因素,如月经期或者身体不适的时候。当女性第一次来月经、怀孕或进入更年期时,就会变得更加容易失眠。青春期的女孩从第一次月经来潮开始,由于性激素的作用和铁的缺失,都会影响睡眠。之后,与激素相关的睡眠问题会更加普遍。而一些精神上的原因,比如抑郁往往也会导致失眠。

很多女孩误以为安眠药会解决这一问题,其实,安眠药有很大的依赖性,并且伤害身体。

失眠的青春期女孩最好用以下方法,尝试着解决失眠的问题:

(1)把内心的郁结之处向自己的朋友或老师、家长吐露出来,排遣掉心中的不快。

(2)你可以在睡前做些运动。比如舒展一下筋骨,但别做剧烈运动,也可以睡前用热水洗脚,放松精神。

(3)从根本上解决问题,让自己的白天充实一些,当你觉得自己充实地过完一天的时候,也就能安心地休息了。

(4)坚持保持好的作息习惯。

睡眠是人正常的生理需求,深沉、甜美的睡眠是每个人所希望拥有的,不过任何人在其漫长的一生中,都难免会遇到失眠的现象。精神、创伤、药物、浓茶也可能导致失眠。青春期的女孩在面对失眠的时候要尽量找出失眠的原因, 解决失眠问题,拥有良好的睡眠质量,才能精力充沛地学习和生活。

四　有些时尚并不适合你

张丽是一名高中女生，她从小学到高中成绩都名列前茅，父母没有固定的收入来源。上了高中以后，她突然觉得自己与周围的一切格格不入，同学也瞧不起她，嫌她寒酸，土里土气的，她因此没有一个知心朋友。渐渐地，张丽开始不平衡起来——自己成绩又好，长相也可以，但就是因为没有钱，于是她总是编织各种谎话去向同学借钱来买衣服打扮自己，别人穿名牌，她买更贵的；还把本来乌黑的长发染成了黄色，学会了抽烟、喝酒，甚至还出入一些不正当的场所。的确，她在学校被人评为了"校花"，但是成绩却一落千丈。而她因为常常向同学和社会上的一些人借钱，所以经常受到那些不法青年的骚扰。

现代社会，由于受社会和媒体影视娱乐的影响，很多青春期女孩开始有了一种虚荣心，把自己摆在成人的位置，开始注意流行因素，让自己尽量与流行"接轨"，以免"落伍"。青春期的女孩，要从思想上提高身为学生的认识，要认识到什么是真正的美与丑，要明白学生现阶段的主要任务是什么，走出一些审美误区，做真实的自己才是最美的！

1. 想去染发

随着各种流行因素在学校的盛行，青春期女孩都能最先接受到一些潮流信息，比如染发，原本乌黑亮丽的一头长发被染成了红色、黄色甚至其他很多种颜色，她们还以此为美。其实，不管从什么角度，青春期女孩染发有害无利。

对健康而言，染发用的染发膏对头发表层的毛鳞片有很强的破坏作用，如果养护不当的话会造成头发的鳞片脱落、水分流失，粗糙起毛刺，缺少光泽没弹性。

有的进口染发剂还含有醋酸铅，含铅量是家用油漆、颜料含铅量的5~10倍。铅进入人体后，难以排出体外，引起蓄积中毒，出现头昏、头痛、倦怠乏力、四肢麻木、腿肚痉挛性疼痛、腹痛等一系列铅中毒症状，并且会进入肝肾和脑髓，破坏这些脏器的功能，严重者还会丧失劳动力。

而青春期女孩染发,也并不是一种美,它超出了青春期这个以天然为美的年龄界限,染发其实是反美为丑。青春本来就是美丽的,做真实的自己也才是最美丽的。

2. 想多扎几个耳洞

爱美之心,人皆有之,青春期的女孩开始爱美并开始有意无意地打扮自己。比如,扎耳洞,那些成年女性美丽的耳坠对她们有着无限的诱惑,在校园里女生之间经常议论"现在流行扎几个耳洞"这一话题。

近年来,少女扎耳洞的逐渐增多,而且耳洞越扎越多。由于不懂消毒无菌知识,乱穿耳洞,易造成局部红肿、流脓、甚至感到颈部或半侧头部疼痛,症状为颈部歪斜、疼痛、僵直、发硬、转头活动受限。还可有神经压迫症状、四肢麻痹、感觉异常等。由于炎症累及到淋巴管、造成淋巴结肿大或淋巴管炎,严重可危及生命,久病者可发生两侧面部不对称。

其实,不是所有的女孩都适合扎耳洞,疤痕体质和血小板含量低的人及糖尿病患者一般不建议扎耳洞,月经期间也不宜扎耳洞,否则容易造成明显疤痕,形成"菜花耳"或不易止血的情况,而月经期间则容易受感染。

另外,扎耳洞对以学习为重的青春期少女来说,实在是一件麻烦的事。扎了耳洞以后,要立即用浓度为75%的酒精涂抹局部,每日涂抹2~3次,持续至少1周时间。若发炎且严重的话还要及时就医。在洗脸、睡觉时要避免挤压、碰击耳朵,至少刚扎过耳洞的要7天内不能沾水,保持耳洞干燥通风。每日还要轻轻旋转一下耳针,以防其与皮肤粘连在一起。

更为关键的是,青春期的女孩应该保持朴素的作风,本真才是美,不要给自己套上枷锁!

3. 不要盲目追星

随着电视和网络文化的兴起,青少年接触到了一些娱乐信息,于是在校园里掀起了一阵"追星潮",就像热带风暴一样,吹得我们晕头转向。很多青春期女孩都是狂热的追星族,她们被人戏称为"粉丝",花大把的钱在追星上,并且对此乐此不疲,她们在一言一行上也会尽量模仿明星。

青春期女孩的自我意识已经发展，需要很多种宣泄和满足的渠道，而“追星”就是其中之一。当然，追星并不是一无是处，追星有利有弊，可以让一个人拥有崇拜的对象，并朝他们成功的方向发展，努力追求属于自己的成功未来。追星之利有：

(1)追星有利于树立远大目标。

(2)追星有利于向自己的偶像学习，生活有动力。

(3)追星有利于培养自身兴趣。

但是也有可能因此耽误学习，浪费钱财。这主要取决于崇拜的程度。

追星之弊有：

(1)追星导致盲目崇拜。

(2)追星导致买海报、磁带、光盘等，浪费钱财。

(3)追星导致把心思全花在偶像身上，学习成绩一直下滑。

过分或盲目地“追星”，会影响到青春期女孩的学习。但是如果能适当地调整时间，“追星”也算得上是个不错的爱好。因为在“追星”的过程中，你会对那些明星产生敬慕，从而会不由自主地去学习他们身上的优点，例如他们敬业爱业的精神以及刻苦奋斗的优秀品质。总之一句话，“追星”有利也有弊，关键是要看你怎样适当地分配和安排时间。追星应该要取其精华，要正确追星，树立健康高尚的情感、态度和价值观。

总之，女孩切记，不要让自己做个狂热的追星族，更不要以当明星的翻版为荣，甚至模仿明星。你要明白，你本来就是美丽的，做真实的自己才是有价值的！

4. 想去整容

整容可以改变人的外貌，给人自信与美，但作为青春期的女孩子，并不需要选择整容来弥补身体上的缺陷，要知道，青春本来就是美丽的。

目前，受娱乐因素和广告宣传的影响，在青春期女孩中也掀起了一股“整容热”。其实，只就健康而言，整容也有极大的危害。

所有的整形手术都存在创伤、并发症和疤痕，都会对整容者的身体和心理带来一系列影响，因此选择整容也就选择了风险。然而商家为了吸引消费者，常会把风险一一淡化，从而给受术者带来无限痛苦。整形美容可能带来的七大潜在祸害：

(1)损伤可能造成面瘫:一种是中枢性面瘫,颜面上部肌肉不瘫痪,闭眼、扬眉、皱眉均正常,颜面下部肌肉出现瘫痪,患病侧的鼻唇沟变浅、口角下垂、唇齿动作时口角歪向健康的一侧。另一种是周围性面瘫。

(2)当心留下疤痕败笔:一些不太正规的美容院由于技术条件的原因,或操作不规范,有可能给受术者本来光洁的脸上留下疤痕,严重的还会发生挛缩造成脸部畸形。

(3)可能引发并发症。既然是开刀的手术,就有发生并发症的可能,如血肿、重睑术中多用压迫止血,如果处理不当,严重者可引起视力减退;如果感染,应注意消毒和抗感染工作,如果发生感染,后果不堪设想;另外,如重睑高度不对称,重睑皱襞过短、过浅,重睑线不流畅,三角眼,重睑线深陷,三重睑以及形成切口瘢痕等都有可能发生,很多整容手术会导致脸部软骨受伤。

(4)另类整形不美反丑,导致脸部不伦不类。

(5)填充物破裂变成体内垃圾。

(6)吸脂不当留下后遗症。但是不管什么类型的吸脂术都有风险,吸脂最大的风险是脂肪栓塞,严重者危及生命。吸脂还要注射很多麻药,表面针眼小,内部损伤却很大,高血压、糖尿病人做这些手术风险更大。另外,个别人抽脂后反弹很快。

(7)心理伤害不容忽视。美容整形之所以越来越受到人们的关注,是因为社会的需要及人们心理的需求。但一旦失败,将会给人的心理造成无法弥补的伤害。

追求美是每个女孩向往美好人生与积极进取的一种客观体现,无可厚非,但处于青春期的你们不要拿自己的身体冒险, 因为任何手术都有发生并发症和意外的可能。而最为关键的是,青春期处于身体发育的阶段,“美丑尚未定论”,简单的就是美的!

5. 流行的紧身裤不宜常穿

紧身裤能起到提臀、收腹的作用,让青春期女孩的身体更加苗条,但紧身裤并不宜常穿。

有些女孩得了霉菌性阴道炎往往症状很重时还不自知, 而这些女孩都有一个特点:一年四季喜欢穿短裙,问题就出在紧紧包裹的裤袜上。

很多女孩不管冬夏总喜欢穿着紧紧的裤袜或紧身裤,表面上看没什么问题,其实给大量厌氧菌的滋生提供了有利环境,成为产生阴道炎的潜在因素。人体中有大量的共生菌,也有不少致病菌,如大肠杆菌、霉菌、厌氧菌等组成的菌丛,它们互相之间处于一种平衡的状态,其中厌氧菌最适宜在封闭、阴暗和湿润的环境下繁殖。冬天虽然天气相对较冷,但是女孩四肢运动较多,而且裤袜、紧身裤等一穿就是十多个小时。在长时间的紧紧包裹之下,很容易制造出适合厌氧菌大量繁殖的环境。正常情况下,阴道内的厌氧菌含量为70%左右,但是经过这样的"环境培养",将使其含量大大增加。菌丛比例一失调,炎症便产生了。

对于爱美的女孩子而言,千万不能为了美丽而放弃健康。

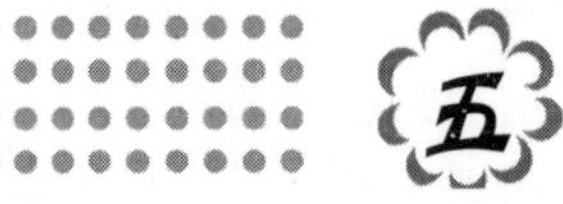

五 女孩的美丽心事

青春期是每个女孩人生的衔接期,这个年龄段的女孩爱美,开始学会打扮自己了。这无可厚非,但打扮一定要有分寸,女孩要明白什么才是适合自己的穿戴。总的原则是,与你的年龄相宜。

青春期的女孩子开始懂得审美,这并不是坏事,但不可过分追求外在美,更不可浓妆艳抹,也不必追求时尚,盲目追求名牌,毕竟这个年龄段是增长知识和人生经历的阶段。朴素和简单的打扮才更适合你,过早开放的青春之花会很快凋谢的。

1. 怎样面对自恋

自恋是人性中广泛存在的现象,青春期女孩也不例外。自恋达到一定程度,就会形成一种病态人格,自恋性病态人格是人格障碍之一,这种人格被描述为自以为是、自我陶醉的人格。

自恋的主要特征是:强烈的自我表现欲和从他人那里获得注意与羡慕的愿望;一贯自我评价过高,自以为才华出众、能力超群,常常不现实地夸大自己的成绩,倾向于极端的自我专注;好产生海阔天空的幻想,内容多是自我陶醉性的,如幻想自己成就辉煌,荣誉和享受接踵而来;权力欲倾向明显,期待他人给自己以特殊的偏爱和关心,不愿承担责任,很少意识到其剥夺性行为是自私的和专横的;缺乏责任心,常用自负傲慢、妄自尊大、花言巧语和推诿转嫁等态度来为自己的不负责任辩解,漠视正确的自重和自尊;在人际交往方面,与他人缺乏感情交流,喜欢占便宜;在面临批评和挫折时,要么表现出不屑一顾,要么表现出强烈的愤怒、羞辱或空虚;容易给人造成一种毫不在乎和玩世不恭的假象,事实上却很在意别人的注意和称赞等。

自恋表面上会给别人带来伤害,其实,自恋也会自伤。

(1)自恋是一种对赞美成瘾的症状,为了获得赞美,自恋者会不惜一切代价,走

向反面。

(2)自恋是一种非理性的力量,自恋者本人无法控制它,所以永远不可能获得内心的宁静,永远都会被无形的鞭子抽打,只知道朝前奔走,而没有一个可感可知的现实目标。

(3)自恋者也会下意识地明白,总是从别人那里获得赞美是不可能的,所以其会不自觉地限定自己的活动范围,以回避外界任何可能伤及自恋的因素。

(4) 在与他人的交往中, 自恋者会因为他的自私表现而丧失他最看重的东西——来自别人的赞美, 这对他来说是毁灭性的打击, 并且可以使其进入追求赞美——失败——更强烈地追求——更大的失败的恶性循环之中。自恋者易患抑郁症,就是这个原因。

总之,自恋的青春期女孩应该找回自我,摆脱自恋的、不真实的你!

2. 父母总是干涉你的穿着打扮

趁着放暑假,小倩要妈妈陪她到百货公司挑选衣服。想到孩子已上初中,平时上学一直穿校服,放假和周末穿穿自己的衣服,妈妈觉得这个要求不算过分,于是爽快地答应了。

这天,母女俩来到了海雅百货商场二楼青春少女馆,小倩领着妈妈从左到右一个一个柜台看过去。第一轮下来,小倩没有看到合适的,她要挑选很"酷"的衣服,而妈妈说打扮得体更重要。因此,要么是妈妈看上了,小倩不喜欢,要么是小倩看上了,妈妈不同意。半天下来,衣服还没有买到。这时,妈妈不耐烦了,抱怨女儿专挑那些稀奇古怪的衣服,当着售货员的面嘲笑小倩;小倩生气了,她也不满意妈妈的态度,认为妈妈没耐心,而且跟不上潮流,很"out"(落伍)、很专制,并认定衣服是她穿又不是妈妈穿,凭什么非要妈妈喜欢了才能买?

结果,衣服没有买着,母女俩还各自生了一肚子的气。

其实,小倩的这种情况也是很多青春期女孩遇到的,她的想法在一定程度上表露了她这个年龄段孩子的审美观。随着自我意识的增强,她们开始有自己的想法,喜欢和同学比较自己的穿着,也很在意同伴的评价,父母干涉自己的穿着打扮成了她们的一块"心病"。其实,青春期女孩应该把自己的这种想法告诉父母,只要不盲

目追逐潮流,遵守一些基本的穿着礼仪规范,父母是会理解你的需求的,也会允许你有自己的穿衣风范。

3. 别人都穿名牌,我当然也不能落伍

青春期女孩喜欢穿名牌,是攀比心理在起作用,有这种心态的原因主要是:

现在的很多电视广告都在宣扬物质享受和所谓的"光鲜靓丽",给了青春期女孩一个"模仿"的对象。另外,周围的同学比较追求物质享受,而她受到了同学的嘲笑,从而产生不服气的心理等。

青春期的女孩要明白,腹有诗书气自华,真正的美丽不是靠穿着打扮得来的,而是由内而外散发的。穿名牌也不是有品位的表现,因为青春期还是对事物的初级认知阶段,不穿名牌并不是落伍,而是一种朴素作风的体现,物质方面的取胜不能带来精神世界的满足。

因此,青春期女孩在追求物质享受方面,要及时调整自己的心态。最重要的是选择最适合自己能力范围内的生活及处事方式,这才是最利于身心健康的正常心态。

4. 追求与众不同,学会了抽烟、喝酒

很多青春期的女孩追求另类,在同龄人专心致志于学习的时候,她们却学会了抽烟、喝酒,认为这是一种美,是一种成熟的表现。殊不知,抽烟、喝酒会给发育期的身体造成严重的损害,并且使自己形象全无,这是反美为丑。

抽烟的坏处有很多。吸烟会引发多种脑部疾病,可导致喉癌,会使脂肪积聚、血管闭塞,令吸烟者容易患冠状动脉心脏病,会引致肺癌,令肺部细胞膨胀或爆裂,导致患病者呼吸困难。还会对胃部、支气管等造成严重的损伤。

而对于女孩子来说,酒是皮肤的大敌,因为酒属于刺激性的饮品。长期且过量饮酒,皮肤会变粗糙,还可能长粉刺,或出现其他皮肤病。若是原来就有皮肤病,那饮酒会使病情加重,引发白癜风、痤疮等。还有一个害处就是酒能麻醉神经,造成酒后失态。

喝酒、抽烟还会影响内分泌,对月经可能会造成影响。

从形象上来说,抽烟、喝酒的女孩给人一种不正经的感觉。总之,抽烟、喝酒这种习惯对青春期的女孩坏处多多,青春期女孩应该远离烟酒!

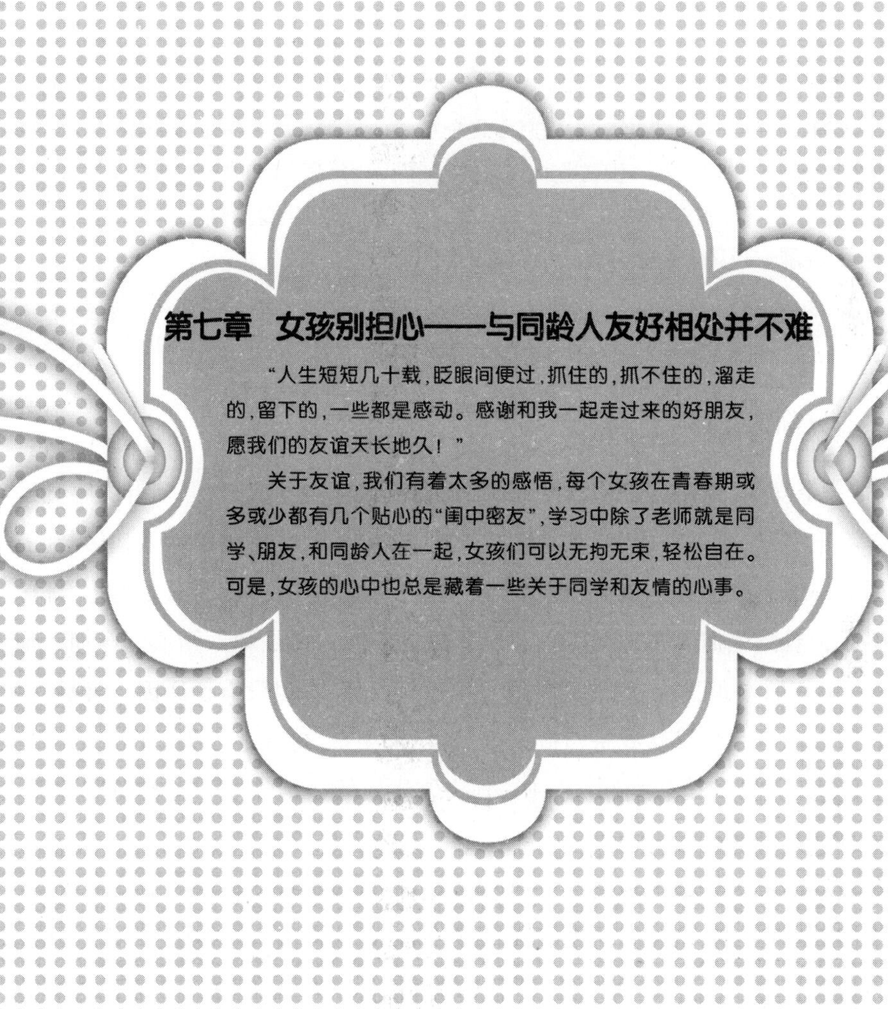

第七章　女孩别担心——与同龄人友好相处并不难

“人生短短几十载，眨眼间便过，抓住的，抓不住的，溜走的，留下的，一些都是感动。感谢和我一起走过来的好朋友，愿我们的友谊天长地久！”

关于友谊，我们有着太多的感悟，每个女孩在青春期或多或少都有几个贴心的“闺中密友”，学习中除了老师就是同学、朋友，和同龄人在一起，女孩们可以无拘无束，轻松自在。可是，女孩的心中也总是藏着一些关于同学和友情的心事。

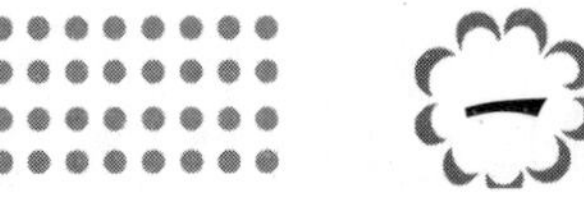

一 打造好人缘

人缘的好坏是一个人做人是否成功的重要标准，每一个青春期女孩都希望自己受大家的欢迎，能融入周围同学中，也就是人们说的“合群”。可是有时候，很多女孩感叹：“为什么没人喜欢我?”其实，女孩要让周围的同学喜欢自己，必须从自身找原因，有针对性地改变自己、克服一些交往障碍，才能让别人喜欢你!

1. 同学不喜欢你怎么办

“我是一个女生，性格还是比较外向的，长相虽然算不上出众，但是自我感觉还可以。学习也不错，班里前十名，可是就是人缘不好，可能是我比较好强，看到别的女生周围有一堆男女生和她说话，我就有点不自在。女生还好点，尤其是男生，好像都很反感我，看到他们和别的女生一起玩我也想参加，可是却不知道怎样加入他们。听我一个好朋友跟我说，她的同桌跟她说比较反感我，也没有说原因，还说不许我那个好朋友告诉我。虽然我是知道了，可是我很无奈，也许是因为我说话的缘故吧，因为我真的不知道该怎样和男生们交谈，怎样才能让别的同学喜欢和我说话，有共同语言。我到底该怎么办？”

这的确是困扰青春期女孩的一个问题，每一个女孩都希望自己受大家的欢迎，能融入周围同学中。如何做到让别的同学喜欢你，女孩要从自身找原因，这样才能有针对性地改变自己。女孩可以先和好朋友聊聊原因，再自己回想一下自己在哪方面做得不够，也可以让她们帮忙问问班里的其他同学为什么不喜欢你。也可以拿张纸出来，写出你认为班上受欢迎的女孩交际好的原因，为什么受欢迎，比方说她说话的方式、内容，再与自己作对比，也就能找出原因了，一般的原因有孤僻、自负和羞怯。

孤僻会导致交往障碍，具体表现为孤芳自赏，自命清高，结果是水至清则无鱼，人至爱则无朋，与人不合群，待人不随和；或是由于行为习惯上的某种怪僻使他人难以接受。这样从心理上和行为上与他人有着屏障，自己将自己封闭起来。自负在交往中表现为傲慢轻狂、居高临下、自夸自大，过于相信自己而不相信他人，只关心个人的需要，强调自己的感受而忽视他人。与同伴相处，高兴时海阔天空，不高兴时大发脾气。与熟识的人相处，常过高地估计彼此的亲密程度，使对方处于心理防卫而疏远。害羞在青春期女孩的人际交往中常常表现为腼腆，动作忸怩，不自然，脸色绯红，说话音量低，严重者怯于交往，对交往采取回避的态度；过多约束自己的言行，无法充分表达自己的愿望和情感，也无法与人沟通，造成交往双方的不理解或误解，妨碍了良好人际关系的形成。

那么，究竟怎样才能克服这些不良心理，让班上的同学喜欢你呢？

(1)如果长相不令人讨厌，就让自己努力学习，有才气也会让人喜欢你；如果才气也没有，那就总是微笑，给人一张亲切的笑脸。

(2)真诚待人，真诚是宝。

(3)不必什么都用“我”做主语。

(4)不要总是向同学借钱。

(5)坚持在背后说别人好话，别担心这些好话传不到当事人耳朵里。

(6)有人在你面前说某人坏话时，你只微笑。

(7)尊敬不喜欢你的人。

(8)对事不对人；或对事无情，对人要有情；或做人第一，做事其次。

(9)自我批评总能让人相信，自我表扬则不然。

(10)说话的时候记得常用“我们”开头。

当然，女生不能自卑，自己要喜欢自己，这是让别人喜欢你的前提，不要刻意讨好周围的同学，做好自己，努力完善自己，自然就会有人喜欢你了。

2. 不要害怕与同学交往

人际交往是一门学问，青春期是培养交往能力的重要时期，这是积累人生阅历和社会实践能力的重要能力之一。然而，很多青春期的少女因为一些心理原因，比

如自卑等,害怕与周围的同学交往,把自己的活动限制在一定的范围内,更有严重的,导致自闭症和交往恐惧症,严重影响青春期女生的心理健康。克服这些心理障碍,才能走出交往的第一步,那么,这些心理障碍有什么危害呢?以自卑为例:

自卑是一种过低的自我评价。自卑的浅层感受是别人看不起自己,而深层的体验是自己看不起自己。有自卑心理的女孩在交往中常常缺乏自信,畏首畏尾。遇到一点挫折,便怨天尤人;如果受到别人的耻笑与侮辱,更是甘咽苦果、忍气吞声。实际上,自卑并不一定是能力低下,而是凡事期望值过高,不切实际,在交往中总想让自己的形象理想完美,惧怕出丑、受挫或遭到他人的拒绝与耻笑。这种心境常使自卑者在交往中感到不安,因而常将社交圈子限制在狭小的范围内。

每个女生都希望自己拥有落落大方的交往形象,让同学喜欢自己。其实,只要女孩拥有良好的交往品质,走出克服恐惧的第一步,就能受到同学的喜欢,慢慢地,心结也就能打开了。

这些交往品质有:

(1)真诚。“人之相知,贵相知心”。真诚的心能使交往双方心心相印,彼此肝胆相照,真诚能使交往者的友谊地久天长。

(2)信任。美国哲学家和诗人爱默生说过:你信任他人,他人才对你重视。以伟大的风度待人,他人才表现出伟大的风度。在人际交往中,信任就是要相信他人的真诚,从积极的角度去理解他人的动机和言行,而不是胡乱猜疑,相互设防。信任他人必须真心实意,而不是口是心非。

(3)克制。与人相处,难免发生摩擦冲突,克制往往会起到“化干戈为玉帛”的效果。克制是以团结为金,以大局为重,即使是在自己的自尊与利益受到损害时也是如此。但克制并不是无条件的,应有理、有利、有节,如果是为一时苟安,忍气吞声地任凭他人无端攻击、指责,则是怯懦的表现,而不是正确的交往态度。

(4)自信。俗话说,自爱才有他爱,自尊而后有他尊。自信也是如此,在人际交往中,自信的人总是不卑不亢、落落大方、谈吐从容,而绝非孤芳自赏、盲目清高。而是对自己的不足有所认识,并善于听从别人的劝告与帮助,勇于改正自己的错误。培养自信要善于“解剖自己”,发扬优点,改正缺点,在社会实践中磨炼、摔打自己,使自己尽快成熟起来。

(5)热情。在人际交往中,热情能给人以温暖,能促进人的相互理解,能融化冷漠的心灵。因此,待人热情是沟通人的情感,促进人际交往的重要品质。

摆脱自卑等心理障碍、拥有良好的交往品质都是交往的前提,青春期女孩应该把心扉敞开,让自己融入集体,让自己人生的重要时期多姿多彩!

3. 成绩太好,被人嫉妒

任何人都会嫉妒,嫉妒是一种消极的心理品质,表现为对他人的长处、成绩心怀不满,报以嫉恨,乃至在言语上冷嘲热讽,甚至采取不道德行为。嫉妒容易使人产生痛苦、忧伤、攻击性言论和行为,导致人际冲突和交往障碍。女孩子之间的嫉妒心理相对明显,如有的女孩在恋爱的竞争中失败,转而恶语中伤他人。而一般嫉妒的原因是因为成绩上的差距。

很多青春期的女孩会因为学习成绩太好被同龄的女孩子嫉妒, 被嫉妒是一种矛盾的感受,喜欢它是因为它带给女孩的是优越感,不喜欢它是因为它往往会成为前进道路中的拦路虎,成为人际关系中的定时炸弹。于是,聪明的女孩便会以宽容之心、智慧之手将它化解。

那么,该怎么做呢?

应对策略一:关心和鼓励

有一对双胞胎姐妹,姐姐的成绩非常好,家中亲戚都要求自己的孩子以姐姐为榜样,于是妹妹不乐意了。细心的姐姐察觉到妹妹的妒意,却什么都没说,只是把自己用过的好的参考资料推荐给妹妹,考试前也常常打来电话关心妹妹考前的状态,点点滴滴的关爱化解了妹妹的嫉妒, 而妹妹也学会了在姐姐考试前关心姐姐的心理状态。这对姐妹在相互关心中,轻松地度过了本来沉重的高中时期。

应对策略二:示弱

你的学习成绩比别人好,但是在其他方面并不一定比别人优秀,这时候,关心和鼓励就不会很奏效,他并不需要你的帮助来实现自己的进步。这时候,你应该首先承认对方的优势,也要认清自己的优势和弱点,这就会给对方一种成就感。实验证明,人们喜欢有点小毛病的人胜于完美无缺的人,因为有点小毛病的人不仅具有令人喜欢的气质而且不给人带来压力。同时,在适当的时候请求对方的帮助,表现

出你对对方能力的肯定。因此，示弱是以退为进消除身边嫉妒的良好方法。

应对策略三：说服

你可以找个机会和对方谈心，告诉他你的成绩是靠努力得来的，比如，你可以说："你们知道我每天几点起床、几点睡觉、看了多少课外参考书、做了多少题目吗？其实只要你们有我这么辛苦和用心，你们的成绩肯定比我还要好。"实践证明，人们往往并不嫉妒靠辛勤耕耘得到收获的人，嫉妒的是周围的幸运儿们。当对方知道这些后，对你就会由嫉妒转向敬佩。

青春期的女孩应该努力学习，行为上尽量低调，比如衣着、发型等，说话不能咄咄逼人，要谦虚一些，对嫉妒你的人，要宽容友善，这样就能消除很多误会。

4. 成绩太差，被人歧视

调查显示，各国容易发生歧视现象的情形有所不同。中国高中生最容易因成绩不好受歧视，经常遭遇此情形的学生比例达24.5%；日本高中生因为长相、性别受歧视比例最高；韩国高中生因为家庭情况不好受歧视比例最高；美国高中生遭受歧视最多是因为长相问题。

这个调查结果表明，很多学生因为成绩太差被歧视，这一点在青春期的女孩身上屡见不鲜，因为成绩差，她们被人歧视，她们活在父母的指责中，活在老师的鄙夷中，活在同学的嘲笑中。有个女孩子这样回忆自己的初中岁月：

"我小时候不知道学习，很爱玩，但虽然爱玩一开始成绩还算理想，但上初中以后成绩开始大幅度下滑，只是因为上课时候不听讲回答不上问题，被同学起外号，被老师体罚。我性格也很内向，从此变得自卑，成绩也一日不如一日，我的父母也不能宽容和理解，对我的打骂也很多，现在想起那个时期真如噩梦一般。"

这应该是很多成绩差的青春期女孩的共同心声，的确，成绩似乎是评价一个学生能力和人品乃至一切的唯一标准，但作为一个女孩子，毕竟心理承受能力相对较弱，在这种歧视中，她们开始自卑、堕落、自暴自弃。

作为家长、同学和老师，这种做法是不可取的，而作为女孩自己，更应该改变别人的看法，不要因为成绩差，被人歧视，就放弃继续努力和学习，你可以通过以下方法让自己重新被人重视和尊重：

(1)发挥自己其他方面的专长。事实证明,有特殊技艺的青春期女孩更能吸引别人的眼球,更能赢得同龄人的赞扬和崇拜。

(2)与人为善。一个成绩差但性格好的女孩子也不会被人歧视,她接受到的更多是帮助。

(3)努力学习。毕竟任何时候,学习都是一个学生的天职,同学和老师以及家长都会看见你的努力,他们往往会伸出援助之手。

青春期女孩遇到别人的歧视,不应该自甘堕落,而是要让这种精神压力成为你学习和努力的动力,和善地和周围的每一个人相处,别人就会改变对你的看法!

5. 学会接纳不同个性的同学

"物以类聚,人以群分",一般人都愿意和与自己性格相近的人相处,这是无可非议的。青春期的女孩因为其性格、兴趣等很多因素的原因,往往有自己的交往圈子。比如,成绩好的女生是一个集体,而成绩相对较差的女生又是一个群体。一个人要和所有的人都成为亲密朋友,那是不实际的、不可能的。但是,如果女孩学会和各种不同性格的同学打交道,就能跟更多的人相处得好,学习和相处起来就能相互协调,也能开阔自己的视野,交到更多的朋友。

那么,怎样和不同性格的同学相处呢?

(1)应该看到,既然别人与自己性格不同,在待人接物方面,自然有许多方面与自己不一样。当我们看到别人与自己的不同之处后,不要觉得这也不顺眼,那也看不惯,更不要讨厌和嫌弃别人。而应该承认别人的优点,取长补短。两个性格不同的人在一起,由于对比明显,双方可能很快就发现对方的长处和短处。

(2)应该承认差别,世界上的事物本来就千差万别,可以说,世界上没有完全相同的两片树叶。认识到这一点,看到了不同性格的人,就不会强求别人处处和自己一样,就可能容忍相互间性格上的差别。

(3)要学会求大同,存小异。性格不同的人,处理问题的方式方法往往也不同。要学会在不同之中,发现共同之处。当别人批评你时,你要从别人的粗鲁无情中看到难得的古道热肠,同时不去计较他对你的批评。我们要是总看别人和自己之间的共同点,就不容易和不同性格的人相处。

(4)从别人的角度考虑问题,要注意了解别人。这样,你可能就会理解他、体谅他、帮助他,慢慢地你们相互间就会增进了解,甚至还可能成为好朋友。

(5)跟不同性格的人相处,还要注意讲究不同的方式方法。俗话说,一把钥匙开一把锁。跟不同性格的人打交道,也要区别对待。要看到性格不同的人有他自身的特点,要针对这些特点采取因人而异的恰当态度。

总之,青春期的女孩应该学会怎么为人处世,与不同性格的同学相处的时候,胸怀应该宽一些,气量应该大一些,应该学会宽容。当然,我们说的待人要宽容,不是不讲原则。应该尊重别人的兴趣和爱好。对别的同学生活中的一些细枝末节,要能容得下。这样,不同性格的人在一起才容易相处。

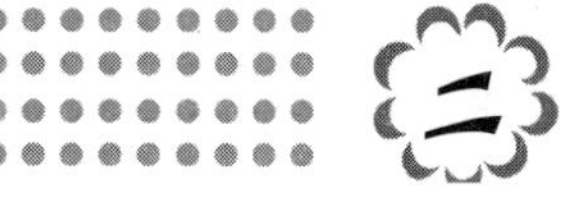

二　别心甘情愿受欺负

小小从小性格温顺，长大以后，她逐渐变得不爱说话，周围的同学就给她起了个“闷葫芦”的绰号，她很生气，为此事，虽也没说什么，但更加闷闷不乐了。

小小的不快乐是因为她感到受到别人的侮辱了。的确，与同学相处，是每个青春期女孩必经的人生过程，但是出于一些认知和价值观上的不成熟，很多女孩或多或少都有这样一些烦恼：被同学欺负、同学借钱不还，被人起绰号等，如果采用积极的心态面对这些问题，就能用正确的方法处理这些事！

1. 总是被人嘲笑怎么办

“我是个很胖的女生，成绩也不好，别人都嘲笑我这不行，那不行，我真的好自卑。怎么才能解脱啊？我以前的学习热情可高了，可是被人嘲笑后，也没有心思努力学习了。更可怕的是，人言可畏，现在很多人都看不起我了。”一个经常被嘲笑的女生向心理咨询老师袒露心扉。

青春期的学生对事对人还不能形成客观全面的评价，也容易受周围同学和朋友的影响，会用语言来嘲笑一些有明显特征和在某些方面存在不足的人，比如嘲笑肥胖者或者学习成绩差的同学等，可这却给被嘲笑的人带来了极大的伤害。被嘲笑的女孩子更容易形成一种心理压力，比如自卑，不愿意和其他人交往，害怕被伤害。那么，青春期的女孩在遇到被人嘲笑的情况时，该怎么做呢？

被嘲笑的事实一般是可以通过自己的努力来改变的，与其一味自卑，不如多利用这些时间做更多实事！比如成绩差，那么别人的嘲笑应该是你学习的动力，而不是你自卑的理由，只要时刻鼓励自己，提醒自己“我一定要改变”，这样一直坚持下去，总会有进步的！哪怕只有一点点成果，那也是你自己真正付出所得到的，心情也

会更愉快!

而四周的那些人,不要多想,他们永远都只是别人,而你只有靠自己才会有永恒的收获!任何事情,只要你真正全力以赴就足够了。努力做好自己,尽量完善自己,自信起来,就会改变别人的看法,就能愉快地学习!

2. 最烦同学喊我绰号

“我们班里的同学都喜欢给他人起绰号,私底下交流的时候也用绰号代替同学的名字。我从小学到现在他们总是给我取一些诸如“小猪”、“包公”、“公公”、“马猴”等很难听的绰号,每次同学们这样叫我,我的心里总是很不舒服,您说我该怎么办?”一个叫月月的中学女生在给自己老师的信中说道。

青春期是女孩的心理成长期,很关心自己在同学和朋友心中的印象,而绰号给人的感觉是贬义的。以下是该女生的老师给她的回信。

月月同学:

你好!我能了解你的心情,目前在中小学生和大学生中普遍存在给别人起绰号的现象,就像你所说的“同学都喜欢给他人起绰号,私底下交流的时候也用绰号代替同学的名字”,他们不仅给同学起绰号,而且还给老师起绰号,我想作为学生的你肯定是再清楚不过的了。但这并不像你想象的那样糟糕,学生毕竟是在玩耍中的孩子,他们有口无心,给同学乃至老师起绰号只是觉得说着好玩,所以也就把那些有趣的绰号叫得响亮了起来。我觉得“小猪”可能是说你比较可爱,“包公”可能是你脸上长了“青春痘”等,可能还有其他方面的原因。凡事要往好处想,同学给你起的这些绰号,也可能是受了某部影视剧中的某个人物的影响,总之不要把它往坏处想,这样你的心情就会开朗起来。很多人一辈子都被人用绰号代替,什么“老档”、“狗崽子”、“红太阳”、“大萝卜”、“大洋马”等,老师就是这样,我曾经也和你一样郁闷,也曾经和同学、和自己赌气,直到成年后才悟出了同学们这样做的“有口无心、说着好玩以及有趣”的心理,所以也就想开了。

如果在你的心里放不下起绰号这件事,实在计较的话,那么你可以选择合适的时间、地点和场合,和颜悦色地对他们说:“请你们别这样叫我了,我觉得很受伤害。”如果他们不理睬,那你只好自己调整心态,他们叫绰号的时候不予应答,自己

该干什么就去干什么好了。不过不搭理他们的方法不可取,因为人与人是相互依存的,如果你这样做很有可能让自己陷入孤立的境地中。其实我觉得还是用“走自己的路,让他们去说吧”的心态最佳!

从这个老师的回信中,青春期的你应该明白,绰号是别人喊的,但怎么做就是自己的事情。把心放宽一些,大度一点,说不定还能获得更亲近一些的友谊。这就需要你改变受侮辱的心态,把它看做是同学喜欢你的表现。

3. 同学向你借钱不还怎么办

“她和我是一个寝室的,她每个星期的生活费总不够花,于是经常向我借钱,我经不住她的央求,实在没有办法,就借给她了,到现在我已经借给她 400 元了。她没钱时经常向我要钱,可我也没钱,我想让她还钱,她每次都推脱,不仅不还,还继续找我借,我到底该怎么办呢?”

遇到这类问题,对于尚未经历人情世故的青春期女孩来说,要根据借钱同学的情况,采取一定的措施和方法来应对。

假如对方与你是十分要好的朋友,而向你所借之钱数目不大的话,大可以一笑了之,这也体现了你的胸襟。如果是对方忘了借钱一事的话,你可以旁敲侧击,也可以称自己急于用钱,这样,对方也就明白了。

而假如对方三番五次地向你借钱,且借的数目比较大的话,你要先了解对方的人品,倘若他的名声较差的话,在几次催促还钱未果的情况下,你可以找老师反映情况,让老师出面解决,这样,对方还钱的可能性才比较大。

总之,青春期女孩要善于察人,分清是非,在借钱给同学的时候,先要看对方的人品。毕竟青春期的你还没有自由支配金钱的能力,所以要尽量避免在金钱上和同学产生矛盾。

4. 和同学闹矛盾遭报复怎么办

小芳、小丽和娟娟原本是好朋友。有一天,小芳在娟娟面前无意中说了小丽的几个缺点,从此,小丽就不理小芳了,然后还事事针对小芳,看着只顾和娟娟说笑的小丽,小芳很难过。更严重的是,小丽居然让一个她在社会上的哥哥带人找小芳的

麻烦。小芳不知如何是好。

在学校里,同学之间总会产生一些不愉快的小摩擦,女生之间也会。青春期的女孩很重视友谊,也容易冲动,常会因为别人无意中的一个错误而心生报复。小丽就是这样,那么,作为被报复的青春期女孩,该怎么做呢?

(1)无论发生什么事情,都要首先想到自己是不是做错了。如果自己没错,那么就站在对方的角度,体会一下对方的感觉,可能你的无心之失正是对方的痛处,那么,你就应该找个机会给对方道歉。

(2)大方一点,你也可以一笑了之,这样,对方会认为你宽容大度,这件事也就平息了。

(3)当然,如果对方对你的身心伤害很严重的话,你应该及时和家长或者学校的老师、领导联系。

青春期的女孩会为学习烦恼,也会为友情、同学之情烦恼。青春期是一个由不成熟到成熟的过渡阶段,学会和同学友好相处,将使你受益终生。

5. 班里新来的讨厌男生

"那个男生真的很讨厌,学习成绩很差,在学校还早恋,我们班没有哪个女生没有收到过他的情书,简直是个花花公子,学校怎么会收这样的学生?不就是家里有点钱嘛,有什么了不起!"蒋晓云说到他们班新来的王瑞时依然满腔愤愤。

青春期的女孩已经有了是非观,对于自己看不惯或者不喜欢的人和事,会表现出一种讨厌的情绪。一般情况下,青春期少女讨厌一些男生的原因可能是:

他做事比自己好,样样都胜自己一筹,所以你不喜欢他;也或者他做的其他一些事令你觉得讨厌。案例中的蒋晓云讨厌她们班男生的原因就属于后一点。

其实,青春期的女生要学会宽容,学会接受别人的优点,也要包容别人的缺点。人不可能是完美的,任何人都有缺点,这是任何人无法改变的。自己可以好好想想他的哪些缺点令你讨厌,试着从别的方面去看待这个缺点,发掘他的优点。必要时,可以用比较委婉的方式告诉他。你也可以忽略他的缺点,可能你会发现其实他并没有你想象中的那么讨厌。当然,如果对方实在存在人品上的问题,你可以对其置之不理,不要因为他的恶劣言行影响到你的学习和生活。

6. 不受欢迎的课代表

很多当过课代表的青春期女孩都有这样的感悟：一般来说，自己的这一科不是最好的也要在前几名，不然没威信，别人会小看自己，认为课代表这个职位是靠拍马屁得来的；另外作业很难收齐，也没有男课代表有威信，被同学在背后指点，总之，课代表很难受同学们的欢迎。

那么，女孩到底怎样才能做好一个课代表呢？

(1)打铁要靠本事硬，首先你自己要先学好该门课程，做课代表一定要在自己的该课程实力比较强劲的情况下才能胜任，才能让其他同学信服。既然老师让你当，说明你在这一科实力不错。不过，不要在这一科上花太多时间而荒废了其他科。

(2)在收发作业时，作业本一定要收齐。那些学习成绩差的同学可能不会做，你可以在课后帮忙，但别为了收作业的事而耽误了自己的学习，对那些总是不交作业的学生，可以把他们的情况反映给老师。

(3)要以诚待人，广泛与后进生包括不交该门课作业的同学交朋友，弄清他们心中的真实想法，努力帮助他们解决实际问题，假以时日，必有回报。

当然，当女孩做到以上几点的时候，你的难题也就迎刃而解了。

 矛盾的友情

每个青春期女孩都有几个朋友，可能被人喜欢，也可能被人讨厌，女孩要记住，不是所有人都喜欢你，朋友不在多，而在知心。不要总是认为自己朋友不多，珍惜身边的每一份友情就好。友谊是一粒种子，珍惜了，就会在你的心里萌芽、抽叶、开花，直至结果，而那种绽放时的清香也将伴你一生一世。

1. 记住，不是所有的人都喜欢你

青春期的女孩总是希望自己可以最大限度地让周围的人喜欢自己，和每一个人都能交朋友，这种想法是不现实的。要知道，生活中并不是所有的人都能成为朋友。每个人都有自己的人生态度、处世方式、兴趣爱好和性格特点，选择朋友也有各自的标准和条件。

所以，青春期的女孩不要刻意地去让周围的人喜欢你，也不必要讨好每一个人。很多女孩认为，要想和对方成为朋友，只要请对方吃饭、送礼，就一定能让对方喜欢自己。其实，交朋友的原则是追求心灵的沟通。人生活在世界上，离不开友情，离不开互助，离不开关心，离不开支持。在朋友遇到困难、受到挫折时，如果伸出援助之手，帮助对方渡过难关，战胜困难，要比赠送名贵礼品有用得多，也牢靠得多。既是朋友，就意味着相互承担着为朋友排忧解难、与朋友欢乐与共的义务。唯此，友谊才能持久长存。

朋友不在多，在知心。我可以看清你，你也可以看清我。只有如此的接触，交流才不会出现问题。朋友多了，朋友的界限会模糊，而失去对真正朋友的判定。不会和自我世界相冲突的朋友，才会是真朋友。因为如果你能理解，就笑笑接受，你也应该表现出真实的你，因为我们是朋友，不要因为我的行为，而让你丧失自我世界的原

则。真实的我们会有矛盾,却不会让矛盾升华为一种冲突,这就需要各自的谅解。只有如此才会有友情。可以互相生气、赌气,但是平静过后,我们仍旧可以笑笑,还是继续以往的生活。

所以,青春期的女孩,不要总是认为自己朋友不多,珍惜身边的每一份友情就好。也许友情不会天长地久,也许会淡忘,也许会疏远,但却从来都不应该被遗忘。它是一粒种子,珍惜了,就会在你的心里萌芽、抽叶、开花,直至结果,而那种绽放时的清香也将伴你一生一世。

2. 被同学误解时怎么办

“我读高三,是文科班的。高三是辛苦的,上课也总是死气沉沉的,上课师生之间的互动效果很差,常常出现就一个老师唱‘独角戏’的情况。而我比较喜欢历史、政治、地理,所以在上这些课时比起一般同学来说要积极得多,当老师说出上半句时,我能很快对出下半句;当老师提出一个并不需要点名让人回答的问题时,我主动在自己的座位上把答案说出来,积极主动地配合老师的教学思路。但问题也随之而来,我周围的某些同学(多限于女生,因为文科班女生占大多数)在我回答问题时纷纷看着我,有的还发出笑声,用一种鄙视和轻蔑的眼光看着我,说我出风头,说我有强烈的表现欲,于是他们就开始疏远我。有一些同学开始劝我不要表现得太张扬,而我认为我积极发言的出发点并不是为了表现自己,而在于让自己学得更好、更全面。但由于周围同学对我的误解,使我很苦恼,我该怎么办?”

这个同学是被同学误会了,这种行为出现的原因是由于青春期半成熟心理状态所致。青少年时期因为还缺少自信,所以渴望得到老师的肯定,但是又由于独立意识的作用,使他们总是想要表现出与成年人的距离来证明自己是有个性的人。正是这种矛盾心理,他们会嫉妒老师对某些同学的欣赏,同时也会觉得这个同学跟他们不一样,不能像他们那样让老师无可奈何,这就是上述案例中的同学感觉到被疏远的原因。

一个有个性的女孩,就会有一些与众不同的行为,这些行为就会让那些缺乏个性、随大流的同学感觉不舒服。他们会施加点压力,想把这个有个性的女孩变得跟他们一样,这样这个与众不同的女孩就不会独享老师的赏识,他们也不会被比下去了。

这是为了达到一种心理平衡。也就是说,疏远你是在威胁你,迫使你跟他们一样,他们就有机会得到老师的欣赏了,这也是一种竞争手段。女孩不要介意这种小伎俩,只管去做你认为是正确的事情,当那些人拖不垮你的时候,就会转过来钦佩你的个性。

坚持做好自己,不要被他们的小把戏利用了,虽然现在他们表面不理你,心理却是佩服你的,如果你跟随了大众的行为,他们就会因得胜而鄙视你。

3. 与不良朋友划清界限

孔子曰:"损者三友,益者三友。"青春期的女孩交上好的朋友,有利于自己的学习进步和个人身心的全面发展,一生受益无穷。但青春期是个缺乏社会经验和是非分辨能力的年龄,在交友上一定要慎重,要和有道德、有思想、有抱负的人做朋友,要和遵纪守法、正直、善良的人做朋友,要和学习认真、兴趣广泛的人做朋友,而对于那些不良朋友,一定要与之划清界限。有些女孩受周围不良朋友的影响,拜金主义、享乐主义思想不断滋长,追求奢侈的生活作风,放纵自己,不仅荒废学业,还有可能走上违法犯罪的道路。

所以,青春期女孩一定要与不良朋友划清界限,多结交益友,让自己受用一生!

4. 如何向朋友道歉

"我半年前说话伤了一个男同学,事后我很后悔,但是没有向他道歉。后来他对我很冷淡,现在看见我也不打招呼了,只是和我互相对望。我也不敢主动喊他,因为心虚。再过一个月,他就要转学走了,可能我们以后都不会再见。我不想留下遗憾,很想请他原谅我,但是隔了这么久,更加不好意思开口了。我有他的 QQ、Email 和家庭电话,以前我们多是用 QQ 交流,但是不知道他有没有屏蔽我。我偶然可以遇见他,但是他多数和其他人在一起,说话不方便。我应该用什么方式向他道歉?我应该怎么说呢?"

青春期女孩在发现自己对同学和朋友犯有过错的时候,会出于害羞和胆怯等心理,不愿意道歉,结果导致和同学朋友的疏远。其实,只要你学会怎么和朋友道歉,这些问题都可以迎刃而解。

(1)如果对方是一个大度的人,你可以在不经意间和他(她)说句话,或者给自己找个理由和他(她)说话,不要用道歉的语气,就像什么事都没发生,不需要道歉,让一切恢复正常。他(她)如果真的不怪你的话,一定会理你的。

(2)如果你不了解对方,或者对方真的生气了,不想再理你,你道歉时的态度就一定要诚恳,不要再顾及自己的面子,让他(她)看见你是真心诚意地向他(她)道歉,并且给他(她)一个思考与接受的时间,不要让他马上答复你,因为这样会让他难堪,你的道歉不会收到想要的结果。只要你是真心实意和他(她)道歉,他(她)一定会感受到的。

合理的道歉不仅不会让那些误会成为你们之间的障碍,反而会加深你们之间的友谊!

四 女孩之间的友谊

每一个青春期的女孩或多或少都有几个谈得来的朋友，但对于朋友的真正含义，却没有真正的理解。真正的友谊是用心结交的，对于朋友，就要包容，即使被你的闺蜜背叛，也要用大度的心包容她。总之，作为一个青春期女孩，不要做自私的人，不然会活得很累，不要去计较太多。其实，一旦计较，你就已经失去了很多很多，还有最重要的一样东西——一颗真心，你与别人相交的真心。

1. 什么是真正的友谊

每一个青春期的女孩或多或少都有几个谈得来的朋友，但对于朋友的真正含义，却没有真正的理解。了解什么是真正的友谊，能让青春期女孩正确地认知世界，学会用正确的价值观去做人做事。那么，什么是真正的友谊呢？

真正的朋友是有道德的，在你有困难的时候，不会对你施加任何的压力；真正的朋友会是理智的，有头脑的，看到你此时的不顺他不会袖手旁观，他会在背地里劝解你，他会私下里与你交流。真正的朋友不会因为一点私利就把朋友的情谊抛在一边。

真正的朋友不会人云亦云，不会在你受伤的伤口上再撒上一把盐，不会因为别人对你的栽赃而远离你，而是在这个时候，伸出援助的手来关心你，关怀你。真正的朋友也不会在你得意的时候吹捧你，而是提醒你戒骄戒躁。

所以，结交朋友要靠诚心和真心，要靠自己的为人，是真朋友不会在你有难处的时候离开你。不是真正的朋友，即使在你最困难的时候离开了你，你也不必懊恼，因为你可以认清什么是真正的朋友。而在朋友最需要你的时候，你也不要袖手旁观，不要对朋友远离，这样才是真正的朋友！

2."闺蜜"的"背叛"

小芳和圆圆是一对很要好的朋友,两人很投缘,可以说是无话不谈,甚至形影不离。小芳的家境比较好,而圆圆是靠奖学金才勉强读到高中。一次,当小芳经过老师办公室的时候,听见了老师和圆圆的对话——

老师问圆圆:"你觉得江小芳怎么样,我指的是在待人处事上,因为今年班上很多老师推荐她当班长,你们走得比较近,应该对她了解比较多吧?"

圆圆回答道:"她只是在生活上比较照顾我,其实,她那个人很霸道,什么事都以为自己是对的,对待同学也不友好。我觉得她不适合当班长。"

站在门外的小芳一下子崩溃了,她没想到她平时最信任的好朋友居然在背后说自己的坏话。

小芳的闺蜜就这样背叛了她,青春期女孩之间这种事情时有发生。那么,青春期的女孩为什么会被同龄的女孩背叛呢?又该怎么面对这种背叛呢?

她也许比你要差劲很多,没有你的天资,没有你的家境,所以她会嫉妒你把什么好东西都占尽了,她觉得不公平,凭什么自己就要比你矮一截。所以往往会利用你对她的信任,三天两头给你制造一点小麻烦,比如故意把你心爱的东西弄丢,惹你伤心等。对待这样的朋友一定要大方,不要以自己的优势作为提升地位的资本,朋友是没有地位高低之分的。

她还会暗地里和你竞争,追求你喜欢的男生,因为你太过于注重你们两姐妹之间的感情,会致使你忽略到她的一些行为。

还有一种姐妹,有可能一开始接触你就是有目的的。为了达到自己的目的,她放弃了钩心斗角,而选择刻意接近你从而暗中伤害你,以达到她自己不可告人的目的。

面对这些背叛的时候,女孩你不必歇斯底里或者采取报复举动,你应该感谢这种背叛,让你了解到了什么是真正的友谊。同时,包容她的背叛,更能显出你的气度和胸襟!

3.结识有益处的"闺蜜"

琴和芳并不是同学,她们是在一次电视大学英语学习课上认识的。同样的外语

基础,同样的学习热情,同样的学习志趣让她们很快找到了许多共同点。就这样,她们俩因为英语学习而相识了。在枯燥的学习中,她们也享受到了很多乐趣。比如,她们学的是电视英语,语音课程只是电视教学,至于读音准不准,没有人给矫正,她们俩经常因为说同一个句子却互相听不懂而产生争论,一写到纸上,才知道原来并没有分歧,事后,她俩越想越好笑。在学习中,她们正好形成了互补。就这样互相帮助,互相鼓励,经过一年半的艰苦学习,她俩最后一起通过了相当严格的考试,终于拿到了电视大学英语单科结业证书,并占据了党校三个正式毕业的学员中的两个名额。在英语的学习过程中,她们不但收获了知识,重要的是彼此交到了一个好朋友,让彼此品尝到了友情的甜蜜,从此,她们就成为无话不谈的闺蜜。

每个青春期女孩都有几个谈得来的好朋友或者姐妹,因为年轻的女孩子很容易沟通,同时青春期又心无城府,毫无隐瞒,很多不能向父母透露的秘密和心事都能向自己的闺蜜一吐为快。因为有了闺蜜的存在,女孩的青春期变得多姿多彩,变得不再彷徨和惊恐,就连闺蜜之间的那些小秘密也夹杂着青春的美好。女孩们,请珍惜和闺蜜间的友谊,这会令你一生受益!

4. 刻薄的女孩没人爱

人生短短几十载,朋友给予了我们许多不曾拥有的东西——希望,欢乐,泪水,感动,气愤……因为有了这些,生命才五颜六色,不再是单调的灰色。青春期的女孩,对待朋友要真心,真心地对待每个对你好的人,滴水之恩,当涌泉相报。不要刻薄,刻薄的女孩没人爱。

当你试着做到以下几点的时候,你也就能克服刻薄的缺点了。

(1)将心比心,站在朋友的立场上为他想想,设身处地地去帮助值得帮助的朋友。毕竟来世间一遭,有缘才会相识,下辈子不会再相见了。

(2)包容朋友对你的伤害,朋友的伤害往往是无心的,帮助却是真心的。忘记那些无心的伤害,铭记那些对你真心的帮助,你会发现这世上你有很多真心的朋友。

(3)和朋友保持一定的距离,近了关系会变得复杂。太远了,就失去了联系,不近不远刚刚好,能够感受到彼此的真诚与情谊。每一个人都有一方属于自己的乐土,当你心情沮丧的时候,当你灰心失望的时候,你的朋友会随时出现在你的身边。

(4)正确看待你和朋友间的摩擦和矛盾。在日常生活中,就算最要好的朋友也会有摩擦,也许还会因这些摩擦而分开。但每当夜阑人静时,你可以望向星空,多想想过去的美好回忆,你们之间那小小的矛盾也就不值一提了,你的怨恨也就消减了。

总之,作为一个青春期女孩,不要做刻薄的人,不然会活得很累。不要去计较太多,其实,一旦计较,你就已经失去了很多很多,还有最重要的一样东西——一颗真心,你与别人相交的真心。

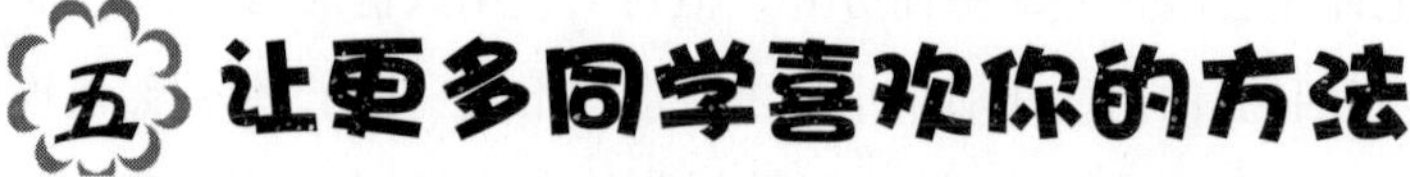

五 让更多同学喜欢你的方法

一个女孩走进心理咨询室,微笑中又有几分忧虑:“老师,怎样才能让同学们都喜欢我呢?”

老师笑了:“你能把这个问题讲得具体一点吗?比如,你碰到了什么具体的难题,有什么具体的故事?”

“是这样,我是个挺在乎同学关系的人,我也一直在往这方面努力。但是,我感到同学们并不是都很喜欢我。可是,我们班上的另一个女孩却非常有人缘,她不当班干部同学们喜欢她,她当班干部同学们也喜欢她。您说,这是怎么回事?”

“你能仔细想想那个同学们喜欢的女孩有哪些表现吗?想起什么说什么。”

女孩沉思片刻说道:“她喜欢帮助人。同学们谁有困难都愿意找她,只要是她能做的,她总是尽力帮助,她也常常主动帮助同学。她还总是微笑,她也不喜欢炫耀自己,她很少和同学闹矛盾,她还很善于说话。学习也很努力……”

“你能发现这些很好,你不必非要让大家都喜欢你。世上哪有让所有的人都喜欢的人?你今天专门来和我讨论这个问题,说明你将会更好地进行人际交往,将会如那个女孩一样让大家喜欢。”

青春期的女孩都希望自己可以交更多的朋友,可是在处理和同学之间关系的时候,因为人生阅历的不足,造成了一些失误。正确交友,正确处理同学关系,才是让更多同学喜欢你的办法!

1. 朋友交谈切勿太“随便”

艾琳决定和她的朋友苏珊断绝来往了,因为她实在受不了苏珊的毛病。“我和苏珊经常在一起闲谈,本来女人之间聊天闲谈也没什么,可是苏珊总喜欢在我面前说别人的是非,而且还都是一些鸡毛蒜皮的小事,令人难以忍受。”“有一次,她在我面前大谈婚姻问题,还提到现在的女孩喜欢和比自己大很多的男人恋爱,她觉得那

样的婚姻没有互相理解的基础，有隔代的差距，是不会幸福的。虽然我知道苏珊的话并没有针对任何人，但是当时我妹妹就在和一个比她大很多的男人恋爱，这苏珊也知道，她的话让我非常不舒服。所以我不打算和她继续做朋友了，与其把时间浪费在听她闲谈别人的是非上，不如和别的朋友在一起聊一些有点意义的话题呢。”

这个故事告诉青春期女孩，即使与自己最要好的朋友交谈，也不要太“随便”，因为朋友之间不能不重视对方的感受。青春期的女孩应该把你的朋友进行一个分类，然后着重考虑在什么样的朋友面前说什么样的话，这些都要事先去考虑。

在朋友面前，要知道什么话不可以乱说，什么玩笑不可以乱开。幽默固然重要，但是要达到幽默就必须考虑到开过玩笑之后如何收场，无法收场的玩笑千万不要开。

在朋友面前，不应该说出伤害别人的话。要知道“言者无意，听者有心”，一句伤害别人的话可能你自己没感觉，却会让别人记恨你一辈子，所以一定要多加考虑。

所以，你所要做的是适当放开自己，不要有太多顾虑，不要认为“我一放开说的话就不能听”。只要你不过分，只要你考虑到你是在和你的朋友说话，做心与心的交流，这样你就会在性格放开的同时，让你的朋友接受你的话，你们之间的沟通就能接近完美。

2. 有了矛盾要及时化解

女孩到了青春期这个年龄段，很多问题随之而来，除了学习的压力以外，还要面临朋友之间经常出现的大大小小的矛盾。很多女孩会认为，又不是我的错，我才不会主动和解呢！

其实，朋友之间有矛盾和误会了，沟通很重要！只要把问题拿出来开诚布公地说，就很容易解决！如果彼此之间的问题没有那么严重，就不要拖得时间太久，否则误会一旦形成，如果不及时解释的话就会被逐渐深化，最终将无法挽回！如果等到那时再想去挽回，可就为时已晚了……

所以，青春期女孩，如果你真的很在乎你和朋友之间的友情，那么为什么不可以主动找对方谈谈呢？当然，在谈话的过程中一定要控制好自己的情绪，不要进一步激化矛盾，要相信朋友一定会感受到你的真诚的！事情只要是说开了，朋友之间的那点矛盾和误会就会自然而然地化解了！

3. 与好朋友闹翻后怎么办

人与人之间相处，难免存在摩擦，朋友之间也一样，很多矛盾和摩擦的激化容易让友谊产生裂痕，朋友之间就可能闹翻。青春期的女孩和朋友闹翻后，应立足长远，冷静思考，积极化解，不要轻易地抛弃朋友。在处理朋友关系时，尤其不要害怕朋友跟你发脾气。人心情不好时，总会选择向亲人或者朋友发泄，因为会觉得这样比较安全。朋友跟你发火时越不理智，越说明他没有把你当外人，所以才敢这样说一些过分的话。其实朋友间重在"谅解"两字，不管发生什么也要给对方一个解释的机会，不能放任不管，谁都要面子，但自己再要面子也要放下，朋友就好像自己的亲人一样，需要自己去关心和爱护……永远记住一句话：不要让小小的争端损毁了一场伟大的友谊！

其实，多一点的宽容、多一点的理解、多一点的忍耐，那么也许就会少一些朋友间的矛盾。如果发生了，最好的解决方式是先要懂得冷静，好好回想一下自己，也许在你的平静之中，会意外发现其实问题可以迎刃而解。俗话说"来日方长"嘛！朋友之间不光只是温情和欢笑，也会出现矛盾，要知道矛盾就是友情的试金石！它是对朋友关系的考验，如果经不起这种考验，朋友很容易就散了！经受住了这种考验，朋友间的感情就会更加深厚！

4. 多参加有意义的聚会

很多青春期的女孩忙于繁忙的功课和三点一线式的生活，慢慢地，和同学疏远了，和朋友疏远了，生活也似乎枯燥无味，而一些有意义的聚会，青春期女孩可以多参加。它的好处有：

(1)参加此类聚会最重要的益处就是能锻炼自己的交际能力。毕竟青春期是跨入社会的前期，多参加有意义的聚会，能让女孩学会与人交际应酬，锻炼自己的说话能力和为人处世的能力，同时也能结交不同的人，从而取长补短。

(2)参加一些有意义的聚会，比如同学聚会，还能联络女孩和同学之间的感情，拉近和同学之间的距离，让女孩更受同学的欢迎。

(3)参加聚会也是适当调节学习压力和倾诉内心的一个重要方法，毕竟同龄人

之间有着太多的相似点，相互之间的交流能减轻生活和学习的压力！

因此，女孩参加有意义的聚会是有益处的。当然，这个前提是参加有意义的聚会，很多聚会，比如网友之间的聚会等，青春期女孩是不宜参加的。

5. 慎重对待网络朋友

网络恋情、网络情人——这几乎是网络时代最为热门的话题，相信很多人都有过对网络那头的某个影子动心的经历，当然许多是自己的秘密。很多青春期女孩更是单纯地认为网络中有纯真的友谊和恋情，其实，不尽然。

青春期女孩，对待网络朋友，一定要慎重：

(1)对方的资料是否较全？一个坦荡交友的人是不怕把自己真实的信息如所在城市地址、年龄、职业写出来的。

(2)谈吐是否显示有素质？谈话可以看出一个人的修养。

(3)是否有共同语言？现实里我们已经很累，网络里我们希望遇到的是知音、是倾诉对象。

(4)交往持续多长时间了？时间是可以验证情感质量的。

当然，关键的是自己要一直清醒地对待网络朋友：

(1)不要轻易告诉对方自己真实的姓名、电话。除非交往时间很长，确认对方可以信任了。

(2)一般情况下，不要视频聊天。

(3)尽量少跟已婚异性交往。

(4)最好能将网络与现实区分开，不要让网络影响现实。

(5)尽量不要单独会见异性网友，尤其是在晚间。

青春期女孩对待网络朋友，一定要慎重，谨防上当受骗！

社会篇
——女孩要学着适应社会

青春期是女孩跨人社会的前奏。社会是人生的大课堂，作为即将成为社会人的青春期女孩，心理并未成熟，很容易染上一些社会恶习，养成一些消极的习惯。这个时期的女孩一定要把握好自己，在人生的舞台上，要克服一些自身缺陷，养成一些良好习惯，远离一些危害自己、危害社会的人群，找出实现自己价值的路，这样才能变得成熟、稳重，才能避免被一些不良因素腐蚀、毒害，才能形成一种独立健康的人格，才能让自己的青春更加多姿多彩又健康美丽！

第八章　女孩别害怕——妈妈会陪伴你长大

青春期是人生的过渡阶段，是每个女孩心理逐渐成熟、人格趋于健全、培养独立生活能力的阶段。其实，生活就是教育。青春期女孩培养起独立生活的能力，有着重要意义。女孩在成长的路上，会遇到很多做人做事的疑问，但这一路上有母亲的陪伴，你的羽翼会更加丰满，进而能扬起激昂的青春风帆！

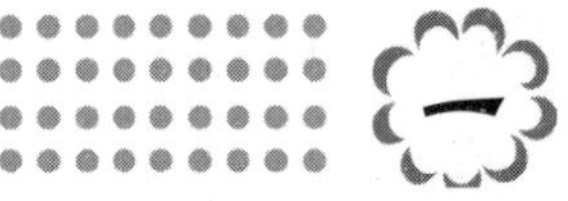

一 别让缺点伴你长大

青春期的女孩正迈向成熟,正在为走上社会成为独立的社会成员做准备。但是,这个阶段的女孩并没有真正成熟,在很多方面还表现出了一些缺点。女孩要摆脱“三分钟热度”、虚荣心,改掉坏脾气,让自己的品质和人格更加健全,才能以一腔饱满的热情面对社会!

1. 摆脱“三分钟热度”

青春期的女孩常常会遇到这种情况:有了一个宏伟目标,开始的时候行动也很顺利,可最后却不了了之。直到过了很久之后,才回想起,原先我有一个多好的目标呀,要是能够坚持到现在,恐怕早就成功了! 于是开始后悔,责怪自己没有毅力。

这就是人们常说的“三分钟热度”,做事不能坚持到底,原因往往是缺乏毅力,不能吃苦,而实际上这是由于信念的缺乏。要有一个信念,就是你要达成的结果,事先要有这种预知性,不论成功与否,都要达成这件事的结果。

在做一件事或者完成一项任务的时候,你都会遇到很多困难,这些是不可预知的,其实有时候一个人的性格会影响他做事的原则和成效,这些你都得一一克服。试想,生活中,你的意志总是被别人左右,觉得别人的话说得有理,那么,为什么不听听你自己内心深处的声音呢?当你想要放弃、信念动摇的时候,你可以告诉自己:不要逃避!要坚持下去!有这个信念去支撑你支持你,会使你更加强大,有时候你都没发现自己会有这么大的潜能,这就是自己超越自己极限的表现!当一切都迎刃而解的时候,事情就不会像你以前想的那么难以实现、难以达到了。

那具体说来,如何让自己坚持这种信念呢?你可以每天对自己进行“监督”。不要受生活中各种不良因素的诱惑,不要被每天的新鲜事物吸引,这样会忘记一些旧

事情，忘记原来旧的目标。

青春期的女孩，当你有了目标计划后，给自己准备一个备忘录，每天记录自己的改变情况和自己为实现目标所采取的行动：

(1)提醒你要实现的目标，以及每天要采取的行动。

(2)记录你每天详细的信息，了解你的现状。

(3)能够真实地追踪你取得的进步。

(4)有利于你自我评价的提升，树立自信，增强坚持下去的决心。

坚持到底，仿佛是一件很难的事，需要有顽强的毅力才能做到。这个追踪法能让你摆脱"三分钟热度"，这样你就不必再为不会设定目标、不爱采取行动、不能坚持到底而烦恼了！

2. 别让虚荣心害了你

青春期是每个女孩人格塑造的重要时期，而虚荣心是健全人格的大敌，这种虚荣的心态对迫切要求上进，正处于成长之中的女孩是十分有害的。

虚荣的人外强中干，不敢袒露自己的心扉，给自己带来沉重的心理负担。虚荣在现实中只能让人获得一时的心理满足，长期的虚荣会导致非健康情感因素的滋生。虚荣心强的人在思想上会不自觉地渗入自私、虚伪、欺诈等因素，这与谦虚谨慎、光明磊落、不图虚名等美德是格格不入的。他们为了表扬才去做好事，对表扬和成功沾沾自喜，甚至不惜弄虚作假。他们对自己的不足想方设法遮掩，不喜欢也不善于取长补短。

虚荣心理的表现是多方面的：对自己的能力、水平过高估计；处处炫耀自己的特长和成绩，喜欢听表扬，对批评恨之入骨；常在外人面前夸耀自己有点权势的亲友；对上级竭尽拍马奉承；不懂装懂，打肿脸充胖子，喜欢班门弄斧；家境贫寒却大手大脚，摆阔气赶时髦；处处争强好胜，觉得处处比人强，自命不凡；对生活中的失误归咎于他人，从不找自身的原因；有了缺点，也寻找各种借口极力掩饰；对别人的才能妒火中烧，说长道短，搬弄是非等。

很多青春期女孩会把虚荣心和自尊心混淆，其实，二者不是同一概念。女孩要克服虚荣心，要有荣誉感，要有自尊心，但是荣誉感、自尊心过强，就会逐步演化为

虚荣感。一般来说，自我挫败者的荣誉感、自尊心及虚荣心比别人强，因而当事情无法如愿以偿时，就会烦闷苦恼。正因为他们太看重自己的面子和荣誉，因此他们做任何事情都可能会完全放弃。由此可见，虚荣心是自我挫败者的大敌，青春期女孩别让虚荣心害了你！

3. 对付坏脾气的“秘方”

脾气，是日常生活中常常碰到的普遍心理现象之一。每个人都有脾气，不少青春期女孩脾气急躁，遇事容易冲动，特别是对一些不顺心或自己看不惯的事，常常容易生气或怄气，有时还同人家争吵，说出一些使人难堪的话，或影响同学间团结，或影响家庭的和睦。

人的脾气有好有坏。脾气好的人无论到哪里，都会受到欢迎，别人喜欢同他合作、共事；脾气不好的人，则常常给自己和别人带来苦恼，使别人觉得难于与之相处。

人的脾气的好与坏，与人生活和学习的环境有很大关系。温顺、平和、忍耐等好脾气，往往同和睦温暖的家庭环境以及良好的教养有密切的联系；而暴躁、倔犟、怪癖、任性等坏脾气，则常常与娇生惯养、过分溺爱或得不到家庭温暖、父母的要求过于严厉有关。

那么，青春期女孩怎样才能改掉坏脾气，让自己拥有迷人的个性呢？

(1)要很好地认识坏脾气的危害。我们在社会生活中，总要同其他人进行接触和交往，希望得到别人的好感，获得友情、赞赏、合作，否则，就会感到孤独、寂寞，没有生气，寸步难行。人的行为是受意识调节和控制的，认识了坏脾气的危害，便可从内心产生改掉坏脾气的要求。

(2)要加强思想修养。只有心中经常想到别人，尊重别人的利益和需要，才会对别人温存、体贴、热爱。只有时刻把集体的利益放在第一位，才不至于意气用事，固执己见，才能遇事平心静气，三思而行。最后，对改掉坏脾气要有决心和毅力，不能“三分钟热度”。

4. 学会调整自我意识的缺陷

青春期的自我意识的特点反映出青年正迈向成熟的事实，但是，如果有些特点

有了超限的发展，就会成为一种缺陷。青春期的自我意识的缺陷一般包括自卑、敏感、过分自尊等。

处于青春期的女孩由于生理上的发育，体态上的变化，对自己比较敏感。这有利于形成清晰的自我形象，建立正确的自我概念，构筑和谐的人际关系。但是，如果过分敏感，对外部刺激就会由应接不暇而出现焦虑与紧张。自我意识的过度敏感主要是察觉他人对自己态度的敏感，及对自己生理心理变化的敏感。他们经常认为别人都在注视自己、议论自己，越是人多和陌生的地方，就越觉得不自在。一举手，一投足都顾虑重重，从而容易表现出不自然、腼腆，甚至于忧虑、恐慌。为了避免内心的紧张和不安，他们遇事往往就会“打退堂鼓”，甚至产生退缩或逃避行为。

自尊心是尊重自己的人格，尊重自己的荣誉，维护自己尊严的一种情感体验。但过分自尊的人有的也是过分敏感的人。在与人交往时，认为他人的动作、表情、姿态的细微变化是因自己而出现的，十分警觉，若感到有损于自尊，在情绪上立即有体验，有的在行为上随即做出危害集体、危害他人的行为；后者可能做出伤害自己的事情。

实际上过分自尊的人中有不少人是自卑者，他们用过分自尊来掩盖自卑。由于常常觉得自己不如别人，又担心别人看不起自己，于是在交往中特别关注别人对自己的态度，过分重视他人对自己的评价。

从以上的关系中，我们可以看出过分自尊、自卑、敏感这三者之间有着必然的联系。其次，过分的自责、自我表现、自我掩饰也是自我意识缺陷的表现。要想克服这些缺陷，青春期的女孩必须学会树立强烈的自信心，学会欣赏自己，善于发现自己身上的长处，发现自己具有而别人不具有的优秀品质。还要根据自身的条件和实际可能选择奋斗方向，确立行为目标，使自己的潜能、长处得到充分发挥，不断激励自己自立、自强、自信！

二 掌握一些自立的本领

学些小本领，女孩可以锻炼自己，考验自己的动手能力，青春期女孩不能把自己牢牢锁在书房中失去动手的能力。女孩会因为这些小本领而更加美丽、更加蕙质兰心，有这些小本领的点缀，人也变得更加自信、可爱！

1. 学点才艺

很多青春期的女孩不明白，文化课成绩这么重要，为什么还要去学那些钢琴、舞蹈等来浪费时间呢？

对于女孩子来说，学点才艺好处多多：

(1)在学校时，什么都被学校和家长安排了，你心中只有完成任务这件事，学点才艺是为了丰富自己的业余文化生活，辅助学习，使之不至于太枯燥。

(2)提高修养。可以发现生活中那些有才艺的女孩无论在外在形象和气质上，还是在个人审美情趣上，都更能体现其修养。

(3)增强自信的必要。才艺展示会让你增强自信心，通过展示自己的才艺加强和周围人的交流，让更多的人认识不一样的自己。而你要有自己独特的才艺不是一天两天就可以的，一定需要坚持。所以，在培养才艺的同时，也让你学会了做事一定要有耐心，一定要坚持，这样也更好地培养了你做事的毅力。

其实，学才艺的好处不仅仅限于此，学点才艺，你会变得更自信、更可爱！

2. 要会理财

生活中，越来越多因财富而绽放的笑脸出现在我们周围，我们的生活品质得到了明显的提升，但随着生活水平的提高，很多青春期女孩有着极为不好的消费习惯，花钱大手大脚。“好习惯成就好人生”这个道理每个女孩都应该明白，学会理财、

培养理财观念会让你拥有一个有规划的人生！“天生我材必有用，千金散尽还复来”。理财是一种智慧，一种哲学，更是一种良好的习惯。点点滴滴的积累，看似事小，意义却很大，它为以后的成功成才打下了坚实的基础。理财不但要从自身做起，从现在做起，从小事做起，更重要的，是要用心去做。

学会理财，也是一种实践能力的尝试，那么，怎么进行初步的理财呢？

要肯花时间，从每天的记账开始，把自己的财务状况数字化、表格化，不仅可以轻松得知财务状况，更可替未来做好规划。

很多人都知道要理财，但是却不知从何理起。理财其实不难，从了解收支状况、设定财务目标、拟定策略、编列预算、执行预算到分析成果这六大步骤，可轻松地进行个人财务管理。至于要如何预估收入掌握支出，进而检讨改进就有赖于平日的财务记录，简单地说记账是理财的第一步。

一般人最常采用的记账方式是用流水账的方式记录，按照时间、花费、项目逐一登记，若要采用较科学的方式，除了需忠实记录每一笔消费外，更要记录采取何种付款方式，如刷卡、付现等。

记账只是起步，是为了更好地做好预算。由于青春期的女孩基本上没有收入，因此预算主要就是做好支出预算。要对支出好好筹划，合理、合算地花钱，使每月可用于投资的节余稳定在同一水平，这样才能更快捷高效地实现理财目标。

当然，学会理财之道是一个长期的学习过程，记账只是第一步，但这也是一个良好习惯的开始！

3. 该学做饭了

随着生活水平的提高，现在的青春期女孩都是父母眼中的公主，“衣来伸手饭来张口”，生活的重心就是学习。也有种说法，现在这个社会，女人“应该翻身做主人，让男人去做饭”，但事实上，学做饭对于女孩来说，有很多益处。

(1)一直以来，“上得厅堂下得厨房”的女人都是男人心目中的理想选择。做饭是女人作为母亲最神圣的职责！一个女孩当上了母亲后，通常会有极大的改变，最大的改变莫过于有了为孩子甘于牺牲一切的精神。家人的健康通常会成为母亲的头等大事，所以为了让孩子拥有健壮的体格，做妈妈的往往是亲力亲为，遍寻食谱、

营养谱。所以,女孩学会做饭能为自己未来的婚姻生活添一个有力的保障。

(2)做饭可以作为一大人生乐趣来学习,不是作为人生目标去学。其实做饭很有意思的,想一想,白菜、土豆、青椒,这些普通的食材,经过自己的手,就变成一道道美食,简直是一门化平凡为神奇的艺术,有一种创造的感觉。食在中国,先不说几多菜系,单是中国菜的味道变化之奇妙就难以尽述。酸甜、麻辣、甜咸、咸鲜、鱼香、酱香、豉汁,应有尽有,烹饪手法就更多了。能够做得一手好菜绝对算得上是本事。

(3)学做饭也是在考验自己的动手能力。青春期女孩不能把自己牢牢锁在书房中失去动手的能力。学做饭也能给繁忙的父母减轻一点点负担,何乐而不为呢?

所以,对于女孩来说,青春期是你该学做饭的时候了!

4. 家务活谁来干

女孩子本身具有男孩子无法比拟的性格特征,比如沉静细腻,但这些也是女孩性格软弱的表现之一。女孩子具有娇弱的特性,但是父母绝不能为自己的女儿贴上"弱者"的标签。我们虽然不必把孩子培养成具有阳刚之气的假小子,但是应该根据女孩子特有的柔与韧,让女孩子成为一个刚柔并济的女性,以便适应以后竞争激烈的社会生活。

可是,生长于蜜罐中的青春期女孩,没有几个会做家务,她们被成堆的作业和繁重的学习压着,家务活一般都是交给了父母。殊不知,做家务活是锻炼女孩独立和动手能力的一个重要方法。做家务活并不是父母的专利,女孩也应该参与其中。

无论是风吹还是浪打,在未来的世界里,父母不可能替女儿去承担,她必须自己承受一切。那些不能独立的女孩子就成了"浮萍",女孩若不想"顺水而流,随风而逝",就要培养自己的独立自主精神,有自己的世界,有独立的操作能力,在将来的生活中,不必依赖任何人,就应该从身边的小事做起,从家务开始!

5. 学会做事有计划

暑假作业中有帮助父母做家务这一项,文文决定帮妈妈做一天的家务,以培养自己有条理地做事的习惯。当她面对着洗衣服、买菜、做饭、整理房间这一堆任务时,起先显得有些困惑,不过很快就进入了角色。她先把衣服放进洗衣机,当洗衣机

开始工作的时候,她开始整理房间。在整理房间的时候,她看到电视里正播放精彩的连续剧,就津津有味地看起来。直到洗衣机“嘟嘟”的提示音提醒了她,她才发觉整理房间的工作还没进行到一半。她赶紧又去晒了衣服,再来收拾房间,拖拖拉拉一个小时,总算大功告成。但后来她又做了几次,感觉比第一次熟练多了。

青春期的女孩毕竟还未成熟,由于身心发展的特点,做事难免会丢三落四,但一定要培养自己做事有计划、有条理的习惯。就拿学习来说:

为防止自己忘带课本和学习用具,你可以把功课表张贴在自己房间的显眼处;每天睡觉前根据功课表整理好书包;另外,养成思考的习惯,也是做事有条理的关键。因为管理学上把每天要做的事情分成四类:重要并紧急的、重要不紧急的、紧急的但不重要的、既不紧急也不重要的四类。所以,一个高效的人会提早一天列出第二天的各项工作安排,第二天一大早给这些事情按照重要性逐一标上序号,明白哪些事情是当天必须要做到的,哪些是可做可不做的,哪些是可以放弃的。这样,在第二天来临之前,女孩就应该把要完成的事情按照这几个顺序列出来,这样,所有的事情就能分出轻重缓急了,也就能条理化了。

6. 怎样学会说“不”

“我从小到现在都不敢拒绝别人,比如要我陪她们去干吗之类的,可是我根本不想去,但是我不敢拒绝!我怕拒绝后,以后我有困难,她们会不帮我,而且怕产生隔阂,这些事会在我心里有疙瘩,不敢麻烦她们帮忙!但我不想因为讨好别人让自己痛苦,到底怎么拒绝别人又不影响和别人之间的关系呢?”

人生在世,谁都有求人的时候,也有被人求的时候,青春期女孩也不例外。这个年龄段的女孩要学会一些为人处世的技巧,学会说“不”,当你遇到你自己觉得不适合自己,也不愿意去做的事情时,就敢于说出“不”。真是不便说出口时,就给自己找个理由委婉地拒绝。

当然,对于拒绝也不能一概而论,也要一分为二,具体问题具体分析。拒绝也应分为几种情形:一种是直截了当的拒绝。女孩不加掩饰,直接告诉对方所求之事不能办,干脆利落,不拖泥带水。再一种是曲来绕去的拒绝,就是说女孩碍于面子或者特殊的原因,不便直接回绝求人者,就先绕一个大弯子,将所求之事先应承下来,而

实际上又未做明确地承诺,抑或说早已暗示此事根本就办不成。还有一种是无奈的拒绝,是被求者对人所求之事,想应承有难处,不应承又不好直言相告,于是就采取一种暂时拖延的迂回方式。当你开始说“不”的时候,态度必须是温和而坚定的。好比同样是药丸,外面裹上糖衣的药,就比较让人容易入口。同样地,委婉表达拒绝,也比直接说“不”更让人容易接受。

拒绝也是一门说话的艺术,学好这门艺术,就不会让自己痛苦,也不会伤及彼此之间的感情!

三 培养一些成功者拥有的品质

做人必须有一些品质，诸如诚实、独立、自信，青春期女孩必须努力完善自己的这些品质，因为青春期是树立梦想和目标的年纪。拥有这些品质，女孩就能树立自己的目标，走出自己的一条路，实现自己的人生价值！

1. 诚实比分数更重要

"考试卷发下来了，我只得了79分，我的眼泪像断了线的珠子似的落了下来，我对自己的考试成绩真不满意，回家怎样跟爸爸妈妈交代？忽然我的脑中闪出一个念头：改成绩！我惊奇地发现一滴眼泪将其中的1分化掉了，正好老师在题目上打了一个大勾，如果减少1分，我就得80分了，那就是优了。我感到万分惊喜，就拿着考卷走到讲台前说：'老师，您把分数弄错了。'我的声音非常轻，心'怦怦'直跳。但老师没发现，于是我就得了80分。但此事之后，我如坐针毡，我为了分数做了一个不诚实的女孩。"这是一个害怕父母知道自己考不好而改了成绩的女孩的日记。

这样的经历很多青春期女孩都有过，毕竟分数对于学生来说很重要，但你不能为了分数而忘记了做一个诚实的人。其实，错误已经犯下了，只要下次认真改正了，就是一个好学生。诚信是做人之本，正确地看待分数，完成的是一次心灵的蜕变！

2. 寻找属于自己的路

青春期是树立梦想和目标的年纪，每个女孩都希望可以走出自己的一条路，但女孩因为其自身的性格特点，对如何找到自己的路这一问题很迷茫。其实，这个目标的确定和实现不是一蹴而就的，首先你要衡量一下自己的能力，再客观地对自己的学识进行一次评判。只要不好高骛远，就会找到你自己的人生目标。

(1)首先，花时间考虑清楚自己希望在个人素质、人生事业和金钱收入上分别

达到什么目标。要深入、广泛、积极地考虑这个问题。

(2)用积极向上的语言写出自己的目标和计划完成的时间。

(3)确保这些目标是具体的、可量度的、可实现的,而且能够在合理的时间内实现。

(4)这些目标应该是个人可以控制的。如改善学习习惯、提高学习成绩就是可控制的。

(5)将远大的目标分割成每周、每月、每年的目标。定期回顾目标。这可以让你了解自己的进程,并为已经完成的步骤而自豪。

(6)在你的良师益友中,找一个人与你分享目标。他的职责是督促你切切实实地执行每一个目标。

(7)充分感受自己完成任务,将梦想变成现实的过程。确信自己一定可以成功。

(8)在卡片上写出自己的远期目标,随身携带。每天自己朗读两遍。

(9)在不断达到目标的过程中,别忘了给自己一点奖励。

当然,一个人目标的确定是要多方因素结合在一起的,比如兴趣,兴趣是最好的老师,再努力一点,你就会发现,你自己到底要走什么样的路!

3. 学会依靠自己

甜美、温柔、沉静、细腻、善良、纯洁永远是和女孩联系在一起的,但同时,依赖性强也成了很多女孩不得不接受的一个评价。女孩子具有娇弱的特性,但是女孩绝不能为自己贴上“弱者”的标签。其实,青春期女孩应该让自己拥有依靠自己这种品质。

女孩子特有的柔与韧,足以让女孩子成为一个刚柔并济的女性,以便适应以后竞争激烈的社会生活。

所以,女孩到了青春期,就要理智地给自己的未来做一个规划,凡事尽量依靠自己,从生活中的小事做起,摒弃衣来伸手饭来张口的坏习惯,生活琐事自己处理;遇到困难时,也不要总是想到求助于人,而应自己想办法解决;尝试着帮助父母分忧,做父母贴心的好女儿。长此以往,你会发现,你慢慢变得成熟了。

4. 责任感的树立

青春期女孩要明白责任感对一个人的重要性:

(1)责任感是人才的必备素质。知识经济和信息时代的到来,对人才的素质提出了更高的要求。

(2)责任感是健康人格的重要因素。一个责任感强的人是一个崇尚理性并以此指导自己行为的人,一个责任感强的人又是一个感情丰富、极具同情心的人,更重要的是一个责任感强的人往往是一个为实现崇高目标而不懈追求的人,他的创造力会不断地迸发出来,可以说责任感是一个人的创造精神的动力机制。责任感是国民素质的一个重要方面,中华民族一向崇尚“国家兴亡、匹夫有责”,这正是我们国家历经磨难而不断崛起的最宝贵的精神财富。

(3)责任感是建立诚信社会的道德基础。

所以,女孩要做一个对社会有用的人,要对自己的行为负责。要树立正确的人生发展目标,明确以后的努力方向,不要一生碌碌无为;要对自己所犯的过错负责,要勇于承担自己的错误,“知错能改,善莫大焉”,知错能改就能重新树立责任感。

面对家庭,女孩同样要有责任感,要和父母共同担起家庭的责任和义务,要掌握多种生活技能,提高独立生活的能力;要有主动为家庭分忧解难的意识。

在学校,要与人合作,积极参加社会实践活动,在活动中承担责任,这样,责任感也就慢慢树立起来了。

5. 告诉自己“我是谁”

有句名言说:“一个人最大的难题就是认识自己”,的确,人最难的不是认识别人而是认识自己。青春期女孩要能正确地认识自己,告诉自己“我是谁”。

就像别人脸上的污点一目了然,自己脸上的污点却难以看到一样,看到自己的优点长处容易,发现承认弱点缺陷却很难。常常爱和别人去攀比,想要人家有而自己不曾有的东西,往往在自责和忧愁中,使精神消沉。生活本身犹如月亮有盈有亏,好像海水有涨有落充满缺憾,人又怎能十全十美、事事如意?再有学问的人也会有不懂的知识,每个人都有自己的优势,但也会有不如他人之处,谦虚是一种美德,“不耻下问”是一种境界,“知己知彼”才能获得成功。

正如世界上没有两片完全相同的树叶,每个人都有各自的性格爱好,心中也有不同的幸福与理想,对生活亦必然有不同的经历和看法。别人的态度、言行是认识

自己的镜子,善于总结自己得失的女孩是聪明的,能够从别人的言行中学到经验的女孩是快乐的,既不总结自己又不学习他人的女孩是愚蠢的;能够正确认识自己的女孩,不但不会被人耻笑,还会因为是坦荡君子而受人敬重,会因为充满爱心、乐于奉献而受人敬爱,会因为自强不息而受人敬佩。

克里希那穆提说:“你认识你的脸孔,因为你经常从镜子里看到它。现在有一面镜子,在其中你可以看到完整的自己,看到自己心里所有的事情,所有的感觉、动机、嗜好、冲动及恐惧。”这面镜子就是关系的镜子:你与父母之间的镜子,你与老师之间的镜子,你与河流、树木、地球之间的镜子,你与自己思想之间的镜子。青春期女孩,你能用这面镜子,看到真实的自己吗?

6. 你要找到学习和成功的自信

每个人对待自己的态度,是在自我评价的基础上形成的,它与个人的价值观密切相关。每个人的价值观不同,就形成了各自不同的自我态度。青春期女孩要对自己有个正确的价值观的肯定,找到学习和成功的自信。

一般来说,容易产生自卑心理的女孩,往往与一定程度的自我否定态度有关,即对自我某方面的价值持一定的否认、轻视、不满的态度,常常表现为自轻、自贱、自卑、自责、自暴自弃等等。还有一个原因是,周围同学和老师对自己的否定评价。而女孩应正确地看待自己、估计自己、相信自己和善待自己。

人与人之间,相互评价实属正常。正确地对待别人对自己的评价,有助于正确地了解自己,发展和完善自己。心态正常的人对于别人给自己的评价,一般比较理智,不是“不听、不信”,也不是“全听、全信”。缺乏自信者则不是这样,他们往往过多注意并且在乎别人对自己的评价,关心自我在别人心目中的形象,他们希望得到别人的赞扬。因此,女孩还要学会正确地对待别人对自己的评价,辩证地看待别人对自己的评价。当别人对你有看法或批评你时,不要垂头丧气,一蹶不振,失去学习奋斗的勇气;当受到别人表扬时,也不要趾高气扬,得意忘形。另外,要学会正确地看待批评和表扬,批评并非坏事,对一个人的成长和进步来说,表扬固然重要,但批评同样有效。

自信是学习和成功必备的品质,无论何时,女孩都不要丧失自信!女孩不要怕输,青春才刚刚开始,你有着输的资本,即使输了,也可以重新开始自己的追求!

四 拥有一些让人钦佩的精神

有些精神，可以让女孩更加具有人格魅力，那就是诚信；有些精神，可以让女孩自立、自强，那就是拥有价值观；有些精神，可以让女孩更加懂得珍惜生命，那就是时间观念。正是有了这些精神，女孩的青春才更有价值，更精彩！

1. 一言既出，驷马难追

舟舟总爱对她的朋友撒谎，答应朋友的事情也总是做不到，为此，她的朋友一个个都疏远她了。妈妈知道这件事情以后，给她讲了一个曾子杀猪的故事：

一个晴朗的早晨，曾子的妻子梳洗完毕，准备去集市买一些东西。她出了家门没走多远，儿子就哭喊着要跟着去，为了让儿子乖乖地待在家里，她许诺回家后杀猪做酱汁烧的蹄子、猪肠炖的汤给儿子吃，孩子高兴地目送妈妈远去了。当她回家后，果真看见丈夫在杀猪，她急忙上前拦住丈夫，说道："家里只养了这几头猪，都是逢年过节时才杀的。你怎么拿我哄孩子的话当真呢？"

曾子说："做人要言而有信，尤其在孩子面前更是不能撒谎的。他们年幼无知，经常从父母那里学习知识，听取教诲。如果我们现在说一些欺骗他的话，等于是教他今后去欺骗别人。虽然做母亲的一时能哄得过孩子，但是过后他知道受了骗，就不会再相信妈妈的话。这样一来，你就很难再教育好自己的孩子了。"

舟舟听完这个故事后，明白了妈妈人缘为什么那么好，这是为了给自己做个榜样，自己怎么不明白呢？做人必须要言而有信，诚实无诈。自此之后，她改变了很多，她的朋友又一个个回到了她身边。

的确，青春期的女孩要一言既出，驷马难追。言而有信，才能赢得别人的信任，这是做人做事的一大原则。"人而无信，不知其可也"。女孩在青春期必须培养好健

全的人格,才能用人格魅力交到朋友,取信于人。

2. 超强的时间观念

陆机曰:“人寿几何? 逝如朝霞。时无重至,华不在阳。”人生短短几个秋,弹指一挥间。青春期是每个女孩一生中最美好的一段时间,但却转瞬即逝。所以,无论你干什么事情都要有时间观念,珍惜时间,切不可慨叹人生的苦短,让时间白白地从你身边流逝。

良好的时间观念有助于女孩的健康成长。守时、惜时的女孩,往往心智的成熟程度较高,很容易建立健康规律的生活习惯,学习的效率高,同时她们有自信、有乐观精神,对外交往能力也强。

那么,女孩应怎样珍惜时间呢?

(1)每天的时间安排要有次序,规划好一天所做的事情,生活必须有规律。

(2)每天做些有意义的事情,要做能使自己开心快乐、有意义的事情。

(3)多学些有利于健康的知识,因为拥有一个健康的身体才能充分利用时间。

(4)一定要多运动,因为生命在于运动。

(5)遇到烦恼之事要想办法尽早解决,不要长期压抑着,要发泄出来,一个不好的心情会影响我们做所有的事情。

(6)要学会助人为乐,乐意帮助别人,因为做好事能使自己心灵快乐。

(7)爱好看书学习,因为多学习我们才能进步。

(8)不要老怀念过去,要面对未来。因为过去的一切已经过去,无可挽回了,再遗憾又有何用? 未来的前景才是至关重要的。

会利用时间的女孩每天心情明朗,有愉快的微笑,不会利用时间的女孩每天烦恼不断、愁眉苦脸、郁郁寡欢。珍惜时间,还要求女孩以现在为起点,过去的已经过去,注重现在,把握时间,努力完善自己,实现自己,你就能拥有无悔的人生!

3. 女孩必须实现自己的价值

青春期的女孩正在以矫健的步伐向社会迈进, 正在以其美丽的青春气息发挥着女性的价值。的确,作为一名女性,女孩你必须实现自己的价值。女孩到了青春

期，就要坚信不管是在生活中还是在职场中，并不只有男人才能有建树。现在女性的思想都新潮了，成功的女人在各行各业中都有出现，只要女人努力了，同样可以在男人的世界里穿梭。女人的资本有很多，在职场中女人略显优势，在有些行业里，女人会发挥着自己独特的优势去拼搏着，她们都是美丽的，那种干练的气质，强硬的态度，都可以让男人臣服。女人不要总想着在厨房发展，有能力的女人才能够让男人们欣赏，现在不流行家庭主妇的角色了，外面有着大把精彩的世界等待着女人去追求。

那么，女孩怎样为实现自己的价值做准备呢？

(1)养成看书的好习惯，因为在书籍的海洋里，女孩可以大口地吸收着营养。喜欢看书的女孩，她一定是出口成章且优雅知性的女人。认真地阅读，可以让心情平静，而且书籍里暗藏着很大的乐趣，当遇到一本自己感兴趣的书时，会发现心情是愉悦的。每一本书里都有着很大的智慧，阅读过的书籍都会是女孩社交中的资本，相信没有人会喜欢与一个肤浅的女孩交往。好的书籍能够教会人很多哲理，会让你学会以一种平和的心态去迎接生活里的痛苦或快乐。其次，书是女孩进步的最好的指导老师，女孩可以从书中学到很多增加人生财富的知识。

(2)交一些思想优秀的朋友。青春期的女孩对是非黑白已经有了一些认识和见解，应该有目的性地去选择朋友。社会中的人脉非常重要，而你选择加入的朋友圈也会对你的人生有着很大的影响。如果你的朋友都是一些积极向上乐观的人，你也会被他们感染的；如果你的朋友是一个悲观主义者，整天只知道抱怨生活，却不会脚踏实地地工作，时间久了，你同样会被感染的。益友，一般也是良师，一个好的朋友可以让你的人生有着很大的改变，他会让你变得乐观。女孩到了二十几岁后，要多交一些朋友，要多交一些对自己有帮助的朋友，你可以从他们的身上学到东西。但是想交朋友，你就要对他们付出真诚，不要只是为了想利用他们才与他们交往。

当然，为实现自己的价值积累财富的方法还有很多，拥有一些良好的精神，就能为你多彩的人生积累一个砝码！

五 学会面对困境

每个青春期女孩都有来自外在和内在的一些小困境，比如被人跟踪，父母对追星的反对，父亲的独断专权，还有不敢尝试的苦闷。面对这些困境，女孩都应该寻求正确的解决之道，安然面对！

1.回家的路上被跟踪

“我家住得比较偏僻，昨天晚上我在回家的路上被一个人跟着。开始我还以为他只是同路而已，但是后来我加快脚步，他也跟着快，到后来我几乎要跑起来了。但他和我的距离越来越近，几乎伸手就可以抓着我的样子。后来还好我到了家门口，但我立刻回头看，他却突然消失了。是他走得太快还是躲在了车子后面？反正昨天把我给吓死了，我该怎么办啊！我现在都不太敢一个人出去了。”

青春期女孩最容易引起一些不法社会青年的注意甚至跟踪和骚扰等，女孩一定要注意加强自我安全和防范意识。在夜行时或者在偏僻的地方，女孩如果发现有人跟踪，通常情况下会惊慌失措。其实，如果平时掌握了必要的防身知识，在那种情况下可以起到稳定情绪、预防伤害的作用。下面是摆脱跟踪和预防伤害的一些必要技巧。

行走的时候，听到身后有脚步声一直紧跟不舍，或者看到有跟踪的人影，应该加快脚步；如果身后脚步也快了起来，就应快跑起来。如果受到攻击，应该用尽一切方法进行反击。首先，要大声尖叫，没有效果的话，就要拼命反击。

在发觉有人跟踪的时候，就要考虑浑身上下哪些东西可以作为反击的武器，并且把武器握在手里以备不测。反击的时候，以下的方法能起到一招制敌的效果：用雨伞猛刺对方的要害部位；用梳子带齿的一边在对方的鼻子底下横切；把指甲刀、发夹、安全别针或圆珠笔捏在手心里，每件东西的尖端都要从指缝间露出来，用来攻击；将粉底盒中的粉或者发胶水喷洒到对方的眼睛里；硬币夹在手指间，捏紧拳头；用手抓紧背包的皮带，随时准备抡起一击。

但是有的时候，你可能会被跟踪的人从后面抱住。这时有两种情况，一是被人用胳膊扼住了喉咙，如果对方用右胳膊扼住了你，他的右脚可能朝向前，而且就在你的脚下，你可以用脚跟狠劲踩他的脚背；第二种情况是有人用手指从后面掐住了你，你可以抓住任何一把手指，猛地向后拗，然后将其手从头侧甩开。

被歹徒攻击时，大声喊叫、撕扯，表现出疯狂的模样是有用的。有时候，还要假装痛苦。如果你表现出痛苦的样子，歹徒会觉得满足，从而减轻对你的控制。你反击的时候也要大声喊叫，这样会使对方害怕。

当然，女孩在夜间还是最好不要外出，外出的话应和同伴和家长一起，遇到被人跟踪也要保持冷静，用适当的方法驱走歹徒！

2. 理性追星，妈妈也支持

校园追星已经成为一个潮流，很多青春期女孩都会崇拜某些明星。这些女孩有着时尚流行的心态，现在大概是因为超女们的出现，追星族有了另外一种称号，那就是粉丝。青春期女孩产生追星心理，主要原因有：

(1)膜拜心理。她们所追的星，男的大多英俊潇洒、风流倜傥，扮演的也多是些义胆冲天、侠骨柔肠的铮铮铁汉；女的则羞花闭月、沉鱼落雁，扮演的也多是些娇媚可人、善良温柔的亭亭玉女。

(2)从众心理。在中学生中，追星现象很普遍，势力也很大，以致本来没多大心情追星的同学，为了不被看做“落伍”，不被视为“异端”，也自觉不自觉地入了流。

(3)时尚心理。“追星”，在不少中学生看来，就是件时髦的事，至于有没有道理、有没有价值，何必管它那么多？只要有“星”可“追”就足够了。

追星对青春期女孩来说是一种正常的心理需求和行为表现，但要把握好分寸：

(1)不盲目追星。你所崇拜的应该是真正值得崇拜的，而不是徒有其表，应该有高尚的人品和超凡的气度；不仅仅吸引你的目光，更能震撼你的心灵。

(2)不疯狂追星。不要滥花时间和钱在追星上。因为,明星的光环不会罩在你的身上,追星也就没有什么可夸耀的,更不应该成为你生活的全部。

(3)摒弃狭隘心态。朋友间所崇拜的偶像有同有异,不能因为偶像的不同,就对其他人持排斥甚至敌对的态度。

(4)善于从自己所崇拜的偶像身上吸取积极的人生经验。

(5)更加关心身边的人,爸爸妈妈,爷爷奶奶,他们为你付出了很多,应该把爱都放在他们身上。

(6)摆正自己与明星的关系,明星有他的工作,需要有人支持,但支持并不是你的工作,你还有你的生活。

总之,不要在追星中失去你自己,因为你最终只能成为你自己。所以,青春期女孩适当地、理性地追星,在不耽误学习和生活的情况下,妈妈也会支持你的!

3. 只有尊重才能换来尊重

一天中午，小林恶整了一下前面的同学，她在趁那个女孩为自己削铅笔的时间,在她背上贴了一张纸条,上面写着“我是一只奇丑无比的千年王八龟”,坐在后排的同学哄堂大笑,那个女生才明白怎么回事。小林本以为她也会哈哈大笑,没想到她见了后,眉头拧成了一个疙瘩,轻蔑地瞥了小林一眼,说:“小林,你觉得把自己的快乐建立在别人的难堪上很好笑吗?”小林不以为然地说:“切,我开个玩笑罢了,有什么了不起的！”可那女孩竟然对她大吼:“尊重是人类共处的金钥匙,这个道理你应该懂吧！玩弄别人自己觉得很开心吗？你太无聊了！”

小林脸上火辣辣的,明白了自己犯的错。

青春期女孩应该明白这个道理,尊重别人是崇高道德的表现。只有尊重才能换来尊重,小林之所以被那个女孩大吼,就是因为她不尊重别人在先。生活中时时刻刻都需要学会尊重。青春期女孩,对自己的同窗不取笑、不打闹、不揭短,以诚相待,是对同学最起码的尊重,是纯真友谊的基础;回到家时与父母长辈打声招呼是一种对长辈亲人的尊重,是对亲人辛勤养育最珍贵的抚慰;上课专心听讲是对老师辛勤劳动的尊重;在食堂就餐后,把椅子、餐具放好是对食堂师傅的尊重……如果你不尊重别人,有什么资格指望别人来尊重你呢?

4. 亲爱的好爸爸

“今天中午就炒菜的事我又和爸爸起了争执,其实这种争执在很多时候都是一触即发的。我想究其根本,还是和爸爸的性格合不来的缘故。孩童的时候,我就很不喜欢爸爸的性格,不知道顶撞了爸爸多少回。现在长大了,发现我还是不喜欢他的个性:孤僻、固执、不合群,自命清高。”

青春期女孩和妈妈可以很愉快地相处,一起买菜、做饭,谈论很多难以启齿的事,可是,女孩该怎么和爸爸相处呢?

爸爸之所以不能和女儿和睦相处,很多时候是不能理解女儿。随着年龄的增长,爸爸就愈加不能理解年轻女孩的想法。作为女儿,应该多从爸爸的角度考虑,先试着理解他,然后尽量让爸爸接受你的思想,让他从思想上与时俱进,不断地学习新事物,接纳新思想,不倚老卖老;要多注意培养自己和爸爸的共同兴趣。

当与爸爸产生意见分歧或者矛盾的时候,或者爸爸要求你做什么事情或者强迫你做什么事情时,如果你觉得是对的,你可以先肯定,即使是错的,先答应下来,然后尽量拖延下去,不要让作为父亲的他失去权威。你要让他明白,你是一个听话的女儿,至于矛盾的解决,你可以让妈妈劝导她,也可以日后慢慢解决。

久而久之,他就会变成你亲爱的好爸爸!

5. 你会有很多个第一次

每个女孩的人生都是由一次次突破构成的,第一次跌跌撞撞走路,第一次喊“妈妈”,第一次为了自己喜欢的男生落泪……

青春期的女孩要明白,你会有很多第一次,你要做的就是跨出第一步,勇于尝试才会成功。不管什么事,只要锁定目标,实现也并非遥不可及的事,只要跨出第一步,就会离它越来越近。

纵观古今,凡有成就者,他们无不具有勇于尝试的精神。敢于尝试是开启成功大门的钥匙。青春期的你们,要把握好现在,只要大胆尝试,就会离成功越来越近。

当然,尝试的过程中也可能会失败,但如果你缺乏尝试的勇气,那就永远没有成功的机会。成功者勇于尝试,创造机遇;失败者抱怨生不逢时,错失机遇。两种路径,两种选择。与其站在原地苦苦等待,还不如抛开杂念,大胆尝试。

在学习和生活中,你要有尝试的勇气,尝试着举手发言,尝试着向课本质疑,尝试着与同学合作探讨,还应尝试着理解别人、关心别人……在不断的尝试中,你的智慧将得到增长;在不断的尝试中,你的能力将得到提升。

第九章　女孩别紧张——做个会社交的聪明人

女孩到了青春期，就是一朵盛开得最美丽的花，女孩的一季花期一定要开得灿烂。这个年龄段也是从未成熟到成熟的转型期，更是由未成年到成年的衔接期，女孩要开始学会怎样做个社会人，为跨入社会做一下热身。学做社会人，就要掌握一些人际关系的技巧，学会一些交谈的技巧；就要学会和父母相处，和同学相处，和身边的每一个人相处；就要拥有一些品质和精神。丰满自己的个性，给别人喜欢自己的理由，你的青春就是灿烂的！

一 女孩与不同人交往的技巧

青春期女孩就像一朵羞怯的花骨朵，这和青春期的心理和女孩的个性是分不开的，但作为一个社会人来说，必须要掌握一些与人交际的技巧，与父母交往，要跨越代沟；逢人不要忘记礼貌，别忘记打招呼；一张笑脸更能体现你的涵养；多结交优秀的人让你成长得更快！

1. 跨越代沟，与父母愉快地交往

“父母的观念与我们大不相同，他们的思想太封建了。买衣服时，我喜欢追求时尚的，看到漂亮的名牌衣服，想买，爸爸妈妈却拒绝，说不适合，却总是挑些感觉老土的样式。我总是与他们不和，让我产生逆反心理，我该怎么做？”

这种想法恐怕是很多青春期女孩的心声，很多女孩对父母的各种行为都会产生逆反情绪。俗话说“百行孝为先”，和父母愉快地相处、对父母孝敬是做人立世的基础，是做一个成熟的社会人的必备素质。

世界上最爱你的人非你的父母莫属。无论你是什么样的孩子，抛开所有外界的条件，父母对你的爱是最纯净、最无私、最可贵的。他们可能无法完全理解你那五彩斑斓的世界，但是请你相信父母对你的毫无保留的爱。请每天都在成长的你，每天都很容易接受新鲜事物的你，理解他们对你的爱，主动和他们沟通，告诉他们你的世界、你的想法，即使他们不了解，有爱这个基础，没有什么鸿沟跨越不了。

其实，和父母出现代沟说明你已经长大了，开始有自己的想法和思考方式。当然，每个人的思考方式都不相同。就像走一条路，在你小的时候你总是依赖父母的指引，没有他们你就没有了方向，但你渐渐长大，就会想走自己的路，而不需要依赖别人的指引。你所谓的出现和父母的年龄代沟、想法不一样，其实是你考虑的起点

和路线和他们不相同罢了。如果你站在父母的角度去看待每一件事，你就会觉得你们之间其实没有代沟，只不过自己考虑的东西没他们多罢了。

和父母之间有一些代沟很正常，毕竟两代人的思想有差异。但作为女儿的你，不可以因此就去责怪埋怨自己的父母不理解自己，每个父母都是爱自己的孩子的，他们不可能去伤害自己的孩子，如果他们不理解你，那也只是因为他们急于去关心你罢了。所以不要要求父母去完全理解你的想法，只要理解他们无论怎样都是出自一片好意，这样，相信你就可以跨越这个代沟，保留那些不同的意见，和父母愉快地交往了。

2. 不要因为怕羞而忘记礼貌

青春期女孩就像一朵羞怯的花骨朵，这与青春期女孩的心理和性格是分不开的，但作为一个社会人来说，必须要掌握一些与人交际的技巧，而懂礼貌是这些技巧的基本要求，青春期女孩不要因为怕羞而忘记礼貌，给人一种扭捏之感。青春期女孩在与人交往的时候，要注意礼貌和习惯，比如：

(1)到别人家做客，别人给你端茶倒水时，要主动站起来，然后用双手接住，以示礼貌。

(2)当和别人交谈时，要注意聆听，但不可一言不发或者一味点头称是。

(3)在别人家吃饭，就座时，不要跷二郎腿；吃饭要端碗，不要在盘子里挑肥拣瘦，也不要发出声音。吃完饭退席时要说“我吃完了，你们慢吃”。

(4)客人来访时，给人递水、递饭一定是双手；送人走时要说“慢走”。

这些只是一些简单的礼貌而已，总之，女孩子在与人交往的时候，要表现出你的礼貌和落落大方，怕羞只会让你在别人眼前手足无措，窘迫难堪。你要记住，礼貌是给别人良好印象的开始！

3. 与人交往从主动打招呼开始

青春期的女孩走出家庭和学校，展现在她们面前的是一个纷繁复杂、瞬息万变的大社会。你将面临要与人交往的难题，与人主动打招呼是每个社会人都要具备的交往技能，因为每个人一踏入社会，就必须与人交往。社交在每个人的生活中占据着重要的位置，社交成功，就意味着彼此喜欢、彼此信任，并愿意互相帮助、互相支

持。要想取得社交的成功,你必须跨出第一步,从主动与人打招呼开始!

主动与人打招呼涉及以下几个方面:

(1)问好。走在路上或在公共场所,遇见相识的人应该主动打招呼,问候致意,可以说“您早”、“您好”、“早上好”等。别人向你打招呼以后,也要应答致意,否则会被认为不礼貌。有时也可面带微笑,注视对方并点头致意,这也是一种向人问候的好方法。遇到比较熟悉的朋友,除了问候致意外,还可以问问对方家人的情况,并请他代为问候。

(2)称呼。称呼是指人们在正常交往应酬中,彼此之间所采用的称谓语。在日常生活中,称呼应当亲切、准确、合乎常规。正确恰当的称呼,体现了对对方的尊敬或亲密程度,同时也反映了自身的文化素质。

朋友、熟人间的称呼,既要亲切友好,又要不失敬意,一般可通称为“你”、“您”,对于长辈,一定要用您尊称。

(3)询问。向陌生人询问,这种看似平常的一句问话,实际上却反映了一个人的修养和文明程度。

向人询问时,首先要选择合适的称呼语,如“王叔叔”、“阿姨”、“师傅”等。不能不加称呼,直接用“喂”来代替;也不能使用一些不礼貌的称呼,如“老头”、“戴眼镜的”,等等。

其次,应学会使用请求语,如“麻烦您”、“劳驾”,等等。问路时,可用“请问”开头;咨询政策法规或有疑惑的问题时,可以说“我想请教一个问题”;需要有劳别人时,可说“麻烦您”、“劳驾您”,等等。

再次,对方答复自己的询问时,应神态专注,不能目视左右,心有旁骛。询问完毕,应向对方表示感谢,语气应恳切,态度要真诚。

这都是与人打招呼的几种情况,与人打招呼是走出与人交往的第一步,做好这一步,就能克服很多心理上的交往障碍!

4. 遇到“半生不熟”的人不妨点头或微笑

很多女孩出于羞怯,和人打招呼时,选择点头致意。当然,在向他人点头致意的时候,女孩要面带微笑,目视对方,微微点头,以示对人礼貌。

点头致意往往可伴以相关的问候辞，适用于比较随便的场合，如有时在路上行走或在公共场所与同学、朋友、长辈相遇，无须驻足交谈时；或是自己正在忙碌，无暇分身相迎时；或是在社交场合面对一面之交的朋友，都可行“点头礼”致意。

5. 跟女伴相处应注意的事项

阿萍和安心是一对铁打的闺蜜，亲密无间，无话不谈。但是阿萍却常常为安心的举动而烦恼。阿萍有了新裙子，安心一定会抢去穿几天；阿萍省吃俭用买了手提电脑，安心三天两头来借。一次阿萍发烧，想早早躺下睡一觉，结果安心风风火火冲进门，一把拉起阿萍，叫她听自己倾诉，一讲就是五个小时……阿萍和安心一起上英语培训班，安心爱上英俊的培训老师，却告诉他是阿萍爱上了他，结果弄得阿萍非常尴尬，退了学。阿萍交了男友，吵架时会和安心分享心情，意外的是，安心却总站在男友那边，一点不为自己说话。在他们约会时，安心还常常充当“电灯泡”。阿萍和安心到同一家公司实习，阿萍本来人缘很好，却突然发现同事们都在小声议论自己，她百思不得其解，终于有一位同事告诉她，安心跟大家八卦她的私生活，并且说她“花心不专一”……阿萍非常气愤，冲出办公室去找安心评理，却撞见自己的男友和安心手拉着手走在大街上……

阿萍被安心伤害，这对好朋友之间的关系最终如此，其中原因值得深思，但其中一个主要原因是彼此之间没有自己的空间和过于信任。

青春期的女孩和女伴相处，也应给彼此空间。要明白，即使关系再好的闺蜜，也应该是独立的个体。也许你们是心心相印的好朋友，也许你们的爱好几乎一样，走在一起像一对姐妹花，但要记住，你们并不是同一个人，也不会连成一体。具体说来，青春期女孩和女伴相处，应该注意以下几点：

(1)要尊重女伴的嫉妒。嫉妒是人类的本能，尤其是女人，很多你比她优秀的地方都可能会令她嫉妒。这并非道德问题，而是人之常情。

(2)再亲近也要有距离。要知道，依赖闺蜜也会上瘾，有一些女孩，大事小情，没有经过闺蜜的斟酌讨论，自己就做不了主。过于依赖闺蜜，也会把闺蜜逼成毒药。与闺蜜见面的周期，一周一次就够了，忙时三个月见一次也行，最佳的方式是定期会面，保持一个交往的习惯。这样既可以保持亲近，又可以保证最美的距离。

(3)对闺蜜释放爱要有限制。对闺蜜好,并非事事顺着她,那是溺爱。倾听朋友的烦恼,每天不要超过一小时,否则她的坏情绪也会影响你。学会在闺蜜提出过分要求时说"不"。

(4)如果闺蜜伤害了你,先试着原谅她。谁都期望闺蜜能长久陪伴自己,但谁也不是谁的天使,如果你的闺蜜像安心那样伤害了你,你可以先尝试原谅她,换位思考一下她的处境。然后你可以尝试跟她聊聊,或许她已经非常内疚,沟通也能消除误会。

青春期的女孩除了要和异性交往的时候有所注意外,和自己的女伴交往,同样也要有所注意,这也是人际交往的技巧之一。学会一些技巧,能让初入社会的女孩在与人交往的时候避免一些误区!

6. 多结交积极优秀的人

青春期因为其独特的心理特点,很多女孩总是乐于和比自己差的人交际,这的确能够得到心理上的平衡感。因为在与这样的友人交际时,能产生优越感。可是从不如自己的人当中,显然是学不到什么的,而结交比自己优秀的朋友,能促使自己更加成熟。结交朋友虽出于偶然,但朋友对于个人进步的影响却很大。女孩交朋友宜经过郑重的考虑之后再决定。

把有能力的人作为自己的榜样并不可耻,朋友与书籍一样,好的朋友不仅是益友,也是良师。交到一个优秀的朋友,能够从比自己优秀的朋友那里得到鼓励和帮助,不断地使自己力争上游。而相反,与一个思想败坏、行为低劣的人交往,就是在给自己一个堕落腐化的机会。

因此,青春期女孩,在与人交往的时候,一定要慎重,多与积极优秀的人交往,取长补短,让青春路上一路阳光!

7. 与陌生人沟通的技巧

青春期女孩初入社会,人际交往能力欠缺是影响她们人际交往的原因之一。有的女孩在日常生活中已经体会到,往往想关心别人却不知从何做起;想赞美别人却不知从何开口;想协调人际关系却越协调越复杂;想与人为善却控制不住自己的冲

动而语言生硬。人际交往能力是一个人的知识、人品、修养以及各种心理能力的综合,反映了一个人的综合素质,而如何与陌生人沟通,却又是一个考验人际交往能力的重要方面。

青春期女孩在与陌生人沟通时,可以采取以下方法,拉近和别人之间的距离:

(1)问话探路法:把对方假设成一般过路人,然后像问路一样,找一些自己心里有数却佯装不知的问题请对方来回答,这样你就取得了言语上的主动权。无论对方的回答对与错,你都要认真地洗耳恭听,即使对方说错了,你也应该“将错就错”地表示谢意。因为,这种问话探路的目的并不是要找到什么答案,而是为了打开你和对方语言交流的闸门。一旦双方对话的闸门被打开,顺流而下,原先那种陌生感就会自然消失。因为通常情况下,没有人会恶意地拒绝一个虚心请教者。

(2)细节入手法:仔细观察一下你身边的陌生人,看看他们是否有比较特别的地方,比如对方穿着上是否有异族风情的配饰,比如对方使用的手机款式让你非常青睐……谈论这些细节很可能立刻吸引对方的兴趣。聊天的话题最好选择节奏感比较轻松明快的、无需费尽思量的,这样就不会让人对你的搭话产生反感。

(3)正视自己的社交地位。当与一个陌生的群体交往,对方有意和你沟通时,无论对方的话是对是错,切忌否定对方,因为毕竟你们还不熟,一旦被否,余下的沟通就很难继续,前面你所做的一切细节探微的努力也会因此变成徒劳。那么怎样才能把握好与陌生群体对话的语机呢?有几种开门见山的“开场白”,你可以试着用。比如“初来乍到,请大家多关照”;比如“今后我们要一起共事了,我有什么不妥之处,还请各位包涵”;比如“认识大家很高兴”…… 对一个陌生的群体而言,故意回避或有问不答,均被视作对这个群体的拒绝;说话太多也难以让陌生的群体所接受,而且还会让人感到害怕。第一印象是有决定性的,如果你没有管好自己的嘴,在一个陌生群体当中出现“失言”或过分表现自己的所谓口才,那么你在这个群体当中会很难生存。

这是与陌生人沟通的几个简单的技巧,和陌生人交往,女孩要记住“一回生二回熟”,当你给别人一个良好的印象时,这说明你与人的初次交往已经成功了!

二 女孩不可不知的社交礼仪

青春期是每个女孩即将进入社会的时期，这个时期的女孩必须要掌握一些与人交往的技巧,掌握一些礼仪,学会与人合作、诚信待人,学会与人沟通等。掌握这些技巧,是一种有大局观的表现,有这种交际技巧的女孩,能更加适应这个时时需要合作、事事需要合作的社会!

1. 拜访他人讲礼仪

礼仪是现代社会判断一个女孩的人品、修养和综合素质的一个重要凭证,一个懂礼仪的青春期女孩即使还未跨入社会,也能在行为规范上落落大方。在拜访他人时,懂礼仪能让女孩顺利与人交往。

做好拜访前的准备：

(1)预约。拜访前要与主人约好时间,以防扑空或打乱主人的日常安排。凌晨、深夜、用餐时间和午休时间不宜前去访问。预约后一般不得随意取消约定,如因特殊原因不能如期赴约应事先通知主人并说明原因。

(2)应约。当接到别人邀请时,要及时告知对方是答应还是拒绝。一旦应邀就一定要守约,无特殊理由不能失约。

(3)服装仪表。拜访应注意服装整洁、庄重,仪表端庄大方,以示对主人的尊重。不要穿不洁或有破洞的袜子。因为,如果主人家需脱鞋,不洁或有破洞的袜子会使主人不快。

拜访的礼仪要求：

(1)准时到达。准时到达是拜访的基本要求,到主人门前应先擦干净鞋上的泥土,然后叩门按铃。

(2)进门问候。到达主人家应先向主人问候寒暄,还要同主人的家属及其他客人打招呼。待主人安排或指定座位后再坐下,同时注意坐姿。

(3)接受茶水。主人端茶,女孩要起身道谢,双手迎接。主人端上的果品,要等年长者先动手之后自己再取,果皮果核不要乱扔乱放。

(4)专心谈话。与主人交谈时要专心,不可左顾右盼,不要在房间里走来走去,不可乱翻东西。

(5)礼貌辞行。如无要事相商,拜访时间不要太久,以半小时左右为佳,忘乎所以谈个不停是不礼貌的。告辞不应在主人说完后立即提出,可选在自己说完一段话后或两人沉默的空当。辞行时应向主人及其家属和在场的客人一一握手或点头致意,向主人说些"打扰了"、"添麻烦了"、"谢谢了"之类的客套话。主人送你出门时应劝主人留步,并主动伸手握别,当走到门外第一个拐弯处时要再回头向主人挥手示意,以示最后的谢意,并请主人快回去。如果主人站在门口,发现你"一去不回头",那你就失礼了,主人会很失望。

一个小小的拜访礼仪就能尽显女孩的礼仪,掌握好人际交往中的礼仪,也就等于掌握好了一项良好的交际技巧!

2. 学会与人合作

"一人之力是站在海岸遥望海中已经看得见桅杆尖头的一只航船,需要风浪的推动;一人之力是立于高山之巅远看东方已经光芒四射喷薄欲出的一轮朝日,需要朝霞的映衬;一人之力也是躁动于母腹中快要成熟了的一名婴儿,需要母体所带来的滋养"。

上面这段引文讲的其实是合作对于每个人的作用。青春期女孩在与人交往的时候,也要学会与人合作。如果你能够使别人乐意和你合作,无论你做什么事情,你都可以无往而不胜,合作可以说是一种能力,但是表现出来的更是一种艺术。也只有善于与人合作,你才能获得更大的力量,从而取得更大的成功。

因为在生活、学习中,任何人都不是孤立的,都不该是孤立的。因此无论做什么事情,都有首先想到自己是否在做事情时心中只想到了自己的利益,而旁若无人地做了一些决定或决策。如果是这样,只能说明你心中只有自己,没有别人,过于自

我,没有想到会给别人带来什么麻烦或影响。其实说来这样的人是自私的,是不懂得合作、不善于合作的人。

其次,在现今需要信息共享,需要共赢共生的年代,每个人都首先应该学会与人很好地合作,与别人达成共识,与别人“风险同担”、“利益共享”,充分利用别人的资源为我所用,这是一种有大局观的表现。有这种交际技巧的女孩,能更加适应这个时时需要合作、事事需要合作的社会!

3. 站在对方的角度看问题

《孙子兵法》有云:“知己知彼,百战不殆。”而要做到“知彼”,最好的方法莫过于站在对方的立场看问题。造成失败的一个重要原因是,他们从来都不懂得站在对方的立场看问题。青春期的女孩初入社会,掌握站在对方的角度看问题这一交际技巧,就会开始理解他人,为他人考虑。站在他人的角度看问题,会让他人感到被重视和被尊重,缩短你与对方的距离,增进彼此的理解和信任,女孩也就成功地与人交往了。

人们交往之间,总有许多分歧。青春期女孩社会经验尚浅,在与人交往的时候,面对这一分歧,往往会手足无措,这时候,就需要从对方的角度看问题。这时你会发现,你变成了别人肚子里的蛔虫,他所思所想、所喜所忌,都进入了你视线中。在各种交往中,你都可以从容应对,要么伸出理解的援手,要么防范对方的恶招,在交际中大概就胜券在握了。

4. 信守自己的每一个承诺

诚信是做人的基本守则,信守承诺,在与人交往的时候,才能赢得别人的信任,因为诚信是互相的,“对人以诚信,人不欺我;对事以诚信,事无不成”,青春期的女孩初入社会,更应信守自己的每一个承诺,才能为自己打下一个坚实的人际基础。这一点,宋庆龄女士的例子能给女孩很好的一个启发:

一个星期天,宋耀如准备带着全家去朋友家做客,孩子们大都穿好了礼服就要出发了,只有宋庆龄仍在钢琴前弹奏着动听的旋律。

母亲喊道:“孩子们快走吧,伯伯正等着我们呢!”

听到妈妈的喊声，宋庆龄立即合上琴盖，跑出房间，拉着妈妈的手就走，刚迈出大门，突然又停住了脚步。

“怎么了？”一旁的宋耀如看到宋庆龄停住了脚步，不解地问道。

“今天我不能去伯伯家了！”庆龄有些着急地说。

“为什么不能去，孩子？”倪桂芝望着女儿说。

“妈妈，爸爸，我昨天答应小珍，今天她来咱家，我教她叠花。”宋庆龄说。

“我原以为有什么非常重要的事情呢？这好办，以后再教她吧！”父亲说完，拉着庆龄的手就走。

“不行！不行！小珍来了会扑空的，那多不好呀！”宋庆龄边说边把手从父亲的大手里抽回来。

“那也不要紧呀！回来后你就到小珍家去解释一下，并表示歉意，明天再教她叠花不也可以吗？”妈妈说。

“不！妈妈，您不是常说要信守诺言吗？我答应了别人的事，怎么可以随意改变呢？”宋庆龄不停地摇着头说。

“我明白了，我们的罗莎蒙黛是一个守信用的孩子，不能自食其言是吗？”妈妈望着宋庆龄笑了笑，接着说：“好吧，那就让我们的罗莎蒙黛留下吧！”

宋耀如夫妇放心不下家中的宋庆龄，在客人家吃过中午饭，就提前匆匆地回到家中。一进门，宋耀如高声喊道：“亲爱的罗莎蒙黛，你的朋友小珍呢？”

宋庆龄回答说：“小珍没有来，可能是她临时有什么急事吧！”

“没有来，那我的小罗莎蒙黛一个人在家该多寂寞呀！”倪桂芝心疼地对女儿说。

“不，小珍没有来，家中虽然只有我一个人，但是我仍然很快活，因为我信守了诺言。”宋庆龄解释道。

听了小庆龄的话，宋耀如夫妇满意地点了点头。

人际交往中，人格因素至关重要，不良的人格特征或人格缺陷容易给对方以不良的评价、不愉快的感受和不安全感，从而影响人际交往。诚信做人，自古以来就是中华民族的美德，宋庆龄女士自小就诚信待人，即使别人失信于她，但正如她所说的“我仍然很快活”。女孩与人交往，也重在一个“信”字，诚信待人，是一种品质，更是与人交往过程中必备的技巧和原则，那些朝令夕改、不信守诺言的人毫无诚信可

言,试想,这样的人能长久立于世吗?

5. 怎样面对比你强的朋友

青春期是个需要朋友的年纪,女孩和朋友间的友谊,可以亲密无间、天长地久。但很多女孩在面对比自己优秀、比自己强的朋友时,就是心理不能平衡,"和她做朋友,感觉自己像个小丑一样,简直是她的附属品",这种心理很多女孩都有过。

这样的友谊,表面上看相安无事,但女孩的内心已经开始有一块阴云笼罩着,一旦出现一些小事,就一触即发,两人之间的友谊会消失得越来越快。实际上,绝对的公平并不存在,如果你不能清除这种不平衡心理,你就不能以一种轻松的心态去面对你的朋友。

从另一方面说,人与人交往的另一个目的,就是为了以己之长补己之短。交往双方肯定会有强弱之分,当然,这只是在某一方面而已。女孩与人交往,必须克服自己内心的不平衡,否则,学习无从谈起。

再者,与人交往,应有一个"度"的原则,交友交心,这样就能排解掉这种不平衡。君子之交淡如水,不少人交友是为求心灵的沟通。人除了物质,还有意识,吃饱喝足就要想事,而这些事,一个人"独吞"是很难受的,必须找人来交流。无论是你的情感隐私还是遭遇,时间久了,憋在心里便如鲠在喉,不吐不快。君子之交,是为了心灵的沟通,它最不具有功利的目的性。

在中国,中庸之道是一种至高的做人法则,掌握了这种方法,便会在生活中游刃有余。交友也讲中庸,除了"淡而不厌"外,还要"简而文"、"温而理",简略但是文雅,温和且合情理。

交朋友,不能以自我为中心,让朋友围绕着你的爱好转,让一个世界都是你的色彩,也不能自我感觉过于良好,取笑朋友的爱好、兴趣。这样,女孩在面对比自己强的朋友时,也就能以正确的心态与之交往了。

学会与人沟通

在社会生活中，是否具有与人交际的能力一直是决定一个人生活及事业优劣成败的重要因素。而与人交际中，最为重要的莫过于一个人的说话能力。随着社会的发展，人们的文化视野、交际视野越来越广阔了，人们在很多公开场合需要发表自己的意见，展现自己的才华。如果笨嘴笨舌、言不达意，就会坐失良机；如果言语得当、妙语连珠，就会赢得主动、左右逢源。

所以，青春期女孩要尽快融进社会，就必须学会说话，掌握与人交谈的技巧。努力学好与人交谈的技巧，可以增加你的成功砝码，让你在与人交往中站稳脚跟，立于不败之地。

1. 在幽默中成功沟通

说话是一门艺术，好的语言表达往往有事半功倍的效果。青春期女孩刚刚踏入社会，学会幽默地与人沟通，可以减少人们交往中发生的摩擦，使人们之间的关系更加和谐。幽默是与人良好沟通、化解矛盾、拓展人脉的润滑剂。幽默不仅能给我们的生活带来笑声、带来欢乐，而且能使女孩拓宽人际关系，增长才干，在人生的历程中获得成功。

以下是几种幽默的方法：

(1)自我解嘲。有的人在与人的交往、沟通中听不得半点“逆耳之言”，只要别人的言语稍有不恭，不是极力辩解就是大发雷霆，其实这样做是十分愚蠢的。这不仅使你无法赢得他人的尊重，反而会让人觉得你不易相处。而采取虚心、随和的态度，以自我解嘲的方式缓和一下双方之间的紧张气氛，将使你与他人的合作更加愉快。

(2)化解冲突。幽默往往通过大家同笑的方式弥补人际间的思想鸿沟，架起感情沟通的桥梁，增加人际间的信任，化解冲突。一句得体的幽默，它所带来的感情冲击有足够的能量来消除人际间的误会和纷争，能够让人际关系变得更加和谐融洽。因此，幽默也是一种富有感染力和人情味的沟通艺术。

(3)消除尴尬。真正的幽默可引来会心的一笑,从而消除令人十分尴尬的场面。要善于使用幽默的技巧,就需要具有一定的智慧。一个才疏学浅、举止轻浮、孤陋寡闻的人是很难生出幽默感来的。要学会幽默的艺术,必须具备以下几个方面的能力:广博的知识和深刻的社会经验;敏锐的洞察力和丰富的想象力;高尚优雅的风度和镇定自信、乐观轻松的情绪;良好的文化素养和语言表达能力。

幽默是人际交往的润滑剂。青春期女孩学会恰当地运用幽默,会使与别人之间的沟通更加顺利,人际关系更加和谐。幽默是生活的调味料,它使我们的生活更加有滋有味。但是,在沟通时,幽默要运用得当,方可发挥它的魅力。对于女孩来说,过多的幽默会让人产生一种语言夸张、举止轻浮的错觉,妨碍与他人之间的交往!

2. 把握倾听的艺术

与人交谈,除了有说的权利以外,还有听的义务。在与人交往的时候,女孩不要总是为了显示自己的口才,天南海北地夸夸其谈,自以为无所不知,这是一种交谈误解。女孩要懂得尊重别人说话的权利,学会倾听。倾听也是有技巧可言的:

(1)要始终聚精会神地倾听对方的谈话,不要干别的事情。静心倾听,既能使对方向你敞开心扉,又能使自己跟上对方的节拍。听的时候,要把目光放在同对方的目光同一水平上。眼睛是心灵的窗口,所以要望着对方的眼睛,但要自然、轻松,不要死死盯着对方,那样会使人家感到窘迫。

(2)不要打断对方的话,即使对方说的话不中听,或者引不起你的兴趣和共鸣,也要耐心地等人家把话说完。不要在别人说话的兴头上,突然转移话题。打断别人的话,不仅不礼貌,而且会使人家不能一吐为快,十分扫兴。

(3)倾听时,可以在对方停顿时偶然加入自己的话,以示专注。如:“是这样吗?”“这个主意是谁出的?”“好极了!”等。也可以适当地重复对方说过的话,以示重视或赞同。

(4)如果对方离题太远,可用动作调节,如挪动一下茶杯,改变一下坐姿,或恰当地把话题引入正轨。

其实,倾听也是一种沟通的艺术。会听的女孩才是真正会交际的人,也才能赢得人心!

3. 拒绝别人也有策略

诚然，青春期女孩应该竭尽全力地帮助他人，尤其是主动地、心甘情愿地帮助需要你的朋友。但是，如果你是被某种心理上的压力所迫，对一切都点头答应，这实际上是一种错误的做法，你这是在委屈自己。同时，当你能力不足而答应别人的时候，也会给别人带来不快和麻烦。

其实，拒绝是你的权利，也是你负责任的表现。懂得自重，就应该学会说"不"。

在以下几种场合，你应该拒绝人家：

(1) 当有人想干扰歪曲你的某种信念时。你永远不要认为有义务为他人说谎，比如，一个朋友为了欺骗老师，说作业落在家里了，你不想违心地办事，就要敢于说"不"。

(2)当有的朋友提出让你代替他完成某种义务时。比如，对朋友父母的关心，应该是他应尽的义务，你不能代替。

另外，拒绝也是有技巧可言的：

(1)立即答复，不要使对方抱有不能实现的希望。要打消为避免直接拒绝而寻找脱身之计的念头。请不要说"我再想想看"，或"我看看到时候行不行"等等。明确地告诉对方："实在抱歉，这是不行的。"

(2)不要以为每次都有必要说明理由。在很多时候，你的拒绝会比提出的要求更明确有力，这一点尤为有效。

(3)努力以一种平静、庄重的方式讲话。比如，有人找到你，希望你帮忙对付另一个人，你就可以说："我担心对方也在找朋友，不如由我负责你的后方。"

学会拒绝，而不是盲从，这是一个青春期女孩应该学会的人际交往技巧，掌握拒绝别人的策略，做自己力所能及的事，才是有责任感和成熟的表现。

4. 得体地赞美别人

任何人都需要赞美，赞美是一种最低成本、最高回报的人际交往法宝。青春期女孩初入社会，人际交往中，学会赞美别人，能从心理上拉近和交谈对方之间的距离，为进一步交往奠定基础。赞美也有一定的原则：

(1)赞美必须是真诚的，这是赞美的先决条件。只有名副其实、发自内心的赞

美,才能显示出它的光辉,它的魅力。其一,赞美的内容应该是对方拥有的、真实的,而不是无中生有,更不能将别人的缺陷、不足作为赞美的对象。比如,对一个嘴巴大的人,你夸他:“瞧,你的小嘴多可爱!”或对一个胖子说:“呀,你多苗条!”还有比这更糟糕的赞美吗?这种赞美不但不会换来好感,反而会使人反感,甚而造成彼此间的隔阂、误解,甚至反目。其二,赞美要真正发自肺腑,情真意切。言不由衷的赞美无疑是一种谄媚,最终会被他人识破,只能招来他人的厌恶和唾弃。

(2)赞美要适时。交际中认真把握时机,恰到好处地赞美是十分重要的,一是当你发现对方有值得赞美的地方,就要及时大胆地赞美,千万不要错过机会。二是在别人成功之时,送上一句赞语,就犹如锦上添花,其价值可“抵万金”,如别人考了好成绩,评上好学生,受到奖励,这时,别人的心情本就格外舒畅,如果再能听到一句真诚的夸赞,其欣喜之情可想而知。

(3)赞美要适度。赞美的尺度掌握得如何往往直接影响赞美的效果。恰如其分、点到为止的赞美才是真正的赞美。使用过多的华丽辞藻,过度的恭维、空洞的吹捧,只会使对方感到不舒服,不自在,甚至觉得难受、肉麻、厌恶,其结果是适得其反。假如你的一位同学歌唱得还算不错,你对他说:“你唱歌真是全世界最动听的。”这样赞美的结果只能使双方都难堪,但若换个说法:“你的歌唱得真不错,挺有韵味的。”你的同学一定很高兴,说不定会情不自禁一展歌喉向你送上一曲呢!所以赞美之言不能滥用,赞美一旦过头变成吹捧,赞美者不但不会收获交际成功的微笑,反而要吞下被置于尴尬地位的苦果。古人说得好,过犹不及。

赞美也是一种语言的艺术,但赞美一定要恰当、应有一定的事实基础,否则赞美就变成了人们常说的“拍马屁”和“阿谀奉承”。青春期女孩要学会用事实赞美别人,赢得别人的好感,达到交往和沟通的目的!

5. 轻轻松松开玩笑

社交艺术是每个人都希望掌握的,对于涉世不深,但迟早得走向社会的青春期女孩来说,可能更是求之若渴。女孩除了加强自身修养,明白社会交往的一些基本原则外,还需要掌握一些经常用得着的方式、方法,即人际交往中交谈的常用技巧,而开玩笑就是其中之一。

做个善于开玩笑的人,不仅可以减少尴尬,还可以制造一种轻松的气氛。要学会开玩笑,就要先学会培养自己的幽默感,这是很重要的。

当然,一个善于开玩笑的人,并不是不看场合地乱开玩笑。在社交中,你要让人觉得你这个人是有幽默感,而不是粗俗的,要善于观察环境,来确定自己的策略。比如:

(1)要根据说话的对象来确定。人的性格各不相同,有的活泼开朗,有的大度豁达,有的则谨小慎微。对于不同性格的人,开玩笑就要因人而异。

对于性格开朗、宽容大度的人,稍多一点玩笑,往往可使气氛活跃;对于谨慎小心的人,则应少开玩笑;对于女性,开玩笑要适度;对于老年人,开玩笑时应更多地注意给予对方尊重。总之,开玩笑要以不伤害对方的自尊心和让对方感到轻松、愉快为准。

(2)要根据说话对象的情绪来确定。同一个人,在不同的情况下会有不同的心境和情绪。当说话对象情绪比较低落需要安慰和帮助时,就不要和对方开玩笑,弄不好对方会认为你是幸灾乐祸。开玩笑要选择在大家心情都比较舒畅时,或是在对方因小事而不高兴,并能通过笑话把对方的情绪扭转过来时为好。

(3)要按说话时的场合、环境来确定。开玩笑要讲场合、环境,当别人正在专心致志地学习和工作时,开玩笑会影响别人;在庄重的集会或重大的社会活动场合,开玩笑会冲淡庄重的气氛;在一些悲哀的环境中,更不宜开玩笑,这样会引起人们的误解。此外,在大庭广众之下,也应尽量不要打趣逗笑。

(4)开玩笑一定要注意内容健康、情调高雅。切忌拿别人的生理缺陷开玩笑,把自己的快乐建立在别人的痛苦之上。同时,还要忌开庸俗无聊、低级下流的玩笑。开玩笑的内容应带有思想性、知识性和趣味性,使大家在开玩笑中学到知识,受到教育,陶冶情操,从中收到积极的效果。

青春期女孩对怎么开玩笑及玩笑和幽默的关系都应该有一定的认识。培养自己的这种能力,不仅可以使自己的生活多姿多彩,还可以带动别人进入到你的幽默世界中去,从而建立起一种良好的社会关系。

6.交谈的禁忌要牢记

青春期女孩初入社会,就面临着与人交往的课题,而在与人交往的过程中,每

个人的生活习惯和文化背景以及心理因素等许多方面都有所不同,因此,在交谈时有很多忌讳。这包括:

(1)忌打断对方。双方交谈时,上级可以打断下级,长辈可以打断晚辈,平等身份的人是没有权力打断对方谈话的。万一你与对方同时开口说话,你应该说“您请”,让对方先说。

(2)忌补充对方。有些人好为人师,总想显得自己知道得比对方多,比对方技高一筹。出现这一问题,实际上是自己没有摆正位置。因为人们站在不同角度,对同一问题的看法会产生很大的差异。

(3)忌纠正对方。不同的人考虑同一问题,得出的结论未必一致。一个真正有教养的女孩,是懂得尊重别人的人。尊重别人就是要尊重对方的选择。除了大是大非的问题必须旗帜鲜明地回答外,人际交往中的一般性问题不要随便与对方争论是或不是,不要随便去判断,因为对或错是相对的,有些问题很难说清谁对谁错。

所以请大家记住一个社交的原则:从心理上接受别人。每个人的受教育程度不一样,职业背景不一样,考虑的问题也不相同,所谓做人必须宽容,不要把自己的是非判断标准随便强加于人。

(4)忌质疑对方。对别人说的话不随便表示怀疑。所谓防人之心不可无,质疑对方并非不行,但是不能写在脸上,这点很重要。如果不注意,就容易带来麻烦。质疑对方,实际是对其尊严的挑衅,是一种不理智的行为。

青春期不仅是学习文化知识的年纪,一些社会知识,比如与人交往也有值得学习的技巧,青春期女孩要避免这些与人交谈中的禁忌,少走一些交往弯路,才能以成熟的姿态面对社会生活!

四 做一个受欢迎的女孩

青春期的女孩总是满脸疑惑：到底怎样才能让别人喜欢自己？人生在世，不论你境况如何，你都不会一无是处，譬如拥有一项技能。你只要拥有一项技能，并且做到优秀，它就会成为你一生的资本。其实，别总是片面放大自己的人生瑕疵，要看到人性中美好的一面。从现在开始努力吧，你的人生可能从此将不同凡响。

1. 做你自己，不要去模仿别人

青春期有如熊熊燃烧的火焰，而女孩就像一道特立独行的风景，有张扬的、挥舞的个性，正因为这与众不同，女孩才被周围的人喜欢。从另一个方面说，青春期本来就是美丽的，不带任何的修饰。女孩没有必要为适应别人、讨好别人而改变自己。最好的选择，就是把自己的长处发挥到极致，走出别人的目光，出类拔萃成就独立的风景。

假如女孩模仿别人，即使实力超出被模仿者，也无法逃脱别人的影子，你所有的努力不过是为被模仿者做免费的宣传罢了。

诗人道格拉斯·马罗区写道：如果你不能成为山顶上的一株松，就做一丛小树生长在山谷中，但必须是溪边最好的一丛小树；如果你不能成为一株大树，就像灌木一丛；如果你不能成为一丛灌木，就做一片绿草，让公路上也有几分欢娱；如果你不能成为一只麝香鹿，就做一条鱼，但必须做湖里最好的鱼；如果你不能做一条公路，就做一条小径；如果你不能做太阳，就做一颗星星……

所以，女孩不要模仿别人。每个人都是独一无二的，都有其赢人之处，只要保持自己的本色，必将拥有灿烂的人生！

2.给别人喜欢自己的理由

青春期的女孩刚踏入社会，良好的人际关系能够使女孩获得安全感和归属感，

带来精神上的愉悦和满足，促进身心健康，因此很多女孩普遍渴望建立良好的人际关系。但是，很多女孩也常常不能如愿，有严重的失败感。其中不乏外界因素的局限，也有个体自身心理方面的原因。如有的是由于认知的原因，不愿与人交往；有的是由于性情的原因，不敢与人交往；有的是由于技巧的原因，不善与人交往；有的是由于品格的原因，人们不愿与其交往。因此，女孩要克服自身的交际弱点，以一种健康、积极、正面的姿态与别人交往。给别人一个喜欢自己的理由，女孩可以尝试遵循以下五个交往原则：

(1)互益原则。古人云："投之以桃，报之以李。"互益原则要求我们在人际交往中，了解对方的价值观倾向，多关心、帮助他人，并保持对方的得大于失，从而维持和发展与他人的良好关系。

(2)诚信原则。信用指一个人诚实、不相欺、守诺言，从而取得他人的信任。以诚待人，讲求信义是人际交往得以延续和深化的保证。在交往中，只有彼此抱着心诚意善的动机和态度，才能相互理解、接纳、信任，在感情上引起共鸣，使交往关系得到巩固和发展。在人际交往中，与守信用的人交往有一种安全感，与言而无信的人交往内心充满焦虑和怀疑。对每一个立志成才的青春期女孩来说，守信用会使你的形象更添光彩。

(3)尊重原则。尽管由于主、客观因素影响，人与人在气质、性格、能力、知识等方面存在差异，但在人格上是平等的。只有尊重自己，尊重他人，才能保持人际交往各方的平等地位。

(4)宽容原则。宽容表现在对非原则问题不斤斤计较，能够宽以待人，求同存异，以德报怨。在人际交往中，由于个体差异或不可预见的阴差阳错，因误会、不理解而产生矛盾不可避免，而宽容能化解这些矛盾。相反，如果有人刺着你或伤着你，你就耿耿于怀，以牙还牙，必然导致恶性循环。

(5)适度原则。交往的时间、距离、频度都要适度。有的女孩和朋友关系好时，形影不离，一朝不和，即互相攻击，老死不相往来，这对双方的心理健康和人际关系发展都不利。

青春期女孩用以上这些原则与人交往时，很容易交到益友，因为这给了别人喜欢你的理由！

3. 用“我们”等字眼，形成共同意识

青春期女孩不仅要学好书本知识，而且要高度重视人际交往，认识到它的意义，积极主动地与各种各样的人接触，去经风雨见世面，培养好自己的交际、协调能力，积累必要的经验，以便将来更顺利地适应社会、驾驭人际关系。

而与人交往的时候，最重要的还是重视语言和说话的艺术。说话是一门科学，也是一门艺术。在现实生活中，人们常常根据一个人的讲话水平和风度来判别其学识、修养和能力。台湾著名的成功学家林道安说：“一个人不会说话，那是因为他不知道对方需要听什么样的话；假如你能像一个侦察兵一样看透对方的心理活动，你就知道说话的力量有多么巨大了！”

在与人交谈的时候，用“我们”等字眼，就能和对方形成共同意识，这就一下子把自己和对方放在了同一个立场上，就用事实消除了别人的不信任感，而心理屏障的消除有助于交谈的进一步进行。女孩使用“我们”，会给别人一种亲和力，因为没有人会拒绝和一个甜美、可爱的女孩交往！

4. 把自己变得“外行”一些

费曼是美国加州理工大学的物理系教授，曾获得诺贝尔奖。一次他参加学校的社交晚会，奇怪的是他和每个女孩子跳舞，都只能跳一次，当下支曲子响起时，他再邀请那些曾和他跳过舞的女孩子时，她们往往以各种理由拒绝了。

费曼百思不得其解。他觉得自己长相还可以，风度气质也不用说，于是他重新思考了一下和女孩子们的对话。

女孩问：“你是大学部的，还是研究生？”

费曼答：“我是教授。”

女孩问：“你教什么？”

费曼答：“理论物理。”

女孩问：“你大概还研究过原子弹吧？”

费曼答：“是呀，战争时我曾在罗沙拉摩斯。”

女孩大叫：“你真是个该死的骗子！”

女孩说完,就走开了,丢下费曼一个人莫名其妙地呆在哪里。

自始至终他都表现得很有礼貌,有问必答,又自然大方,可突然一下都不灵了。之前,他一头雾水,后来,他想是自我介绍太夸张了,于是他换了种方式。

女孩问:“你是新生吗?”

费曼答:“不,才不是呢。”

女孩问:“研究生?”

费曼答:“不。”

女孩问:“那你是干什么的?”

费曼答:“我不想说。”

女孩问:“为什么不告诉我?”

女孩一直追问下去,不知不觉两个人开始交谈了。

费曼傻傻而模糊的回答,不但没让女孩讨厌,反而引起了她的兴趣,女孩还满怀同情,以学姐的口气教他,并且表示还会和他继续交谈下去。

费曼的故事告诉青春期女孩,与人交往的时候,不要显得过分聪明,装装傻,把自己变得外行一些,把优势让给别人,反而能得到别人的好感,这是一种心理战术,这样对方就有一种心理优越感。实践表明,没有人喜欢和比自己强的人交往,人们也总是同情弱者,尤其是一些“不谙世事”的女孩。女孩要多问,通过反复地问,就能引起别人的交谈兴趣,交往也就能进行下去。女孩在问的时候,有以下值得注意的几点:

(1)提出的话题要能吸引对方,要具体,不要太大太抽象。

(2)为了引起对方对某个问题的注意,可以这样说:“这件事您也许早知道了”,这样能引起对方的兴趣。

(3)对于自己没有把握的或拿不准的问题,可以以问的方式引导对方自己说出结论。如说到一部小说,你可以说:“你觉得××人物怎么样?”“是吗?”等,使对方把思路和结论告诉你。

(4)如果对方不愿直接说出自己的看法,你可以这样问:“你的朋友是怎样看这个问题的?”

(5)有时提出相反的看法,可以使交谈深入展开。如说:“事情不是这样吧?”“有这么回事吗?”等。

(6)必要的沉默能使人有思考的余地。但为了避免过于冷场,或者当大家对某个问题谈得兴趣不大时,可以引发新的问题,这要靠机敏和记忆力。在听别人谈话时,记住被一带而过的问题,比如说:“刚才你说到……”等。

俗话说得好,“人至察则无徒”,有时候,女孩表现得外行一点,把优越感让给对方,反而会赢得更多,这也是赢得人心的方法,别人会更喜欢你!

5. 向同性密友开怀倾诉

美国心理学家开瑞·米勒博士在一次调查报告中公布,87%的已婚女人和95%的单身女人认为,同性朋友间的情谊是生命中最快乐、最满足的部分,这种情感关系为她们带来了一种无形的支持力。

现代青春期女孩都有几个同性的密友,一个人要保持身体健康,不仅需要锻炼身体和科学的饮食,同时更需要加强对友谊的维护。由于女孩和同性之间的沟通更开放、自然,并且能够给予对方同等的回馈,所以这种亲密关系更容易在女人和女人之间产生。

让女孩最放松、最舒适的减压方式,既不是健身操,也不是长途旅游,而是向同性密友开怀倾诉。一位意大利心理学家指出,拥有稳固的同性朋友是现代女性健康生活的最重要的方式之一。向同性的密友开怀倾诉,能将自己内心的郁积和不快吐露出来,这是一种健康的发泄方式。而同时,从人际交往的角度看,女孩会给对方一种信任感,对方会认为,你是她最好的朋友,毕竟你把心事向她和盘托出,你们之间的关系也在无形中有了一个质的变化。无数事实证明,友谊的坚固方法无非是倾心的交谈!

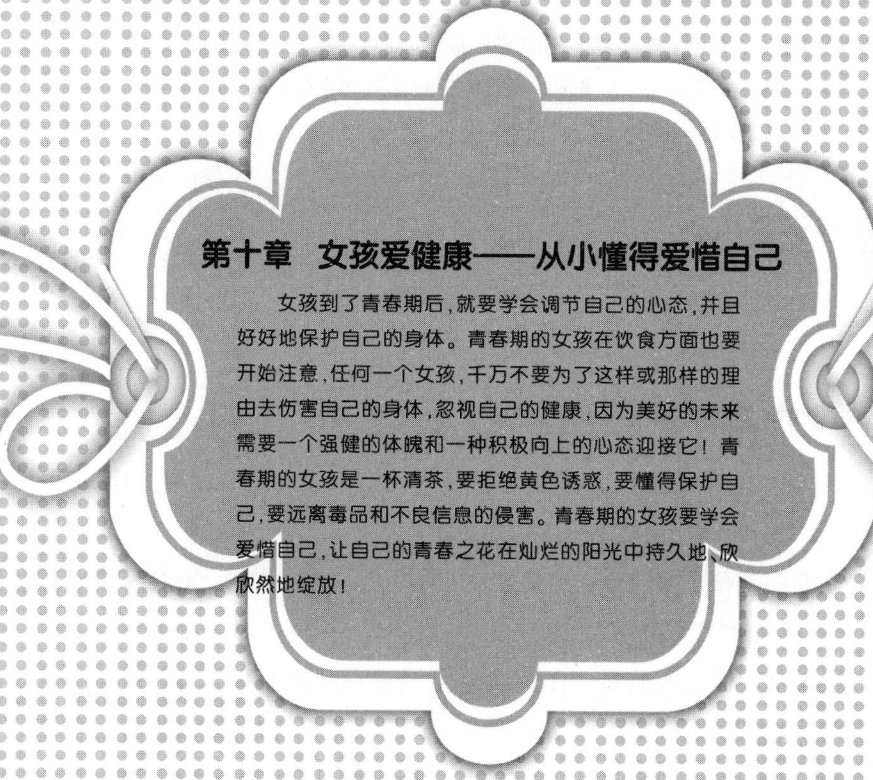

第十章　女孩爱健康——从小懂得爱惜自己

女孩到了青春期后，就要学会调节自己的心态，并且好好地保护自己的身体。青春期的女孩在饮食方面也要开始注意，任何一个女孩，千万不要为了这样或那样的理由去伤害自己的身体，忽视自己的健康，因为美好的未来需要一个强健的体魄和一种积极向上的心态迎接它！青春期的女孩是一杯清茶，要拒绝黄色诱惑，要懂得保护自己，要远离毒品和不良信息的侵害。青春期的女孩要学会爱惜自己，让自己的青春之花在灿烂的阳光中持久地、欣欣然地绽放！

一 追求健康的生活方式

青春期是女孩子身体发育、成长的重要阶段，少女青春期的饮食、锻炼情况的好坏直接影响着女孩的发育状况。饮食是否有营养影响着青春期的女孩子是否能健康地生长发育；在体育锻炼上一定要科学，应减少剧烈的、大强度的跑跳，选择竞技性小、娱乐性强的运动进行锻炼，这对妙龄少女的发育是有益处的；眼睛是心灵的窗户；刷牙也有一定的讲究……总之，青春期女孩要养成良好的生活习惯，拥有健康，因为健康是一切的基础！

1. 注意膳食营养，吃得健康

青春期正是长身体的阶段，饮食直接影响着青春期女孩子的健康生长发育，因此在饮食营养上一定要注意。

(1)青春期的女孩子要注意在经期避免食用下列一些食物，否则容易造成对身体的损害。这些食物主要由三大类：

①生冷类：即中医所说的寒性食物，如：梨、香蕉、荸荠、石耳、石花、地耳。这些食物大多有清热解毒、滋阴降火的功效，在平时食用，都是有益于人体的，但在月经期却应尽量不吃或少吃，否则容易造成痛经、月经不调等症状。

②辛辣类：如肉桂、花椒、丁香、胡椒等。这类食品都是佐料，在平时，菜中放一些辣椒等可使菜的味道变得更好，可是，在月经期却不宜食用这些辛辣刺激性食品，否则容易导致痛经、经血过多等症。

③影响性功能的食品：如菱角、茭白、冬瓜、芥蓝、蕨菜、兔肉、黑木耳、大麻仁。

(2)青春期的女孩子，对热量的需求较大，她们每天需要的热量为2600~2700卡，要比成年人多。这些热量主要来源为糖、脂肪和蛋白质。而有些人不吃早饭或早饭不吃饱，热量的供应明显不足，必将会影响生长发育，所以早饭一定要吃好。

(3)青春期对于蛋白质、矿物质、水分的需要相当大,而且还要全面。女性对蛋白质的需要约为 80~90 克/天。不同的食物中蛋白质的组成即氨基酸的种类不尽相同,所以吃的食物应该多种多样,才可以使氨基酸的补充全面,不可挑食。

(4)进入青春期的女孩在吃饭前后应注意休息:在进食的前后如果运动则胃肠道的血供应就会减少,必然导致胃肠功能的下降,而引起消化不良及一系列的胃肠毛病,所以进食前后要注意休息,以保证胃肠的供血。

2. 劳逸结合科学用脑

青春期大脑疲劳会带来生理疲劳和心理疲劳两种。前者主要针对劳动而言,主要表现为肌肉酸痛、疲倦、无力等;后者主要指脑力劳动而言,疲劳的主要表现为心情烦躁,注意力涣散,思维不敏捷,反应迟钝等。青春期女孩学习压力大,但一定要预防大脑过度疲劳,这对身心的发展都是不利的。

心理疲劳的一个明显标志是学习效率降低,而长期的心理疲劳影响心理健康,使人心境压抑,百无聊赖,心烦意乱,精疲力竭,甚至出现神经衰弱症状,如头痛头昏、记忆力减退、失眠、怕光等,还可能发生其他心理性疾病。

很多女孩在现实生活中喜欢采用各种脑兴奋措施来消除心理疲劳感,以继续完成学习任务。但是,医学研究表明,只有能够改善细胞的生理过程,才能促进细胞疲劳的恢复。因此,如果常用兴奋大脑的方法强迫大脑继续工作,就会加重心理疲劳,加重细胞损伤,对机体十分有害。所以,当你感觉疲劳的时候,应该停止学习,以睡眠、娱乐或者进行体育活动等积极方式促进大脑功能的休息调整。

科学用脑最重要的措施是顺应大脑活动的生理节律,强调劳逸结合,体脑结合,切忌长时间以各种强制手段增加脑力劳动的负荷。

青春期犹如茁壮成长的幼苗,女孩需要了解生长发育的客观规律,根据这些规律,了解一些保健知识,为自己的健康做指导,这对于青春期的健康发育有很好的帮助!

3. 正确认识肥胖,理性对待减肥

很多家长认为,女孩子处于青春期,要吃好睡好,胖点没关系,学习压力大,“小

时候胖不算胖”。其实,少女青春期过胖有很多危害,下面列举几点:

(1)影响青春期少女的月经:正常月经是身体各种内分泌协调变化的结果,其中最主要的环节有两个,一个是雌激素的水平能下降到低点,另一个是雌激素的水平能上升到高峰。青春期少女发胖以后,体内的雌激素就会增加,使得雌激素的水平不能降到低点,促使性腺激素减少,卵泡发育不良,反过来又影响卵泡合成雌激素,使之不能达到高峰值,继而影响排卵。没有排卵,就不会有正常月经,常常导致不能生育,并容易发生功能性子宫出血或闭经。

(2)乳腺癌:女性乳腺癌的发生与肥胖和高热量饮食有关,大量数据显示,肥胖人群比正常人群患乳腺癌的几率高3~3.5倍。

(3)糖尿病:糖尿病与肥胖关系密切。

(4)高血压:多数肥胖者都患有高血压。另外肥胖还可能会引起高脂血症、冠心病、脂肪肝、胆结石、脑血管疾病及感染等疾病。

肥胖有诸多坏处,所以青春期女孩要懂得控制自己的饮食冲动,科学合理地调配自己的一日三餐。

不过,很多女孩并不在肥胖之列,或者只是稍显丰满便整天嚷嚷着减肥,并且把节食、吃减肥药、使用各种减肥产品当做自己的家常便饭。事实上,除非过度肥胖导致影响到身体健康,否则实在没必要逼迫自己减肥。尤其对于青春期女孩来说,正是身体发育的关键时期,缺乏营养和过多摄入药物会使自己的身体机能受到严重影响,对未来生活是个潜在的危害。

如果为了美丽,为了曼妙的身材非要减肥,那么应该遵循健康科学的减肥方法:

(1)要养成良好的饮食习惯,特别是要养成吃早餐的习惯,做到合理膳食,营养均衡,避免暴饮暴食、偏食挑食及盲目节食,而且要少吃零食和垃圾食品。

(2)要有良好的生活作息规律,还要配合适当的运动。运动要以有氧运动为主,有氧运动的主要特点是强度低、有节制、不中断、持续时间长,是保持良好体形的保证。有氧锻炼方式有:步行、长跑、骑自行车、跳绳、游泳等运动。

适量运动和合理营养结合可促进青春期少女生长发育、改善心肺功能、提高人的耐久力、减少身体脂肪和改进心理状态等,这对于提高以后的生活质量和健康水

平起着重要的作用。

4. 照顾好自己的眼睛

眼睛是心灵的窗户,拥有一双明亮清澈的大眼睛是每个女孩的梦想。青春期的少女在超负荷的学习压力下,眼睛毫不停歇地工作,于是,很多女孩成了眼镜女孩,并且眼镜的度数越来越深,这给很多爱美的女孩带来很多苦恼。其实,女孩你可以尝试以下方法保护自己的眼睛。

首先,养成良好的用眼习惯:

(1)连续看书写字1小时左右要休息一会儿。

(2)看书时眼睛与书的距离要保持在30厘米左右。

(3)不要躺着看书,不要坐车看书,不要在过强或过暗的光线下看书。

另外,眼部也需要保养,不要经常用手揉眼睛,手上的细菌是最多的;同时,眼部肌肤最脆弱、最敏感,因此,不要画眼妆,也不要佩戴隐形眼镜;当然,别忘了定期做眼部检查和经常做眼保健操。

青春期的女孩要善待自己的眼睛,照顾好自己的眼睛,一双清澈的眼睛也是你美丽的一部分!

5. 刷牙护牙有讲究

刷牙是每个人每天的例行工作,可是,青春期女孩是否知道,刷牙也有一定的讲究,应采用科学的刷牙方法。

正确的刷牙方法是顺着牙缝竖刷。这种刷法能把刷毛伸到牙缝里,所以清齿效果好。具体刷法大致是:将牙刷放在牙齿及牙床的交界处,使刷毛与牙齿呈45度角,然后转动刷头顺着牙缝刷上牙时,从上向下刷,刷下牙时从下向上刷。掌握正确刷牙的方法,可以清除掉黏附在牙齿表面的细菌和软垢,不给附着在牙齿表面的细菌腐蚀牙齿的机会,可以达到预防龋齿和蛀牙的目的。另外,还要合理安排刷牙时间,每天最好在早晨起床后及晚上临睡前各刷一次牙。

除了正确刷牙外,女孩还要保护好自己的牙齿。

(1)选择合适的保健牙刷。保健牙刷刷头小,刷毛软硬适中,排列疏密,在口中

转动容易把牙齿洗刷干净。一般说一把牙刷使用的期限为四五个月,发现牙刷的毛有弯曲或外翻时应及时更换。

(2)使用合适的牙膏。现在市场上的牙膏大多是药物牙膏,对牙齿的保健有一定的辅助作用。女孩应根据本人牙齿的具体情况选购牙膏。含氟的牙膏能抑制龋齿的发生。洗必钛牙膏能帮助消除牙床的炎症。留兰香叶绿素牙膏含有“叶绿素”制剂,能防止发酵、祛除口臭,洁齿力强。脱敏牙膏能防治牙齿的各种过敏现象。

(3)尽量不吃对牙齿不好的食物,减少吃黏滞性高(例如饼干)、含糖及精制的糕饼类等容易导致蛀牙的食物,因为容易形成酸性环境,对牙齿非常不好。吃新鲜水果比较好,因为含有纤维,咀嚼的同时也具有清洁的作用。女孩要尽量少喝碳酸饮料。

女孩要正确地刷牙,并采取一些护牙措施,这样才能让自己拥有整齐洁白的牙齿,你的笑容也会更灿烂!

二 保持健康有妙方

青春期是人一生中最朝气蓬勃的年纪，无论生理上还是心理上，这个时期的女孩要掌握一些健康的妙方，既可以让美丽驻足，还能更轻松、高效地学习，同时，也减轻了大脑的负担！

1.减轻多汗和脚臭有妙法

处于青春期的女孩体育运动量相对较大，皮肤分泌也相对旺盛，并且由于天气太热及高温，会大量出汗，虽说这些都是正常的生理现象，但却成了女孩的一个烦恼。

青春期女孩要保持脚部的健康，应减轻多汗和脚臭，有一些自疗的方法：

(1)要注意清洁，保持皮肤干燥，保持脚部清洁，要每天清洗，勤换袜子。

(2)平时不宜穿不透气的运动鞋、旅游鞋，以免造成脚汗过多，脚臭加剧。

(3)积极消除诱发因素，如脚汗、脚癣等。

(4)勿吃容易引发出汗的食品，如辣椒、生葱、生蒜等。

(5)情绪宜恬静，激昂容易诱发多汗，加重脚臭。

也可以采用一些外治法：

(1)将脚放在 50℃~60℃的热水中多烫几次，每次 15 分钟，每日 1~2 次；

(2)用重物将丝瓜络压平做成鞋垫，可除去脚汗引起的脚臭。取葛根 15 克，研成细末，加白酒 15 克，再加适量水，煎后洗脚，每日 1 次，1 周后，可除去脚汗引起的脚臭。

(3)洗脚时，在水中加入 10~15 毫升米醋，调匀后，将双脚浸泡 15 分钟左右，每日 1 次，连续 3~5 天，脚臭即可消失；

(4)洗脚时，在热水中加 50 克白矾，浸泡 10 分钟左右，可除脚臭。

2. 增强记忆力有妙招

青春期是用脑最多的年龄，由于沉重的学习负担，很多女孩感觉用脑过度，导致记忆力减退，单词记不住，数学公式记不住。其实，除了补充睡眠让大脑得到休息外，增强记忆力也有一些妙招，比如：

(1)音乐记忆法。音乐能够消除大脑的紧张，使人进入冥想状态。听着节奏缓慢的音乐，放松全身的肌肉，就能读出需要记忆的材料。

(2)背诵经典记忆法。有人常常在看书和学习中甚至是休闲时背诵一些名篇、成语、佳句、诗歌短文、数理公式、外文单词和技术要领知识，其实，那是锻炼记忆力的“硬功夫”。

(3)身心运用记忆法。科学证明，正确地重复是有效记忆的主要方法，特别是人在学习中通过自己的脑、手、耳、口并用进行知识记忆时，记忆的效率高效果好。因为当你记忆时，应该用脑想，也要口念，手写，在学习中不知不觉地调动了自身更多的记忆“通道”参加记忆，这样使自己的记忆痕迹加深，记忆效果当然更好。

(4)理想记忆法。很多女孩发现，记忆时往往对一些数字、年代不易记住。但如果你善于联想记忆，便好记了。

(5)咀嚼记忆法。科学证明，人的咀嚼是能有效防止记忆衰退的方法之一。我们在观察人群时就会发现，经常咀嚼的人牙齿好，吃饭更香，学习能力和记忆能力也会增强。

(6)运动健身记忆法。一般情况，身体健康，爱好体育运动和热爱生活的人，精力充沛，学习力强记忆力当然也强，因为在锻炼身体时可以促进大脑自我更新。

适当用一些妙招增强记忆，能让青春期女孩更轻松、高效地学习，同时，也减轻了大脑的负担！

3. 面部皮肤保养有讲究

青春期是人一生中最朝气蓬勃的年纪，这个时期，女孩的皮肤白里透红、不需要任何人为的修饰都水润嫩白。但青春易逝，青春期的女孩也要注意面部的保养，延缓衰老和防止外界对皮肤的伤害。当然，这些面部的保养和一般意义上成年女性的美容保养是不一样的。那么，女孩该如何保养自己的皮肤呢？

(1)先给皮肤补水,皮肤水润了才能考虑其他的。可以多喝白开水,多吃新鲜水果、蔬菜等。

(2)脸上有斑的女孩应该注意:若是晒斑则可以根除,若是雀斑说实话是不能根除的,只能淡化,不要相信任何的祛斑产品!

(3)注意防晒。四季的紫外线照射其实是一样的,在家不出门也有紫外线照射,室内紫外线照射强度比室外还高,因室内有各种电器的电辐射,所以防晒是一天最重要的事。

(4)注意皮肤清洁。每天洗两次脸,早上洗掉睡了一晚上觉脸上分泌的油脂,晚上重点是清洁皮肤。睡前一定要洗脸,最好用温水洗脸,洗干净脸后再用冷水泼脸,来提高皮肤弹性,对皮肤补水有较大作用。洗完脸后一定要擦柔肤水,柔肤水有再次清洁皮肤的作用。

(5)不要用短时间就能美白的产品。含铅汞多的产品最好不用,会对其产生依赖性,用时间长了再换别的产品容易过敏。

(6)眼霜一般建议25岁以后再用效果更好,25岁以前,皮肤暂不缺少那么多营养。

(7)建议不要化妆,化妆品会堵塞毛孔,若化妆了,临睡前一定要用卸妆液卸妆,不然一旦堵塞毛孔,脸上会起疙瘩或因色素沉淀起色斑!

(8)去角质的护肤品最好别用,会使你的角质层越来越薄,皮肤越来越敏感。

(9)不要长时间食用辛辣食物(辣椒、麻椒),茶水、碳酸饮料或咖啡之类的饮品,对皮肤也没有好处,建议多喝白开水或绿豆汤,既能美容排毒又能防止中暑。不要多吃油炸食品、含铅量多的食物,这样也会因色素沉积而起色斑。

(10)注意多休息,保证充足睡眠。

(11)当然,还要保持良好的心情,这也是对抗衰老的重要方法。

以上是青春期女孩面部保养和护理的十一个方面,青春期本来就是美丽的,不需要过多的修饰,但是做好一定的保养就可以留住青春!

4. 预防和治疗少年白发

一头乌黑亮丽的秀发是每个女孩的梦想,但很多青春期女孩华发早生,白头发让她们很苦恼,无奈之下,她们去染发,对健康造成严重威胁。

头发由黑变成花白,由花白又变成全白,是人逐渐步入老年阶段的一个外部特征。但是有些女孩,年纪轻轻却已满头白发,当然不会是因为身体衰老、毛乳头制造黑色素的能力减弱所致,而是一种不正常的现象。这在医学上被称为“少年白发”。那么,“少年白发”形成的因素是什么呢?据研究,可能与下列因素有关:

(1)精神因素。如果一个人长期抑郁寡欢,心境不佳或精神高度紧张,操劳过度,均可使头发由黑变白。

(2)营养状况。毛发是皮肤的附属器,它同身体其他各部位的器官、组织一样,需要充足的营养。

预防青春期白发最重要的是消除诱发白发的客观因素。如生了几根白发,不要精神过于紧张;不可过于劳累、紧张;要心胸宽广,情绪乐观,保持良好的心境;注意科学配餐,多吃粗食、杂粮、干鲜果品及各类蔬菜,不挑食、不偏食;养成坐卧有时,生活规律的良好习惯等。具体的预防措施有:

(1)不要湿头睡觉,预防头发早白。合理的洗涤很重要,要定期洗头,一般每周1~2次,夏季适当增加次数。用水宜用含矿物质不多,对毛发无刺激的软水,水温以接近体温较适当。洗头后,湿着头发睡觉不好,易受风寒,导致早生白发。

走在太阳光下,应做好保护。避免强烈的日光照射或干燥多风使毛发变性。不要让头发过多地晒太阳,秋冬干燥季节尤其要注意头的保湿,防紫外线的护发品会有一定的作用。

(2)重视饮食调理,预防头发早白。多吃蛋白质高、维生素含量丰富的食物,如奶类、蛋类、瘦肉、鱼、豆制类、海产类、新鲜的蔬菜、水果等。可作为饮食治疗的药材与食物有:黑芝麻、桑葚、何首乌、女贞子、枸杞子、山药、大枣、黑豆、菊花、猪瘦肉、胡萝卜、菠菜、动物肝脏等都是对毛发很好的营养药和食品。维生素A对于维持上皮组织的正常功能和结构的完善,预防头发变白有益处。可以常吃含丰富的维生素A的食物,如胡萝卜、菠菜、小油菜、韭菜、芹菜、杏等。含碘丰富的海藻类对头发也十分有益,吃时应加点油,可帮助碘的吸收。

青春期女孩要做自己的美容师、营养师、保健师,你的青春你做主。青春期的很多健康杀手,要以预防为主,防治结合,及时检测自己身体的不适和异常情况,让自己拥有一个健康、快乐的青春!

三 健康依赖于好的生活习惯

学习是学生的天职，但不要因为学习让健康和美丽受到威胁，养成良好的生活习惯，就可以二者兼得！青春期女孩在学习之余，还可以动手布置一下自己的闺房，保持卧室的清洁，给自己一点心灵的空间去享受属于自己的快乐，这样心情自然也就好了，心情好，身体也就会好了。

1. 背要挺直了

很多青春期女孩在读书写字的时候养成了一个坏习惯，含胸驼背，佝偻着走路，结果成了小驼背，本来挺拔的身体一下子难看了很多。其实，驼背是不良生活习惯造成的，养成健康的生活习惯，就能预防驼背，你就可以获得完美的背部曲线。

(1)注意端正身体的姿势，平时不论站立、行走，背部都要自然挺直，两肩向后自然舒展。坐时脊柱挺直，看书写字时不过分低头，更不要趴在桌上。人们所说的要"站如松，坐如钟"是有一定道理的。

(2)正在发育的青春期女孩最好睡硬板床，以使脊柱在睡眠时保持平直。

(3)加强体育锻炼。认真上好体育课，做好课间操，促进肌肉力量的发展。在全面锻炼的基础上做矫正体操。矫正体操有很多种，有各种形式的徒手操，有利用各种体育器械的矫正操。矫正驼背主要以增强背肌、挺直躯干和扩张胸廓为主。要消除驼背，就要注意克服上述不良习惯。平时走路、跑步挺胸抬头；每天早晚，躺在床上或者炕上，肩部搭在边沿处，仰卧，头部悬空，用手向后做摸地的动作；白天休息时也可以这样做，慢慢地就会有所改善。午睡一般时间控制在半小时左右为好，长睡有利于恢复体力，短睡有利于恢复脑力。

另外，女孩可以经常做一些有利于背部发育的体操，比如：

(1)单臂哑铃划船。这个动作主要锻炼你上背部的肌肉。双腿分开等肩宽，膝盖

弯曲,胸部前倾,右手按在左侧膝盖上,左手持哑铃向脚尖方向尽量放长,然后用背部的力量回拉至臀侧,注意胳膊不要弯。控制好速度,左右交替进行,一边2组,一组15次。

(2)俯立侧平举。双腿分开站立,膝盖弯曲。胸部向前倾,但是背部要始终保持挺直。双手持哑铃,向两边水平提起,感觉到背部肌肉在用力。重复此动作2组20次。

(3)俯立挺身。两腿并拢站立,双手置于脑后交叉,也可以向水平方向打开。上身尽量前倾到与身体成90度然后收回来,重复此动作3组20次,动作要慢。

(4)俯卧挺身。主要练习下背,平躺在地板上,腹部紧贴地面。双手交叉置于脑后,轻轻地抬起头部,使胸部离开地面。注意不要用力过猛。然后回落,控制好速度。重复此动作2组15次。

(5)仰卧抬腿。平躺在地上,双腿分开,膝盖弯曲。然后用手臂和脚的力量撑起身体,你的背部、臀部和大腿都离开地面成一直线。保持这个姿势,然后将你的左小腿向斜上方伸直,再慢慢回落。在动作中,请你注意背部肌肉的紧张。这个动作每侧重复15次为一组,共做2组。

学习是学生的天职,但不要因为学习让健康和美丽受到威胁,养成良好的生活习惯,就可以二者兼得!

2. 睡眠对人体健康的影响

人的一生中有三分之一的时间是在睡眠中度过的,睡眠的好坏,也就是说,这三分之一的人生过得如何,直接影响着另外三分之二的人生旅程。处于生长发育期的青春期女孩,由于学习的紧张,大脑容易出现疲劳,特别要注意卧床休息,以保证有良好和充足的睡眠。

在现实生活中,有些女孩感到学习时效率低,睡眠欠佳、头晕、头痛、记忆力减退,食欲不振、腰酸腿痛,疲乏无力等症状,可并无什么病症。实质上这就是一个睡眠障碍,许多女孩有一个误区:失眠伤人,但睡得不深,多梦、易惊醒、醒得过早等浅睡眠现象对人体都有伤害。

造成失眠的原因很多。精神紧张、兴奋、抑郁、恐惧、焦虑、烦闷等精神因素常可引起失眠;学习压力过重、环境改变、噪音、光和空气污染等社会环境因素是另一重要原因;晚餐过饱、睡前饮茶和咖啡这些不良生活习惯也会造成失眠。

青春期女孩要养成良好的睡眠习惯，这主要应做好以下几方面：

(1)以食清淡而富含蛋白质、维生素的饮食为宜。

(2)生活有规律，定时上床，晚餐不宜过饱，睡前不饮茶和咖啡等刺激性饮料。

青春期女孩很容易因为学习压力失眠，女孩就要做到寝时不言谈，不思索；先睡心，再睡眠，即睡前不过度用脑，上床后排除一切杂念，保持安静；另外，注意卧室环境清静，空气新鲜，床铺硬软适宜，则能提高睡眠质量。睡得好，起床后精力自然充沛！

3. 保持卧室的清洁卫生

古代称女孩子的卧室为"闺房"，一个女孩子的修养、品位如何，从她的闺房就能看出来，而现代社会，很多女孩子忙于学习，忽视了保持卧室清洁卫生的重要性。卧室是你每天休息的场所，清洁与否，直接影响到你的健康。那么，怎样保持卧室的清洁呢？

(1)要经常打扫，一星期至少打扫一次屋子。要知道，女孩应该是勤快的。你不妨把这项工作放到周末学习之后做，因为这是一场与灰尘的大战，灰尘颗粒可以导致人体患上哮喘、咳嗽和充血等疾病。当然，平时，你可以用棉质的床单盖在床上，以防止灰尘落在上面。

(2)打扫要全面，不要放过任何一个死角，比如卧室的通风口，排气管道等。这些都是传输细菌的主要渠道。

(3)在预防工作上，为了防止细菌的侵入，不要让你的宠物尤其是长毛的动物进入卧室内。很多女孩喜欢养宠物，并且喜欢把他们放在卧室里，其实，这对身体是极其有害的。因为它们的身体上、毛发上甚至周围的空气中都有大量的细菌。

另外，女孩不要随便在床上坐卧，外出归来，不要和衣在床上坐，更不要就这样睡在床上，以免身上和衣物上的灰尘污染床上用品，影响健康。

4. 自己动手布置打理温馨闺房

闺房是每个女孩子的秘密小花园，温馨的闺房让女孩在房间里无限享受，同时也会带来视觉上的享受。再者，布置卧室也是动手能力的一个展现，卧室的布置风格从一定程度上体现了女孩的审美标准，那么，怎样才能布置出一个温馨的闺房呢？

(1)自己做一些小饰品，然后合理地摆放在家里的显眼位置，使它成为视觉焦

点的一部分。比如自制一个风铃,挂在窗台上,这样,看书、写字的时候,你就可以尽情享受微风摇曳时风铃带来的音乐。当然,不必把家居饰品都摆出来。一般人在布置时,常常会想要每一样都展示出来。但是摆放太多就失去了特色。

(2)学习之余,你不妨将卧室的家具换一下位置,也许这会给你的视觉带来不同的冲击力。

(3)花卉和绿色植物能带来生气。要为居家带进大自然的气息,在卧室摆一些花花草草是再简单不过的方法,你可以自己种一些花草,看着自己的杰作,你会倍感欣慰。

(4)你还可以在卧室里摆一个鱼缸,养一些小鱼,不仅能使室内空气湿润,不会干燥,还给整个房间生机盎然,充满活力。

总之,女孩在布置卧室的时候,要追求功能与形式的完美统一,优雅独特、简洁明快的装饰风格,给人一种庄重典雅而不乏轻松浪漫的感觉。

5. 心情好身体自然会好

青春期是每个女孩心理的逐渐成熟期,情绪会影响你的心理状态,甚至是身体健康。想要幸福健康地过好每一天,就要努力提高自己的心理状态。这就是俗话说的“心情好身体自然会好”。

那么,青春期的女孩该怎样保持良好的心情呢?

(1)将不快以适当方式发泄出来,以减轻心理压力。要敢于把自己不愉快的事向知心朋友或亲人诉说。当极其忧伤时哭泣、读诗词、写日记、看电影、听音乐都是常见的宣泄方式。节奏欢快的音乐能振奋人的情绪。

(2)多与人交往,摆脱孤独。每个人都有一种归属的需要,会习惯把自己视为社会的一员,并希望从团体中得到爱。人际交往有助于身心健康,当你真诚地关心别人、帮助别人,无私奉献自己的一片爱心时,你会欣喜地发现,你获得的比你给予的更多。

(3)增强自信心,做情绪的主人。人在正常状态下是可以通过意志努力来消除不愉快情绪并保持乐观心情的。一是有意识地获取成功的体验;二是不在乎别人对自己如何评价;三是善于发现自己的长处。要学会容忍,培养坚忍的毅力;用积极进取的精神取代消极思想意识;把事情看透,心胸开阔,情绪就能保持稳定。

第十一章　女孩要自重——有些东西千万别碰

青春期的女孩跟社会接触逐渐增多，现在的信息获取又十分方便，特别是随着我们对网络的兴趣越来越浓厚，各种不健康信息在网上都会偶尔碰到，因此我们要提高自己辨别好坏的能力和自律的意识，不要因为自己一时的好奇心，换来惨痛的教训。虽然我们还小，但年轻并不意味着我们可以多犯错误。要知道，有些东西，是千万不能接触的，如黄色的诱惑、赌博的刺激，毒品更是如此。

一　拒绝黄色诱惑

女孩长到十几岁，进入青春期，就会产生性的萌动，会对性知识产生强烈的好奇。作为青春期女孩，应该正视它，面对它，接纳它，应该和父母进行沟通，采用逃避的方法，只会导致性心理扭曲，也就容易被黄色、淫秽所诱惑，从而毒害到心灵。青春期女孩要拒绝黄色诱惑，从正面渠道接受一些健康的科学的“性”教育，抵制黄毒，才能净化心灵，拥有一个健康的青春期！

1. 女孩别让自己成为“黄毒”口中的羔羊

李红是一名高二的女生，去年，妈妈偶然发现她在偷偷用手机浏览黄色网站。盛怒之下，妈妈没收了女儿的手机。后来，因为联系实在不方便，妈妈在给李红的手机办了网络屏蔽业务之后，将手机还给了她。没想到她居然偷偷重新开通了网络业务。在妈妈的严密监控下，李红甚至发展到半夜躲在被窝里偷看黄色网页。

女孩长到十几岁，进入青春期，就会产生性的萌动，会对性知识产生强烈的好奇。作为青春期女孩，应该正视它，面对它，接纳它，应该和父母进行沟通。像李红那样的案例，采取回避问题的方法，在性方面持续被蒙蔽，又找不到沟通渠道，就很容易造成性心理的扭曲，很容易被黄色网站诱惑。

黄色诱惑是青春期女孩成长中的温柔杀手，青春期是人格成长的重要时期，在这短短几年的时间里，人的心理要完成从幼年到成年的巨大转变，许多人格特质如社交、性、审美等都是在这一时期逐渐定型的。

因此，对待这一时期的青少年，要格外谨慎，不要被这温柔的杀手所毒害。青春期女孩如果被黄色刊物或者网站诱惑，若仅仅是出于青春期叛逆或者好奇心的话，那么可以请家长或者老师因势利导，他们可以帮你解答成长中的困惑。如果不及时

避开黄色诱惑,你美丽的青春期就会被黄色诱惑污染!

2. 远离黄毒,让自己生活在纯净之中

16 岁女生王雨是个学习不错的孩子。一日,她的朋友强来她家讨论功课,当时王雨的父母都不在家,两个少年说要在家看碟,接着,强找到被王雨父母藏在抽屉里的黄碟,两人出于好奇看了起来。看着看着,一时冲动的强一把推倒了王雨,这时王雨才意识到事情不妙,开始挣扎……

黄毒是青少年性犯罪的直接诱因。不良的社会环境,冲击了青少年纯洁的心灵,使其淡化了对社会对他人的责任感,降低了道德水准,产生了畸形的价值观念和心理需求。经调查,在青少年中发生性犯罪的,都与不良社会因素和黄祸泛滥有关,出事前他们都曾主动或被动地接受过黄色诱惑。

当然,青少年性犯罪的产生,原因是多方面的,有社会的、学校的、家庭的、自身的,各种因素混合于一起,互相影响,互相催化,步步吞噬着青少年纯洁的灵魂。随着从量到质的转变,行为人既摧残了别人也毁了自己。而从外部来看,不利于青少年健康成长或者促使其性犯罪的因素主要就是黄色诱惑。

面对商品经济大潮的冲击,人们的经商意识、价值观念发生了巨大变化,有的人利令智昏,唯利是图,大肆销售低级趣味甚至黄色的书刊、磁带、影碟,有的拍摄放映黄色影视作品,就连一些主题内涵比较深刻的影视片也要安排一些涂脂抹粉搔首弄姿的性感美女招摇过市或穿插一些床上镜头。

曾几何时,什么洗头城、洗脚屋、桑拿按摩中心,五花八门的练歌房一股脑地涌向城乡大街小巷,而恰恰是这些地方往往成了藏污纳垢、提供色情服务的场所,败坏了社会风气。什么三陪女、小蜜、找情人、包二奶这些专门用语,已成为社交场合和人们茶余饭后的高频率话题。就连农村一些婚丧嫁娶人家请的喇叭班子,为了煽动听众情绪或与同行争个高低,也要浪声浪调地唱一些昏庸小调,甚至脱衣扭动,极尽卑劣。更有一些商家,好像是专门冲着青少年来的,他们乘虚而入,或是迎合青少年好奇、求知的心理,通过非法网站向青少年提供黄色图片、文字、信息及黄色电影小说,或是在儿童贴画和儿童食品包装上大动脑筋,设计黄色文字和画面诱惑青少年。

当然,自控能力差是青少年性犯罪的内在因素。现在的青少年自我意识较强,

情感脆弱,且喜欢幻想,敢冒险,易冲动,爱虚荣,自控能力和心理承受能力差,分辨是非能力低下,身心发育提前,性意识觉醒较早,这些特点都决定了青少年成长过程正是人生中的多事之秋。如得不到正确引导和科学教育,很容易染上恶习并误入歧途。如有的性犯罪案件的发生,就是行为人面对诱因,一时冲动,不能控制自己所造成的。所以,正处于青春期的女孩一定要远离黄色诱惑,远离性犯罪!

3. 网络世界,黄毒害人没商量

小艾今年12岁,是某校初一年级学生。她原本聪明伶俐,品学兼优,曾荣获省中小学生计算机网络知识竞赛一等奖。自从迷上网络后,每天一放学,她就往网吧里钻,双休日则更是无所顾忌,全天泡在网吧,有时还和同学们在网吧里"包夜",十分痴迷。学习时,黑板上的字、课本上的练习,在她的眼里全变得没有意义。后来,她的父母发现,她每天在网上和一些成人玩网络黄色游戏。

小艾的这种情况是被黄流毒害了。随着现代生活水平的提高,网络目前的普及程度已经使它成为几乎所有人都可以便捷使用的交流平台,电脑对于青春期女孩来说,几乎已经是人手一台了,网络为青春期女孩提供了学习和交流的机会,却也为一些黄毒侵害青春期女孩的身心健康提供了空子。

很多青春期女孩对社会没有一个全面、深入的认知,轻信网络上交的朋友。殊不知,网络骗子已经悄悄把毒手伸向了你,青春期女孩在无形中已受到了黄毒的污染。

大千世界五光十色,无奇不有,在青春期女孩的周围就存在着毒害你身心健康的网络黄毒。它就像"吸血蝙蝠",让你舒舒服服地上当,在不知不觉中成为它的俘虏。因此,在上网的时候,女孩必须学会分辨并自觉抵制黄毒,才会有健康幸福的生活、学习。否则,将会为之付出惨痛而沉重的代价。

4. 学会正确抵制"黄毒"

青春期正处在人生的花季,充满好奇,缺乏自制力,面对现实中的种种不良诱惑,往往不知所措,稍不注意,就会偏离正常的人生轨道,造成遗憾。而黄流就是其中一大诱惑。青春期女孩要学会正确分析黄流的危害,把握好自己,以使自己顺利度过"暴风骤雨"般的青春期。那么,青春期的女孩该怎样抵制黄流的毒害呢?

(1)后果联想法抵制黄流。为了坚定自己拒绝和抵制黄流的决心,你可以联想自己能够拒绝黄流的美好前景和未来,还可以联想不能拒绝黄流的不良后果。如联想自己能够拒绝电子黄色书刊、黄色小说等黄色诱惑,通过自己的努力学习,考上比较理想的大学,毕业后从事自己感兴趣的工作,幸福、愉快地生活;女孩还可以联想不能拒绝黄色书刊、黄色小说等黄色诱惑的不良后果,因为不能抗拒这些诱惑,导致自己不努力学习,成绩下降,辜负了老师和家长的期望,考不上理想的大学,影响了自己的发展,甚至断送自己美好的前途。

(2)请求他人帮助。单靠自己的力量有时很难战胜对自己具有强烈吸引力的诱惑,在这种情况下,女孩可以请求别人,如父母、老师、同学和朋友的帮助,让他们监督自己,帮助自己战胜具有强烈吸引力的黄色诱惑,从而坚定自己拒绝和抵制黄色诱惑的决心,增强自己拒绝和抵制黄色诱惑的毅力。

(3)避开诱因、转移视线。最好把引起诱惑的实物隐藏起来,眼不见心不动,或者参加积极健康的班集体活动,或者多与同学交流谈心,避开诱因,转移视线。这种方法适用于接触诱因的起始阶段。

青春期,女孩的世界是丰富多彩的,生活是复杂多样的,欲望是多种多样的,每个人的人生之路都会有许许多多的十字路口,都会遇到许许多多的选择,都会面对人生的种种诱惑。女孩要学会拒绝这些黄流的不良诱惑,抵制了,拒绝了,就能净化自己的心灵,让多姿多彩的青春期健康发展!

5. 接受健康科学的“性教育”

现代社会,网络和通信技术的发达,给青春期的女孩强烈的视听刺激,改变了当下很多女孩的性观念和性行为。在很多初中、高中女孩还没来得及消化和吸收生理课本上有关性的内容时,当很多教师还羞于讲解有关性的知识时,淫秽色情网站已经悄无声息地揭开了青春期女孩那层羞答答的“红盖头”,满目强有力的性信息冲击着她们的每个神经细胞,让她们感觉到异常的刺激和新鲜。很多女孩从最初害羞、不好意思看,到后来看上了瘾;从最初看时感到恶心,到后来习以为常;从最初仅仅是看,到后来开始模仿……

黄毒使很多青春期女孩出现了扭曲、危险的性心理和行为。有的女孩甚至从学习成绩好、性格开朗活泼演变成沉默寡言、整天精神恍惚,因为她天天看着色情网站手淫;有的女孩14岁便怀孕了,因为她忍受不了色情网站的性刺激,好奇心迫使她与别人发生了性关系等。如此这般的现象还有很多,甚至诱导了很多性犯罪。很多青春期女孩在遇到性问题,想要了解自己的身体,想了解对她们来说充满神秘的性知识时,第一个想到的不是家长和老师,而是去求助其他同学、网络、影视这些不恰当的学习途径。

这告诉青春期女孩,接受健康科学的"性教育"刻不容缓。青春期女孩如对某种知识感到好奇,最好的方式莫过于在课堂上聆听老师的教导,要破除羞怯,树立正确的性观念,合理地处理与性有关的事物、信息以及伴随出现的性问题,这些才是抵抗不良性刺激和性诱惑的有效武器。如这种知识没有正面学习到,年少轻狂的因子将带领女孩们开始寻求心中疑惑的答案,可是自律是最不可靠的约束,一旦女孩们在对未知世界的探索之路上稍有偏差,恐怕就会"一失足成千古恨"了!

二　绝不参与赌博

赌博是一种以一定的钱财作为赌注而进行的不正当的娱乐活动。青少年赌博具有严重的社会危害性，一是败坏社会风气；二是影响生活、学习，害人害己。青春期女孩要有高度的警觉意识，认识到赌博的危害，远离校园赌博和校外赌博，远离赌博场所，拒绝做个小赌徒，才能防止被赌博毒害身心！

1. 正确认识赌博的危害

赌博是一种用财物做注争输赢的行为，是一种十分普通也十分常见的不良行为。虽然我国刑法第 303 条明文规定了“赌博罪”，禁止任何以营利为目的的赌博行为，但是，在青少年中，这种不良行为还是具有很高的发生率。青春期女孩身心发展还尚未完善，要坚决远离赌博。赌博对青春期女孩的健康成长已构成严重威胁：

(1)赌博易使女孩产生贪欲，久而久之会使她们的人生观、价值观发生扭曲。

(2)大量浪费学习和休息的时间，以至于严重影响学习，成绩落后，甚至造成留级、退学。

(3)毒害女孩的心灵，赌博活动易使女孩产生好逸恶劳、尔虞我诈、投机侥幸等不良的心理品质；赌博造成心理素质下降，道德品质也会下降，社会责任感、耻辱感、自尊心都会受到严重削弱。再有，赌博会使青春期女孩把人们之间的关系看成赤裸裸的金钱关系，逐渐成为自私自利、注重金钱、见利忘义的人，更严重的还会导致违法犯罪。现实生活中有许多青少年因为赌博引起了暴力犯罪。

(4)对身体健康成长不利。由于赌博活动的结果与金钱、财物的得失密切相关，所以迫使参与者要全力以赴，精神高度紧张，精力消耗大。经常参与赌博活动会诱发严重的失眠、精神衰弱、记忆力下降等症状。

(5)赌博习惯较难改，长大后可能成为赌棍或职业赌徒；而且，经常赌博还会沾

上吸烟、饮酒、偷窃、说谎、打架等坏行为。因此,赌博对女孩是有百害无一利的。

大量事例证明,参与赌博的青少年都会有不同程度的学习成绩的下降,而且陷入赌博活动的程度越深,学习成绩下降得就越严重。因此,女孩应远离赌博,不要让自己的青春染上赌博的污点!

2. 别让赌博毒害你的青春

有一位叫娜娜的初二女生,从小被父母娇惯,上了中学后经常赌博,一共欠了3000元赌债。对于没有经济收入的初中生来说,根本无力偿还这笔不小的赌债,而且,她根本不敢把这件事情告诉父母。债主接连不断地逼她还债,有一次债主见她还不能还债,就举着刀来威胁她,她拔腿就跑,债主见她逃走更是恼羞成怒,追了上去抓住她,并一刀刺了下去,才十几岁的小生命就这样因为无法偿还赌债被杀害了。

娜娜的案例告诉青春期的女孩,一定要远离赌博,赌博轻则危害身心健康,重则导致犯罪甚至丧失生命,是各种祸事的根源。

赌博是一种以一定的钱财作为赌注而进行的不正当的娱乐活动。赌博具有严重的社会危害性:一是败坏社会风气;二是影响生产、生活、学习,造成家庭不和,甚至倾家荡产,妻离子散;三是诱发各种违法犯罪,危害社会治安。赌博对青少年的身心健康具有严重的危害:一是严重影响学习,妨碍休息,损害健康;二是严重影响人际关系,赌得夜不归宿,无心与家长、老师、同学、朋友交往;三是容易诱发各种违法犯罪,危害社会治安。

对于青春期女孩来说,赌博是一种不良的诱惑,这是有一定的心理原因的:

(1)好奇心的驱使。面对一件新的事物禁不起诱惑,对新事物有好奇心。

(2)对情绪不能很好地控制,自控能力差,容易走向极端。

(3)一种满足心理。总是希望自己的愿望能够得到满足,越是得不到的东西越是想要。不愿意让别人的意志强加在自己头上。

青春期的女孩绝不能参与任何形式的赌博活动,不要被那种不良的好奇心驱使犯下让自己后悔一辈子的错。“一失足成千古恨”,因为很多错误尝试了就必须付出代价!

3. 女孩要远离赌场

黄某16岁,是一名中等技校的女生。一次,她和几个同学因为无聊,就开始赌

牌，结果欠同学赌债10元。几天后，加上欠书钱20元，对方于某日向黄某下了最后通牒，让她某日之前必须还清30元，否则扬言要找人打她。黄某感到害怕，自己无钱还，也没别的办法，于是她铤而走险，在限期前一天的下午，来到舅妈家中，想用刀威胁舅妈拿出钱来，她用电工刀刺向毫无防备的舅妈，又杀气腾腾用刀刺向年仅3岁的表妹。由于舅妈拼命呼救，黄某仓皇逃走，十余天后，黄某被警察抓回。没有人相信，这个漂亮的小姑娘竟是因为赌博而伤害自己亲人的凶手。

一个女孩因为赌博违法犯罪，甚至露出了狰狞的杀人面目，实在让人触目惊心。

青少年赌博行为基本上和成人赌博行为相似，赌博滋生犯罪是目前青少年赌博的最主要表现之一，青少年赌博与青少年违法犯罪联系在了一起。青少年赌博不但时常引起打架和偷窃事件，而且严重的会酿成故意伤害、凶杀等犯罪案件。犯罪学家常常把青少年赌博看做是青少年违法犯罪的一个重要诱发因素。

青春期女孩一旦赌博，就为犯罪买下了一颗不定时炸弹，远离了赌博，就远离了犯罪的一个重要诱发因素，才能拥有健康的青春！

青少年是祖国的未来，是跨世纪的接班人。青少年的犯罪问题一直是全社会关注的热点，青春期的女孩自己也要认识到赌博的危害，赌博像是可怕的黑洞，会让人陷入万劫不复的地狱中。正处于花朵般年纪的青春期女孩应该树立起防范意识，让自己远离赌博场所。

4. 拒绝做个小赌徒

赌博这项害人害己的娱乐活动自古有之，赌博的存在和泛滥助长了人们的邪恶心理和情绪，也给社会带来了无穷无尽的危害。青春期女孩要拒绝赌博，拒绝做个小赌徒！

近年来，各类赌博违法犯罪活动在我国呈蔓延之势，赌博花样不断翻新，参赌人数不断增多，涉赌金额越来越大，赌博已经成为社会一大公害。而其中参赌的人员不乏一些在校的青少年。

青少年是一个脆弱的群体，他们正处于长知识的时期，极易受到各种不良思想与行为的侵蚀，特别是网络赌博成为新的赌博形式后，对青少年具有极大的诱惑力，甚至使青少年走向违法犯罪的道路。他们的赌博活动常因某种原因、暗示或者周围人的怂恿而发生。通常是一哄而起，然后一哄而散。他们由于争强好胜的心理

比较强烈,在许多事情上喜欢“占上风”。又由于社会经验少,情绪容易冲动,所以往往容易受到引诱和怂恿而进行赌博活动。目前,青少年的赌博活动有以下表现形式:

(1)青少年参加赌博的人数多。无论是在农村还是在城市,赌博像一阵飓风把数以万计的青少年卷了进去。在中学里,不仅有一些差生参加赌博的,而且连个别表现较好的学生也偷偷地参加赌博。有的中学生在家里,大模大样地坐在牌桌前洗牌、砌牌和打牌,他的父母则在背后指手画脚,这已经不是什么新鲜事了。

(2)青少年赌博场所和赌博手段多种多样。社会上,不法经营者在游戏厅、溜冰场等娱乐场所设有赌博机,如老虎机和跑马机等,以新奇的形式来吸引青少年,从中牟利。青少年赌博与成人不一样,他们不计场所,三三两两找一个背人的地方就可以赌起来。至于赌博的手段,除了麻将、扑克、骰子、牌九以外,还有玩烟牌、弹奇多圈、博金卡、博眼子等。

(3)青少年赌博与青少年违法犯罪联系在一起。赌博是很多青少年犯罪的直接原因。青少年赌博,无论是给自己,还是家庭,都带来极其不利的影响,可谓是害人害己,因此女孩要坚决拒绝做赌徒!

5. 头脑清醒,坚决反对校园赌博

青少年赌博按赌博地点可分为校园赌博和校外赌博,目前,校外赌博大有向校内赌博转换的趋势。赌博害人害己,青春期女孩要保持头脑清醒,坚决反对校园赌博。

校园赌博一般是在课间休息、中午休息、自习课等时间发生,还有些学生甚至在课堂上用隐蔽的方式进行,如递条子、打手势等。在一些管理不太严格、校风涣散的学校,学生校内赌博比较盛行。很多青少年出于好奇,往往在别人赌博过程中缺少赌友的情况下,被诱惑来做“补缺”。青少年参加这种赌博活动,最初可能是被动的,内心也是不情愿的,但是如果多次被迫参与并且学会了赌博的方法,就有可能形成“赌瘾”,成为参加赌博活动的“常客”。

对此,青春期女孩要坚决反对。校园赌博如不遏止和反对的话,长此以往,赌博成风,便会严重影响学习和生活的环境。总之,要坚决杜绝和反对所有的赌博现象,给自己营造一个良好的成长环境!

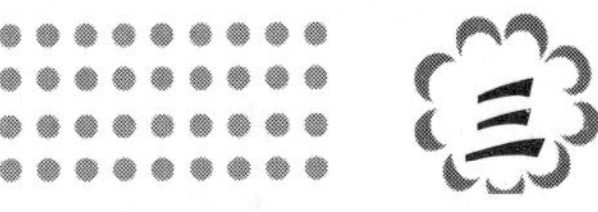

坚决拒绝毒品

毒品是人类健康乃至幸福的杀手，一旦染上毒品，就意味着步入毁灭的无底深渊。吸毒是通向地狱的绝望之路，毒品不知摧残了多少人的健康。很多年轻人因为吸毒百病丛生。青春期女孩一定要远离毒品，坚决拒绝毒品，也不要让毒品考验自己的意志，“一失足成千古恨”。珍惜生命，就要拒绝毒品！

1. 吸毒是通向地狱的绝望之路

毒品是人类健康乃至幸福的杀手，一旦染上毒品，就意味着步入毁灭的深渊。吸毒者中绝大多数是青年人，这些人的身体本应是处于最佳状态的，但是吸毒后却百病丛生。许多人吸毒后不久身体就垮了，多为骨瘦如柴，肤泽干枯，疾病伴随着白色恶魔而来。并且，疾病还毁坏家庭幸福，危害心理健康。青春期女孩要坚决抵制毒品，远离毒品。毒品的危害很大，一方面来自于它给人带来的依赖性：

(1)身体依赖性：由于反复用药所造成的一种强烈的依赖性。毒品作用于人体，使人体能产生适应性改变，形成在药物作用下的新的平衡状态。一旦停掉药物，生理功能就会发生紊乱，出现一系列严重反应，称为戒断反应，使人感到非常痛苦。用药者为了避免戒断反应，就必须定时用药，并且不断加大剂量，使吸毒者终日离不开毒品。

(2)精神依赖性：毒品进入人体后作用于人的神经系统，使吸毒者出现一种渴求用药的强烈欲望，驱使吸毒者不顾一切地寻求和使用毒品。一旦出现精神依赖，即使经过脱毒治疗，在急性期戒断反应基本控制后，要完全恢复原有的生理机能，往往需要数月甚至数年的时间。更严重的是，对毒品的依赖性难以消除。

(3)家庭悲剧：吸毒的费用是个“无底洞”，普遍的工资收入根本不能满足吸毒的需要，即使有一定的经济基础也只能维持一时。因为毒瘾永远不可能得到满足，结果只能是吸得一贫如洗、倾家荡产。很多吸毒者为满足毒瘾不惜遗弃老人、出卖

子女,甚至胁迫妻女卖淫以获取毒资,直至妻离子散、家破人亡。

(4)对社会生产力的巨大破坏:吸毒首先导致身体疾病,影响生产,其次是造成社会财富的巨大损失和浪费,同时毒品活动还造成环境恶化,缩小了人类的生存空间。

(5)毒品活动扰乱社会治安:毒品活动加剧诱发了各种违法犯罪活动,扰乱了社会治安,给社会安定带来了巨大威胁。

青春期是美好人生的开始,是努力积累知识,丰富人生阅历,准备报效国家、社会还有父母的重要时期,但毒品会让这些美好化为泡影。青春期女孩如果拿自己的青春做赌注,沾上毒品,那一定会输得惨不忍睹,远离毒品,就是远离地狱!

2. 吸毒是美好人生的杀手

16岁的女孩小华虽然从小爱玩好动,但学习成绩还算不错。一次,在游戏机房里,她在男友的带领下,认识了一群稍长她几岁的"哥们"。他们掏出一种白色粉末,围坐在那里吸,一副"飘飘欲仙"的样子,一下子就引起了小华的好奇。当"哥们"怂恿她尝一口时,小华毫不犹豫地伸出了手。有了第一次,就有了第二次、第三次。后来,为了弄钱吸毒,小华开始学会说谎,学也没心思上了,甚至骗起低年级同学的钱。而最终,小华被带到了劳教所。

小华原本出生在一个富裕的三口之家,父母经营一家工厂,钱越挣越多,精神上却日渐空虚。后来,为了追求"刺激",一家之主找到了通往"极乐世界"的途径——"白粉",后来,妻子也初尝"白粉"的"乐趣",于是他们在吸毒的泥潭中越陷越深。渐渐地,他们连钱都懒得去挣,所有的积蓄不到两年便挥霍一空,连女儿的学费都缴不出。16岁的女儿失意至极,来到游戏机房投奔自己的男友,哪想到男友和他认识的那些"哥们"也是"瘾君子",善良无知的她也慢慢被"白粉"吞噬了。

"吸食毒品犹如玩火",追求刺激、"试试看"的心理都是轻视了毒品的诱惑力。青春期女孩要认识到,吸毒是美好人生的杀手,对于毒品,一定不能忽视它带来的危害,不要高估自己的意志力,悬崖勒马,不要跨越雷池一步。出于"好奇"、"好玩"或不相信毒品的魔力而甘愿做冒险者的女孩最终会自食其果。毒品不仅对自己有害,对家庭、对社会也是危害无穷的。无论从身体上,还是心理上,毒品都是摧残人、毁灭人的杀手,一旦染上毒品,就必须要面临戒毒的痛苦过程。所以,对于毒品,只

有远离它，坚定地说“不”，才能免除痛苦！

3. 抵制诱惑，不要走入吸毒人群

毒品危害如此之烈，为什么青少年还会吸食呢？青少年吸毒的原因是复杂的、多种多样的，有社会的原因、自身的原因，也有生理的、心理的等诸多原因。其中一个不可忽视的原因就是诱惑。

(1)个人好奇心的驱使。青少年身心发育尚未成熟，世界观、人生观尚未形成，思想幼稚。好奇是此年龄段的特有心理，对任何事物都存在强烈的好奇心和探索欲望。但是，他们往往缺乏必要的科学文化知识和辨别是非的能力，当听说吸毒后“其乐无穷”时便想试一试，从而一发不可收拾，被毒魔死死缠住不能自拔。这就是好奇心。

(2)一些不良朋友的怂恿。

(3)精神空虚，拒绝不了毒品的诱惑。青少年阶段是人生的黄金时期，也是人生的“危险期”。这一时期他们的人生观、价值观、世界观尚未定型，在生理上和心理上都不成熟，正在体验着人生最激烈的情绪变化。这一时期最易受外界的影响，一旦遇到生活困难、人际冲突、升学就业受挫等挫折，就会灰心丧气，精神颓废，心灵空虚。为了弥补空虚的心灵，便去寻找各种刺激，而毒品就是一种可以在短暂时间内给人以强烈刺激的物品，因此，这些精神空虚的青少年往往会染上毒品，试图在毒品中寻找安慰，忘却烦恼。

青春期女孩要认识到很多青少年吸毒的原因，从思想源头上抵制住毒品的诱惑，远离那些“瘾君子”，远离吸毒人群，主动和周围健康的人交往，交一些良性朋友。交上一个好的朋友，可以对自己一生的工作和生活产生良好的影响，交上一个坏朋友，可能会影响自己的前途，使自己的一生黯淡无光。所以对于青少年来说，交友应当非常慎重，以免因交友失误悔恨终生。从吸毒青少年的情况来看，其中相当一部分即是因为交友不慎走上吸毒歧途的。另外，要把注意力和思想放在学习和充实人生上，精神世界的充实是抵制毒品的最好方法！

4. 采取有效措施，主动远离毒品

青少年吸毒主要是由于自身意志力薄弱，抵制不了毒品的诱惑以及有着“试试

看”的心理引发的青春期女孩要以此为突破口,从自身做起,主动远离毒品,不和社会上的无业人士打交道,不去酒吧、夜总会等危险场所,不接触有过吸毒经历或者和毒品有接触的人,不要因为一时冲动或为了报复父母就尝试毒品。总之,不给任何毒品侵害自己的机会。

(1)要拒绝毒品,首先要拒绝抽烟。要知道从吸烟到吸毒只一步之遥,几乎所有吸毒的青少年都是从吸烟开始的。吸烟为毒贩提供了机会,他们会因青少年的无知好奇、不易防备而设下种种圈套引诱。因此,广大青少年预防毒害应从不吸烟开始。

(2)遇到挫折也坚决不能当毒品的“俘虏”。遇到挫折千万莫沾毒品来解脱痛苦,一旦吸毒,悔恨终生。

(3)麻醉药品和精神类药物不能滥用。安定片、三唑仑、唉托啡等药品的主要成分是吗啡、咖啡因等,属国家严格管制药品。精神药品、麻醉药品和海洛因等毒品一样,滥用就等于吸毒和死亡。

(4)绝不尝试第一次。吸毒人员的亲身体会是:“一日吸毒,永远想毒,终身染毒”。

(5)绝不与吸毒者交友。

(6)绝不能以身试毒。青少年有极强的好奇心,但千万别放任这种好奇。在吸毒问题上,很可能由尝试坠入黑暗的深渊,最终断送自己年轻的生命。

(7)学会拒绝吸毒的方法。要懂得分辨善恶,遇坏朋友引诱时,抱定永不吸毒的信念,坚决拒绝。遇吸毒人员迅速离开,并及时向公安机关报告,坚决不与之交往。

青春期女孩要热爱生命,树立正确的人生观、世界观,以乐观积极的生活态度迎接挑战。其次要有一个良好的生活习惯,每天的学习、工作、娱乐和作息要合理安排。凡事有个度,超出这个度不仅损害身心健康,还会给违反社会公德的犯罪分子可乘之机。特别是在娱乐场所的活动中,稍有松懈,就可能使自己脱离正常的生活轨道,最终追悔莫及。

5. 坚定信心,坚强地戒除毒瘾

戒毒是指吸毒人员戒除吸食、注射毒品的恶习及毒瘾的一个过程。青春期女孩一旦吸毒,一定要及时和家长、老师及相关部门联系,在他们的帮助下尽快戒毒。要了解吸毒的危害性及其严重性,要看到不戒毒的最终结果就是死亡,戒毒中要坚定

信心,要相信自己能重新步入社会,正常地生活。

目前常见的戒毒方法有三种:

(1)自然戒断法,又称冷火鸡法或干戒法。是指强制中断吸毒者的毒品供给,仅提供饮食与一般性照顾,使其戒断症状自然消退而达到脱毒目的的一种戒毒方法。其特点是不给药,缺点是较痛苦。

(2)药物戒断法,又称药物脱毒治疗。是指给吸毒者服用戒断药物,以替代、递减的方法,减缓、减轻吸毒者戒断症状的痛苦,逐渐达到脱毒的戒毒方法。其特点是使用药物脱毒。

(3)非药物戒断法。是指用针灸、理疗仪等,减轻吸毒者戒断症状反应的一种戒毒方法。其特点是通过辅助手段和"心理暗示"的方法减轻吸毒者戒断症状痛苦达到脱毒目的。缺点是时间长,巩固不彻底。

而很多吸毒者在戒毒的过程中,会出现复吸的现象。复吸原因多种多样,概括为心理因素、生理因素和社会因素,其中毒瘾强烈、打发无聊时光、解除心烦为导致复吸的主要心理因素。躯体脱毒后遗留的稽延性戒断综合症,使戒毒者感到身体不适。失眠、疲劳等是导致复吸的生理因素。受吸毒环境、毒友引诱、劝导等诱惑是引起复吸的主要社会因素。

更需要注意的是,戒毒没有灵丹妙药,因此戒毒中的女孩不要迷信或幻想有什么戒毒的特效药,只有横下决心进行科学的综合治疗,才能彻底摆脱毒瘾,才能重拾美好的青春时光!

参考文献

[1] 金舒. 父母送给青春期儿女的礼物[M]. 北京:中国物资出版社,2008.

[2] 云晓. 10~18 岁青春期,和女孩说说成长的小秘密[M]. 北京:朝华出版社,2014.

[3] 晓丹. 妈妈送给青春期女儿的私房书[M]. 北京:中国妇女出版社,2014.